W0108791

Walter Ötsch
Nina Horaczek

Wir wollen unsere Zukunft zurück!

Streitschrift
für mehr Phantasie in der Politik

WESTEND

Mehr über unsere Autoren und Bücher:
www.westendverlag.de

Die Deutsche Nationalbibliothek verzeichnet diese Publikation in
der Deutschen Nationalbibliografie; detaillierte bibliografische Daten
sind im Internet über http://dnb.d-nb.de abrufbar.

ISBN 978-3-86489-331-5
© Westend Verlag GmbH, Frankfurt/Main 2021
Umschlaggestaltung: Buchgut, Berlin
Satz: Publikations Atelier, Dreieich
Druck und Bindung: CPI – Clausen & Bosse, Leck
Printed in Germany

Inhalt

Weitere Informationen zu diesem Buch finden Sie auf
www.wir-wollen-unsere-zukunft-zurueck.de

Vorwort

Unser Buch richtet sich an alle Menschen, die über den aktuellen Zustand der Umwelt/Mitwelt besorgt sind und auch darüber, welche schrecklichen Entwicklungen in den nächsten Jahrzehnten drohen. Unser Buch richtet sich an Menschen, die darüber besorgt sind, wie die Gesellschaft immer mehr auseinanderdriftet, und die es als Skandal empfinden, dass ein Prozent der Bevölkerung gut vierzig Prozent des Vermögens kontrolliert. Dieses Buch wurde für all jene geschrieben, die über den aktuellen Zustand der Parteiendemokratie besorgt sind und denen eine Neubelebung der Demokratie ein Anliegen ist. Unser Buch richtet sich an die vielen Menschen, die mit ihrem Engagement beherzt und mutig jeden Tag daran arbeiten, eine Antwort auf die von uns geschilderten Probleme auf diesem Planeten zu finden. Unser Buch richtet sich an Personen, die verstanden haben, dass es notwendig ist, ihren Lebensstil zu ändern. An die vielen, vielen auf der Welt, die den Traum von einer besseren Welt für alle nicht aufgegeben haben.

Unser Buch richtet sich an all diese Personen. Aktuell bilden diese Menschen eine Minderheit. Aber sie sind eine beeindruckend große Minderheit. Sie handeln, wenn man ihre Ziele betrachtet, für eine überwältigende Mehrheit in der Gesellschaft, denn die Mehrheit der Bevölkerung weltweit will keine Zerstörung der Umwelt, weder für sich noch für ihre Kinder und Enkelkinder. Die Mehrheit der Bevölkerung weltweit will keine extreme Ungleichheit, weder im Vermögen noch im Einkommen und auch nicht in den Chancen. Aber diese Mehrheit im Wollen findet in den Taten der politischen

Eliten keinen Widerhall. Ihre berechtigten Forderungen werden im aktuellen politischen Prozess nicht umgesetzt – und zwar seit Jahrzehnten. Warum ist das so?

Dieses Buch möchte dafür eine Erklärung liefern und gleichzeitig eine Perspektive bieten. Um verstehen zu können, wie wir als Gesellschaft so weit kommen konnten, muss man die Geschichte des Neoliberalismus verstehen, die wir im ersten Kapitel sehr gerafft darstellen, ergänzt durch eine theoretische Interpretation in Kapitel zwei. Diese Geschichte ist nicht neu. Neu ist der Aspekt, den wir hier betonen: Der Neoliberalismus muss verstanden werden als Projekt eines systematischen Abbaus der politischen Phantasie und die Geschichte des Neoliberalismus als Geschichte des fortschreitenden Verlusts von politischem Gestaltungswillen.

Warum fokussieren wir uns in diesem Buch so sehr auf die Phantasie, wo es doch die Machtfrage ist, die Politik entscheidet? Wir sind nicht naiv und wissen, dass Politik stets Abbild herrschender Machtverhältnisse ist und letztlich immer die Machtfrage zu stellen ist. Aber wir haben bewusst einen anderen Fokus gewählt, weil wir ihn in der aktuellen Lage als wichtig und zu wenig beachtet ansehen. Denn am Anfang jeder Bewegung, jeder neuen und großen Entwicklung in der Geschichte stand eine Vision, eine Utopie, ein Bild. Nur wer über eine Vision einer besseren Zukunft verfügt, weiß, wohin er oder sie die eigene Energie zu richten hat, wofür es Bündnisse zu schmieden gilt, und besitzt den Mut und die Hoffnung, die einen auch lange Durststrecken ertragen lassen.

Diese Form der Selbstermächtigung gilt es wieder zu entdecken und zu erwecken. Denn auch die (Wieder-)Entdeckung der eigenen visionären Möglichkeiten und des eigenen Gestaltungswillens ist eine Form von Macht. Sie ist nicht die Macht, die die Machtfrage stellen kann, aber sie ist jene Macht, die Vorbedingungen schafft, dass diese tatsächlich gestellt werden kann.

Der Verlust der politischen Phantasie, der in den letzten Jahrzehnten schleichend um sich gegriffen hat (davon handeln die Kapitel 2 und 3), ist kein natürlicher oder selbstverständlicher Prozess. Er basiert auch auf einer Umdeutung dessen, was den Menschen als

Fähigkeiten zugesprochen wurde. Dazu gilt es, einen dezidierten Gegenstandpunkt einzunehmen. Es geht um das Bild des Menschen, den wir im Kapitel 4 als imaginativen und gestaltenden Menschen beschreiben. Dieses Menschenbild will *alle* Menschen selbstermächtigen, nicht nur Eliten, die glauben, das Recht, die Welt zu verändern, stünde nur ihnen zu. Denn jede und jeder ist imaginativ. Jede und jeder macht die ganze Zeit Simulationen, bewegt sich in einem imaginativen Raum und entwickelt immer Bilder der Zukunft. Im Alltag wird das in einer großen Selbstverständlichkeit gelebt, auch im Alltag der Wirtschaft. Diese Selbstverständlichkeit gilt es in Zukunft auf der Ebene der Gesellschaft, der Politik und der Wirtschaft zu aktivieren und gezielt einzusetzen.

In dieser neuen Selbstverständlichkeit soll der Spieß umgedreht werden. Nicht diejenigen, die politische Visionen hegen, haben sich zu verantworten (nach dem Motto »Wer Visionen hat, braucht einen Arzt«), sondern die Mächtigen in Politik und Wirtschaft haben Rechenschaft abzulegen, warum sie *keine* positiven Vorstellungen über die Welt in ein, zwei, drei, vielen Jahrzehnten besitzen, und warum sie so wenig tun, damit noch in diesem Jahrzehnt, das heißt ungeheuer schnell, eine sozialökologische Transformation tatsächlich zustande kommen kann.

Dieser klare Blick auf die Politik ist kein Politik-Bashing. Wir sind keine Wutbürgerinnen und Wutbürger. Wir verstehen den Zorn, wollen aber unsere Energie nicht damit vergeuden. Unser kritischer Blick auf die neoliberale Politik ist keine Kritik von Politik generell und die Kritik der aktuellen Parteiendemokratie ist keine Kritik der Demokratie. Es geht um eine neue, partizipativere Politik und um eine Redemokratisierung der Gesellschaft. Das Ziel ist nicht eine Abwendung von der Politik, sondern ein neuer Schritt zu einer besseren Politik. Nicht von oben, sondern von unten.

Einleitung: Warum die Zeit reif ist für eine bessere Zukunft für alle

Freuen Sie sich. Eine neue, bessere Zukunft wartet auf uns. Eine Zukunft, in der wir viel weniger von der Ausbeutung anderer – seien es Menschen, Tiere oder die Umwelt – profitieren. In der nicht mehr der Profit der Maßstab aller Dinge ist, sondern der Mensch mit seinem Recht auf eine saubere, intakte Umwelt und ein besseres Leben.

Zugegeben, unser Optimismus ist aus der Not geboren. Weil es keine Alternative zu einer positiven Veränderung gibt – zumindest wenn wir als Menschheit überleben wollen. Aber auch, weil sich das Bewusstsein, wie dringend sich die Welt ändern muss, langsam bis in die Mitte der Gesellschaft durchsetzt.

Das Fenster der Möglichkeiten öffnet sich genau jetzt in diesem Moment. Die Vorboten einer besseren Welt sind schon da. Wir müssen nur unsere Augen öffnen und genau hinsehen. In diesem Buch finden Sie zahlreiche Beispiele dafür, wie eine bessere Welt für alle aussehen kann – und auch, wie wir dort hinkommen können.

Warum gerade jetzt? Dafür gibt es verschiedene Gründe. Im Jahr 2020 überkreuzten zwei Ereignisse einander: ein notwendiges, nämlich das Anwachsen der Klimaschutzinitiative *Fridays for Future* zu einer globalen Bewegung, und ein zufälliges, die Covid-19-Pandemie.

Die neue globale Bewegung war notwendig, weil seit mittlerweile vier Jahrzehnten bekannt ist, dass unser Wirtschaftssystem, das stets auf Wachstum ausgerichtet ist, zu einer massiven Erderwärmung führt und dadurch die ökologischen Grundlagen der Menschheit gefährdet. Deshalb war es nur eine Frage der Zeit, bis die Allgemeinheit gegen diese Entwicklung protestiert, bis engagierte Bürgerinnen und Bürger auf die Straße gehen.

Fridays for Future war gerade eineinhalb Jahre alt, als ein weiteres, zufälliges Ereignis, nämlich die Covid-19-Pandemie, die Menschheit in Angst versetzte. Normalerweise bremsen derart einschneidende Ereignisse andere Entwicklungen in der Gesellschaft aus. So war es zumindest in den vergangenen Jahrzehnten mit der Klimabewegung: Wann immer die Erderwärmung breiter diskutiert wurde, krachte ein anderes Großereignis über uns hinein – und schon war der Klimawandel wieder aus den Schlagzeilen verschwunden. Das war im Jahr 1989 so, als die Berliner Mauer fiel. Das war nach den islamistischen Terroranschlägen vom 11. September 2001 so. Wenige Jahre später, im September 2008, stand das Finanzsystem vor dem Kollaps und das Umweltthema verschwand erneut von den Titelseiten.

Jetzt, im Jahr 2021, ist es zum ersten Mal ganz anders. Die Coronapandemie hat das Thema Erderwärmung nur für einen kurzen Wimpernschlag aus den politischen Charts verdrängt – um dem Umweltthema schnell einen noch viel stärkeren Schub zu verleihen. In einer im September 2020 veröffentlichten Umfrage des »Pew Research Center« in Washington, die in 14 Ländern der Welt, vor allem in Europa, Asien und Nordamerika, durchgeführt worden war, nannten 70 Prozent der Befragten den Klimawandel als große Bedrohung. Zum Vergleich: 2013 waren es erst 54 Prozent gewesen, 2017 61 Prozent. Die Pandemie bestätigte zentrale Thesen der Umweltbewegung: Wir können nicht weiter so mit unserer Umwelt umgehen. Wir können nicht weiter so verschwenderisch wirtschaften. Unsere Welt ist zerbrechlich.

Anlässlich ihres 75. Jahrestages ließen die Vereinten Nationen eine weltweite Umfrage durchführen, bei der die Menschen nach ihren Vorstellungen für die Zukunft, aber auch nach ihren größten Ängsten befragt wurden. »Inmitten der aktuellen COVID-19-Krise besteht für die meisten Befragten die unmittelbare Priorität darin, den Zugang zu grundlegenden Dienstleistungen zu verbessern – Gesundheitsversorgung, sauberes Wasser, sanitäre Einrichtungen und

Bildung, gefolgt von größerer internationaler Solidarität und mehr Unterstützung für die am stärksten betroffenen Personen. Dies beinhaltet die Beseitigung von Ungleichheiten und den Wiederaufbau einer integrativeren Wirtschaft«, lauten die zentralen Erkenntnisse aus dieser weltweiten Befragung. »Mit Blick auf die Zukunft sind die überwältigenden Sorgen die Klimakrise und die Zerstörung unserer natürlichen Umwelt. Weitere Prioritäten sind: stärkere Achtung der Menschenrechte sicherzustellen, Konflikte beizulegen, Armut zu bekämpfen und Korruption zu verringern.« Über 87 Prozent der Befragten erklärten in dieser Umfrage, dass die globale Zusammenarbeit für die Bewältigung der heutigen Herausforderungen von entscheidender Bedeutung ist und dass die Pandemie die internationale Zusammenarbeit dringlicher gemacht hat.[1]

Die Coronakrise »führt uns vor Augen, wie eng Ökosysteme und Gesundheit miteinander verbunden sind und wie verletzlich unsere Gesundheit ist«, sagt auch Sabine Gabrysch, Professorin für Klimawandel und Gesundheit an der Charité Universität in Berlin, im April 2021 im Gespräch mit der *Süddeutschen Zeitung*.[2] Wenn wir nicht wollen, dass immer mehr Kinder an Allergien und Atemwegserkrankungen leiden, wenn wir nicht wollen, dass immer mehr alte Menschen an Hitzesommern sterben, wie dies im Rekordsommer 2018 passierte, dann müssen wir endlich eines tun: aufstehen und uns einmischen.

Nur wie? Wo sind die Visionen für ein besseres und gesünderes Leben? Die gute Nachricht: Es gibt sie. Es gab sie schon immer. Die schlechte: Wir haben uns daran gewöhnt, zu glauben, dass wir nichts ändern können. Nicht als Individuen und auch nicht als Gesellschaft.

Was aber hat in den vergangenen Jahrzehnten eine umfassende soziale und ökologische Transformation blockiert? Wieso wissen wir so lange, dass es um unseren Planeten immer schlechter steht, und warum passierte trotzdem nur so wenig? Auch davon handelt dieses Buch. Denn die Gegenwart ist immer ein Produkt der Vergangenheit und ohne die Vergangenheit zu verstehen, können wir keine neue, bessere Zukunft bauen.

Jahrzehntelang vermittelten Politik und Wirtschaft die Botschaft, die politischen Entscheidungsträgerinnen und -träger könnten lediglich die schlimmsten Auswirkungen des Markthandelns abfedern, mehr nicht. Das Bild, das die Politik den Menschen vermittelte, lautete: Von den politischen Entscheidungsträgerinnen und Entscheidungsträgern dürfe man sich keine großen Würfe erwarten. Rasche gesetzliche Schritte mit weitreichender Wirkung seien unrealistisch. Kein Land werde etwas tun, wenn nicht alle anderen im Gleichklang mitziehen. Im globalen Wettbewerb der Staaten werde kein Land so dumm sein, Maßnahmen zu setzen, die ihm alleine Nachteile verschaffen, während andere Länder abwarten und vielleicht nichts tun. Und solange die Wirtschaft nicht mitspiele, werde gar nichts passieren.

All diese Ausreden sind durch die Taten der Politik widerlegt. Denn im Frühjahr 2020 war gleichsam über Nacht alles anders. Die Politik gab die Regeln vor. Plötzlich blieben alle Flugzeuge auf dem Boden. Plötzlich blieben alle Geschäfte zu. In der Pandemie hat die Politik klar gezeigt, dass sie handlungsfähig ist und die Welt verändern kann – sie muss nur den Mut haben, es auch zu tun. »Es gibt keine Ausreden mehr fürs Nichthandeln«, meinte der Politikexperte Christoph Hofinger schon im Herbst 2020.[3] Er leitet das SORA Institut, das zu den bekanntesten politischen Forschungsinstituten in Österreich zählt.

Auch auf rechtlicher Ebene kam es kürzlich zu einer historischen Zäsur. Mit der im März 2021 getroffenen Entscheidung des deutschen Bundesverfassungsgerichts zur teilweisen Verfassungswidrigkeit des Klimaschutzgesetzes definierte das Oberste Gericht auch den Freiheitsbegriff radikal neu. Freiheit bedeutet seitdem auch, die künftigen Generationen nicht schädigen zu dürfen.

Es dürfe »nicht einer Generation zugestanden werden, unter vergleichsweise milder Reduktionslast große Teile des CO_2-Budgets zu verbrauchen, wenn damit zugleich den nachfolgenden Generationen eine radikale Reduktionslast überlassen und deren Leben umfassenden Freiheitseinbußen ausgesetzt würde. Künftig können selbst gravierende Freiheitseinbußen zum Schutz des Klimas verhältnismäßig und verfassungsrechtlich gerechtfertigt sein; gerade deshalb droht dann die Gefahr, erhebliche Freiheitseinbußen hinnehmen zu müssen«, steht in der Entscheidung des Bundesverfassungsgerichts.[4]

Das ist das genaue Gegenteil zu jenem neoliberalen Paradigma, das bis zum Ausbruch der Coronapandemie den Mainstream beherrschte. Bis dahin lautete das politische Mantra, der Staat dürfe keine Schulden machen, weil dies die Zukunft der nachfolgenden Generationen zerstöre. Nun erklärten die Richterinnen und Richter, der Staat müsse sofort handeln, um die Erderwärmung zu bekämpfen. Nur so könne gesichert werden, dass auch nachfolgende Generationen eine Chance haben, ihre freiheitlichen Grundrechte auszuüben. Die Investitionen in den Klimaschutz von heute sind Garanten für eine lebenswerte Zukunft.

Noch eine Entwicklung gibt Hoffnung, wurde bis jetzt aber viel zu wenig beachtet: Bewegungen wie *Fridays for Future* gehen von der Jugend aus. Sie führen ein globales politisches Bündnis an, das mittlerweile auch eine weltweite Schar an Erwachsenen überzeugt. Die Tatsache, dass die Jugend Katalysator für Veränderung ist, ist per se nicht ungewöhnlich. Die letzte große Bewegung, die unsere Gesellschaft radikal veränderte, war jene der sogenannten 68er. Auch diese Bewegung war von jungen Menschen getragen. Die 68er entstanden in Abgrenzung zu ihren Eltern, jener Generation, die für Adolf Hitlers Aufstieg und die Barbarei des Nationalsozialismus verantwortlich war. Die 68er konfrontierten ihre Elterngeneration damit, dass sie die Schreckensherrschaft der Nazis und die Shoah schweigend mitgetragen oder gar aktiv unterstützt hatten. Die 68er waren noch Kinder einer autoritären, vom Nationalsozialismus geprägten Erziehung. Ihre Politisierung und ihr beharrliches Nachfragen führten in vielen Fällen zum Schweigen am Familientisch oder gar zum Bruch in der Familie.

Im Gegensatz dazu entstammen die jungen Menschen, die heute für die Rettung des Klimas auf die Straße gehen, einer ganz anderen Generation. »Sie wuchsen mit einer ganz anderen Erziehung auf«, sagt der Politikforscher Hofinger. Diese Jugendlichen und jungen

Erwachsenen konnten (in vielen, natürlich nicht in allen Fällen) in einem Klima des Respekts und der Liebe groß werden und sie wurden von ihrem Umfeld mit dem Anspruch erzogen, dass aus ihnen moralische Menschen werden.

Nun hält diese Generation ihren Eltern einen Spiegel vor: »In der Moral, in der ihr uns erzogen habt, ist euer Verhalten gegenüber der Umwelt nicht konsistent«, lautet die Botschaft. Die jungen Leute tun das aber nicht in der anklagenden Dynamik der 68er-Generation, sie brechen die Brücken zur Elterngeneration nicht ab. Sie bleiben in Kontakt und konfrontieren uns auf Augenhöhe mit den richtigen Fragen.

Wir sind es ihnen schuldig, die Antworten darauf zu finden.

Linz/Wien, August 2021

1 Wie es zur Krise der politischen Phantasie kam

Ein langsamer Niedergang

Die Phantasie verschwand nicht über Nacht aus der Politik. Der Niedergang der produktiven politischen Phantasie war schleichend und erstreckte sich kaum bemerkt über einige Jahrzehnte. Bis vor dem Entstehen von *Fridays for Future* und bis vor der Coronakrise galt es fast als selbstverständlich, von der Politik keine positiven Bilder über die drängenden Fragen der Zukunft zu erwarten. Viele Wähler und Wählerinnen waren von der Politik enttäuscht und sahen ihr Leben fernab vom politischen Geschehen. In vielen Fällen unterschieden die Menschen kaum mehr zwischen Politik und politischen Parteien.

Wer im persönlichen Umfeld fragt, welches Bild die Menschen von Politik haben, hört häufig folgende Schlagworte: Streit, Korruption, Günstlingswirtschaft. Eine Umfrage der Kommunikationsagentur Edelman in New York, die unter 34 000 Menschen in 28 Ländern durchgeführt wurde, illustriert eine fortschreitende Abnahme des Vertrauens in die Politik, aber auch in Wirtschaft und Medien. In den USA sank das Vertrauen in die Regierungsinstitutionen zwischen Mai 2020 und dem Jahr 2021 von 53 auf 48 Prozent. Das heißt, weniger als jeder und jede zweite Befragte vertrauen denjenigen, die von der Bevölkerung in Regierungsämter gewählt wurden. Das meiste Vertrauen, nämlich 61 Prozent, schenken die Befragten aus 28 Ländern der Wirtschaft, gefolgt von Nichtregierungsorganisationen (NGOs) mit 57 Prozent. Den Regierungen wird global gesehen lediglich zu

53 Prozent vertraut, den Medien glaubt nur noch knapp jeder und jede Zweite (51 Prozent).[1]

Gleichzeitig fordern weltweit immer mehr Menschen politische Reformen: 2020 erklärten 68 Prozent der Französinnen und Franzosen, 65 Prozent der US-Amerikanerinnen und Amerikaner sowie 48 Prozent der Britinnen und Briten und 39 Prozent der Deutschen in einer Umfrage, das politische System in ihrem Land brauche eine große Veränderung.[2]

Das zeigt, dass den Menschen trotz aller politischer Frustration die Probleme auf der Welt nicht egal sind. Ganz im Gegenteil. Die Menschen, die in der oben genannten UN-Studie befragt wurden, haben ein durchaus intaktes Sensorium, was die großen Probleme, vor denen die Menschheit steht, betrifft: 84 Prozent der Befragten sind in Sorge um ihren Arbeitsplatz. 40 Prozent fühlen sich durch den Klimawandel konkret bedroht, insgesamt 72 Prozent bereitet die steigende Erderwärmung zumindest Sorge. Neben Cyberattacken (35 Prozent in Furcht, 68 Prozent sorgenvoll) und der Covid-19-Pandemie (die 35 Prozent Furcht bereitet und 65 Prozent Sorge) ist es die Furcht (32 Prozent) beziehungsweise Sorge (61 Prozent) um den Verlust von Freiheit und Bürgerinnen- und Bürgerrechten.

Gleichzeitig fühlen sich Bürgerinnen und Bürger immer weniger von den politischen Repräsentantinnen und Repräsentanten vertreten. In Deutschland ist dieser Befund nicht ganz so niederschmetternd. 54 Prozent der befragten Deutschen vertrauen der Wirtschaft, 52 Prozent den Medien, nur 46 Prozent NGOs und mit 59 Prozent wurde der Regierung in dieser Befragung das meiste Vertrauen der Bürgerinnen und Bürger ausgesprochen.

Fest steht jedoch: Die Demokratie befindet sich in einer Krise. Ein wachsender Teil der Bevölkerung fühlt sich von den politischen Parteien nicht mehr vertreten. Viele erfahren die Wahlkämpfe als rituelle Abläufe mit sinnlosen Slogans und den immer gleichen Stehsätzen. In Talkshows und Medien wird über den Wahlkampf wie über ein Pferderennen berichtet: Welches Pferd liegt um wie viel Meter vorne, welches lahmt und welches hat welchen Laut von sich gegeben? Machen Spitzenkandidatinnen und Spitzenkandidaten im Wahlkampf Versprechungen, erwartet kaum jemand der Wählerinnen und Wähler noch, dass diese – sollte die betreffende Partei nach der Wahl Regierungsverantwortung übernehmen – ernsthaft umgesetzt werden.

War das nicht schon immer so? Nein. Historisch gesehen ist dieser Befund, der für die meisten Parteien gilt, nicht selbstverständlich oder gar unausweichlich. Wir stehen vor einem scheinbaren Paradoxon. Spätestens seit dem Auftreten der rechtspopulistischen Parteien ist die politische Arena von heftigem Streit durchzogen. Dies strahlt weit aus. Mittlerweile setzen nicht mehr nur Parteien der extremen Rechten in der politischen Auseinandersetzung auf populistische Tricks, sondern auch Parteien, die bis vor kurzem noch in der gemäßigten politischen Mitte angesiedelt waren.

Zudem verfolgen viele Populistinnen und Populisten die Strategie eines permanenten Wahlkampfs, um die Bevölkerung in einen ständigen Zustand der politischen Erregung und des Konflikts zu ziehen. Das Ziel ist nicht mehr, eine politische Diskussion zu führen, also in einem Ringen einander widersprechender Positionen und Interessen einen positiven Kompromiss für einen möglichst großen Teil der Bevölkerung zu erzielen. Stattdessen wird Politik als erbitterter Kampf »Wir« gegen »die Anderen« inszeniert, ein Kampf, in dem es nur einen Sieger oder eine Siegerin geben darf. Schlimm genug, dass Populistinnen und Populisten mit diesem einfachen Rezept die Bevölkerung spalten. Noch schlimmer, dass manche Regierungen dieses populistische Spiel kopieren. Dauernde Inszenierungen sollen die eigene Gefolgschaft aktivieren. Politik dient hier bloß der Aufrechterhaltung eines Erregungszustands in der Bevölkerung. Auf diese Weise sorgen die Populistinnen und Populisten, aber auch deren Gegnerinnen und Gegner (die auf gezielte Provokation mit lauter Empörung reagieren) dafür, dass die ganze Zeit kein positiver Zukunftsdiskurs geführt wird.[3]

Denn im Populismus wird bloß das Bild einer guten alten Zeit beschworen, die es niemals gegeben hat. Dieses verklärte Vergangenheitsbild wird als Leitbild in die Zukunft geschoben. Trumps Slogan

»Make America great again« verdeutlicht das Prinzip. Der Historiker Timothy Synder spricht vom »Prinzip der Ewigkeit«, das er so erklärt: »Die Verführung durch eine mythisierte Vergangenheit hindert uns daran, über mögliche Zukünfte nachzudenken. Die Gewohnheit, in der Opferrolle zu verweilen, stumpft den Impuls der Selbstkorrektur ab. Da die Nation durch die ihr innewohnende Tugend und nicht durch ihr zukünftiges Potenzial definiert wird, wird Politik zu einer Diskussion über Gut und Böse und nicht zu einer Diskussion über mögliche Lösungen für reale Probleme.«[4]

Jede Auseinandersetzung in der Politik betrifft immer die Zukunft. Diese kann bewusst und offen oder unbewusst und stillschweigend geführt werden. Die bewusste Frage lautet: Wie soll Zukunft gestaltet werden?

Aber bevor diese Frage beantwortet wird, braucht es einen Blick in die Vergangenheit: Wie konnte sich der Zukunftsdiskurs so sehr verändern?

Schlüsseljahr 1989

Ein zentraler Moment war das Jahr 1989, als der Staatssozialismus im damals kommunistischen Osten zusammenbrach. Der »freie Westen« – so klang der Nachhall des Kalten Krieges – hatte in der »Konkurrenz der Systeme« gesiegt. Im selben Jahr verkündete der amerikanische Politologe Francis Fukuyama das »Ende der Geschichte«. Fukuyama entwarf eine Vorstellung über den politischen Prozess, die genau das Gegenteil ist von einem Bild der Politik als zukunftsgestaltende Kraft. Für Fukuyama war das politische Gefüge der westlichen Demokratie im Jahr 1989 in keiner Krise, sondern hatte seinen historischen Höhepunkt erreicht. Die liberale Demokratie hätte sich, so meinte Fukuyama, weltweit als die überlegenere Staatsform erwiesen – begleitet von einem globalen Kapitalismus, der als einzige funktionierende Wirtschaftsform übriggeblieben sei.

Ähnlich schrieb bereits Anfang 1989 der eher linke Ökonom und Wirtschaftshistoriker Robert Heilbroner: »Der Kampf zwischen

Kapitalismus und Sozialismus ist beendet: Der Kapitalismus hat gesiegt.«[5]

Milton Friedman, einer der Anführer der *Chicago School of Economics*, welche die Herrschaft der freien Märkte forderte, und der damals der berühmteste US-Ökonom war, gab 1990 seiner Fernsehserie vor einem Millionenpublikum den Titel »The Failure of the Socialism«.[6] Gemeint war »der Sozialismus« in der Einzahl, worin auch der amerikanische Sozialstaat miteingeschlossen war.

Friedman und Fukuyama stehen für die neoliberale Vorstellung, dass nur der Kapitalismus letztlich zur Demokratie führe, weil der Freiheitsraum des Kapitalismus erst die Bedingungen schaffe, unter denen Demokratie überhaupt möglich sei. So schrieb Fukuyama: »Am Ende der Geschichte gibt es keine ideologische Konkurrenz mehr zur liberalen Demokratie.« Für ihn waren mit dem Jahr 1989 und dem Sieg über den Sozialismus alle grundlegenden Fragen der Gesellschaft gelöst. Das bestehende Wirtschaftssystem des »Westens« könne, so meinte er, unangefochten weitermachen, ohne sich im Kern ändern zu müssen. Nur so könne der materielle Wohlstand grenzenlos steigen. Darüber hinaus sei eine weitere positive Entwicklung nicht mehr möglich. Nach Fukuyama kann man sich also kein besseres System ausdenken. Also wieso dann überhaupt über die Zukunft diskutieren? Wenn es nicht besser werden kann, braucht es auch keine Debatten um grundlegende Richtungsentscheidungen mehr.

Fukuyamas Gedanken können als spezielle Variante des Neoliberalismus verstanden werden. Er fängt den Geist dieser Zeit auf besondere Weise ein. Fukuyama beschreibt einen Entwicklungspfad, der erst ab den 1990er-Jahren zur vollen Entfaltung kommen sollte: ein globales und dynamisches Wirtschaftssystem ohne eine globale Regierung, begleitet von einer rhetorischen Abwertung der Politik und dem immer stärkeren Verschwinden der politischen Phantasie.

Wie dachten die politischen Eliten zu dieser Zeit?

Woher kam dieser Glaube, dass mit dem Sieg über den Sozialismus das Ende der Geschichte geschrieben worden sei? Dass es ausreiche, auf die Kraft des Marktes zu vertrauen, um der Demokratie weltweit zum Durchbruch zu verhelfen? Dieses Denken ist Konsequenz eines längerfristigen Prozesses. Er umfasst einen fundamentalen Wechsel in der ökonomischen Theorie, in den Konzepten der Wirtschaftspolitik sowie in den Vorstellungen, was die Aufgabe von Politik ist. Dieser Umschwung begann schon viel früher, und zwar als Abkehr von den damals herrschenden Auffassungen des Keynesianismus – jener wirtschaftspolitischer Gedanken, die auf den britischen Ökonomen John Maynard Keynes (1883–1946) zurückgehen.

Zu dieser Gegenüberstellung einen Hinweis. Wenn in diesem Buch Keynes und der Keynesianismus (der in mehrere Richtungen zerfällt) verwendet werden, dann im Sinne einer Erörterung einer aktiven Auffassung von Politik in Abkehr und in Widerspruch zum passiven Politikverständnis von Fukuyama. Diese Form von aktiver Politik gilt es wiederzuentdecken und zu fördern, um Lösungen für die großen strukturellen Probleme der Gegenwart finden zu können. Es ist nötig, diese Form von den Inhalten zu unterscheiden. Denn die Wirtschaftspolitik, die im Namen von Keynes nach dem Zweiten Weltkrieg betrieben wurde, hatte auch ihre problematischen Züge. Sie wollte Vollbeschäftigung herstellen und koppelte die Beschäftigung strikt an das Wirtschaftswachstum. Damit war direkt das Problem einer wachsenden Zerstörung der Umwelt verbunden, für die der Keynesianismus damals keine Lösungsvorschläge entwickelte.

Aber zurück zur Geschichte: Bereits in den 1970er-Jahren verließen Eliten in den Wissenschaften, in der Wirtschaft und in der Politik das keynesianische Denksystem und wandten sich einer damals neuen Richtung zu, die meist als Neoliberalismus bezeichnet wird. Ende der 1980er-Jahre waren schließlich neoliberale Überzeugungen in den reichen westlichen Ländern fest etabliert. Diese hatten auch zur Folge, dass die westliche Politik auf den Umbruch im »Osten« mit kühler Distanz, aber ohne gestaltende Kraft reagierte. So wurden zum Beispiel kaum finanziellen Hilfen für einen allmählichen Übergang zu einem neuen Wirtschaftssystem oder gar zu einem »Dritten Weg« jenseits von Kapitalismus und Sozialismus bereitgestellt – eine solche Alternative wollte Michael Gorbatschow, der letzte Staatspräsident der Sowjetunion, für sein Land erreichen. Ähnliche Ziele hatten viele Bürgerrechtlerinnen und Bürgerrechtler, die im Staatssozialismus für Demokratie kämpften und »die Wende« mit ihrem Protest möglich machten, auch in der DDR. Über kurz oder lang befand sich aber nach 1989 jedes früher staatssozialistische Land im Lager des Neoliberalismus.

Dieses Buch handelt von der Krise der Politik, die durch den Neoliberalismus ausgelöst wurde. Denn der Neoliberalismus hat alle großen politischen Denksysteme ausgehöhlt und ihnen ihre politische Phantasie geraubt. Das gilt für konservative, liberale und sozialdemokratische Strömungen. Sie sind, jede auf ihre Weise, vielfältige Synthesen mit dem Neoliberalismus eingegangen und haben dabei, jede auf ihre Weise, ihre eigentlichen Werte verloren beziehungsweise bis zur Unkenntlichkeit verformt. Wenn Politikerinnen und Politiker heute über Freiheit, Zusammengehörigkeit oder Solidarität reden, sind das meist Worthülsen, die wenig bedeuten. Der Siegeszug des Neoliberalismus brachte viele Probleme mit sich. Er führte auch zu einer Krise der Parteiendemokratie: Ein beachtlicher Teil der Bevölkerung fühlt sich von den einst so großen Parteien nicht mehr vertreten. Inzwischen steht die Demokratie selbst auf dem Prüfstand.

Die Untätigkeit der Politik in Fragen des Schutzes der Umwelt beziehungsweise der Mitwelt ist direkte Folge dieser Krise. Die Politik hat auf zahlreiche gravierende Probleme kaum oder nur zögerlich reagiert. Die Liste ist elendslang: Neben der vom Menschen verursachten Erderwärmung sind wir mit einem riesigen Artensterben konfrontiert, das Konsequenzen auf die Nahrungsproduktion haben wird, wir erleben eine massive Überfischung der Meere (in den letzten 40 Jahren hat sich die Population der Meerestiere halbiert), die Übersäuerung der Böden, die Verschmutzung des Trinkwassers und der Meere mit Plastik (von der Oberfläche bis in die tiefsten

Tiefen), das immer schnellere Auftauen von Permafrostböden, das die Erderwärmung beschleunigt, die Versauerung der Meere mit Auswirkungen auf den Kohlenstoffkreislauf im Meer, auf die Meeresströmungen, auf das tierische Plankton und den Krill (der antarktische Krill ist eine der größten Biomassen der Erde). Die Liste umfasst auch viele andere Fragen, wie eine zunehmende Ungleichheit in den Vermögen, die den sozialen Zusammenhalt bedroht, ein ungezügeltes Finanzsystem oder die überbordenden Eingriffe der großen IT-Konzerne in unseren Alltag, in dem es immer weniger Privatsphäre gibt, sowie insbesondere der Schwenk der Politik in Richtung Rechtspopulismus, der – wie man am Beispiel von Donald Trump erkennen konnte – direkt die Demokratie bedroht.

Jede dieser Krisen kann einzeln erzählt werden und wird auch einzeln erzählt. Doch im Kern ist es eine *einzige* Krise, die dasselbe politische und wirtschaftliche System mit denselben politischen und wirtschaftlichen Eliten betrifft. Um diese Krisen insgesamt verstehen zu können, braucht es eine Erklärung, die versucht, diese Momente zusammenzudenken, die versteht, wie es zur Krise der großen politischen Strömungen gekommen ist, wie sie sich heute manifestiert und mit welcher neuen Art von Politik sie überwunden werden kann.

Wie der Neoliberalismus in die Welt kam

Wer verstehen möchte, wieso sich der Neoliberalismus im Jahr 1989 als Sieger über die Geschichte feiern lassen konnte, muss weit zurückgehen. Anfang der 1920er-Jahre schlossen sich Ökonomen und Philosophen (Frauen waren damals so gut wie keine dabei, die männliche Schreibweise ist deshalb hier bewusst gewählt) über Grenzen hinweg zusammen. Es war ein Netzwerk, das mehrere Schulen der Nationalökonomie umfasste: die Österreichische Schule, den deutschen Ordoliberalismus, die Chicagoer Schule (»Chicago Boys«) sowie liberale Philosophen, vor allem aus Frankreich und der Schweiz.

Das sind die wichtigsten Namen: Ludwig von Mises und Friedrich von Hayek (Österreichische Schule), Wilhelm Röpke, Alexander Rüstow und Walter Eucken (aus Freiburg) als Vertreter der ersten Ordoliberalen, Lionel Robbins von der *London School of Economics*, Henry C. Simons aus Chicago sowie die Philosophen Louis Rougier und William Rappard aus Paris. Rougier hatte auch 1927 das *Genfer Hochschulinstitut für Internationale Studien* mitbegründet, bei dem ab 1934 Ludwig von Mises und ab 1937 Wilhelm Röpke als Professoren beschäftigt waren (Abb. 1).[7]

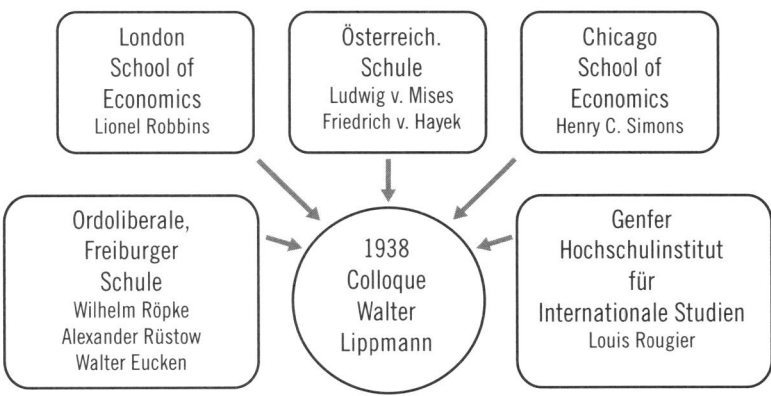

Abbildung 1: Schulen im neoliberalen Netzwerk der Zwischenkriegszeit

Was aber wollten diese Männer? Sie diskutierten in ihrem neu geschaffenen Netzwerk die Krise des Liberalismus, die in gebildeten Kreisen spätestens nach Ende des Ersten Weltkriegs als Tatsache angesehen wurde. Die Weltwirtschaftskrise ab 1929 verschärfte diese Diagnose, die alte kapitalistische Ordnung (der Manchester-Kapitalismus) stand auf dem Prüfstand. Selbst liberale Theoretikerinnen und Theoretiker waren damals überzeugt, der Kapitalismus werde keine große Zukunft mehr haben, denn politische Bewegungen wie der Kommunismus, der Sozialismus und die Sozialdemokratie gewannen massiv an Einfluss. Hinzu kam, dass sich die geknechtete

Arbeiterinnen- und Arbeiterschaft in Gewerkschaften organisierte und für die eigenen Rechte kämpfte. Die Ökonomen und Philosophen in diesem Netzwerk wollten diese Entwicklung stoppen. Aber im Gegensatz zum liberalen Ökonomen Keynes wollten sie den Kapitalismus nicht bloß reformieren. Ihr Ziel lautete, den Kapitalismus radikal neu zu konzipieren. In der Theoriebildung waren vor allem Mises und dessen damaliger Mitarbeiter Hayek führend. Schon in den 1920er-Jahren forderten sie einen neuen Liberalismus, der den drohenden Niedergang des Kapitalismus aufhalten sollte. Für sie war ein Ende des Kapitalismus gleichbedeutend mit dem Untergang »der Zivilisation«.

Mises und Hayek dachten Geschichte in einer Art, die für den Neoliberalismus prägend geworden ist. Sie waren der Meinung, dass der längerfristige Gang der Geschichte durch Ideen erklärt werden müsse. Gemeint waren jene Ideen, die »große Denker« entworfen hatten und die dann auf verschlungenen Wegen die ganze Gesellschaft durchdrungen hätten.

Als erfolgreiche und aus ihrer Sicht besonders abschreckende Beispiele sahen sie Karl Marx, den großen Theoretiker des Kommunismus, sowie den Ökonomen John Maynard Keynes. Diesen beiden Denkern sei es, so meinten sie, mit Hilfe starker Ideen gelungen, ganze Gesellschaften zu verändern. In diesem Verständnis werden alle großen gesellschaftlichen Trends von oben, von Denkern und Vordenkern, betrachtet. Der Marxismus war für sie eine elitäre intellektuelle Strömung, keine Massenbewegung.

Aus dieser Geschichtsbetrachtung zogen die ersten Neoliberalen zwei Schlüsse: Sie wollten die Krise des Liberalismus dadurch überwinden, dass sie erstens die Forderung erhoben, es müsse eine neue liberale Utopie formuliert werden, die das Potenzial hätte, die Gesellschaft in einem Prozess über zwei bis drei Generationen verändern zu können.

Zweitens sollte versucht werden, diese neue Utopie – so unglaublich das klingt – in der Gesellschaft als dominante Ideologie durchzusetzen.

Im Rückblick über ein Jahrhundert scheint dieses Vorhaben geglückt zu sein, aber auf Wegen und mit Folgewirkungen, die die ersten Neoliberalen in ihren kühnsten Träumen nicht erahnt hätten. Wie bei Marx und dem Marxismus widerspricht auch hier der geschichtliche Erfolg des Neoliberalismus ihrer eigenen Vorstellung vom Gang der Geschichte.

Ein langsamer Start

Der Aufstieg des Neoliberalismus verlief langsam, widersprüchlich und nicht linear. In den ersten Jahrzehnten verzeichnete er wenige Erfolge. Hayek wurde 1931 vom britischen Ökonomen Lionel Robbins nach London geholt und versuchte erfolglos, sich als Gegenspieler des neuen Starökonomen Keynes zu etablieren, der in Cambridge seinen »*Circus*« um sich geschart hatte.

Doch länderübergreifend konnten die ersten Neoliberalen durchaus Erfolge erzielen. Ein frühes Beispiel ist das *Genfer Hochschulinstitut für Internationale Studien (Institut des Hautes Études Internationales)*, das 1927 von Neoliberalen gegründet wurde (siehe auch Abb. 1). Der Kreis um das Institut wird auch als *Genfer Schule* bezeichnet.[8] Das Institut veranstaltete eine Serie von internationalen Konferenzen, auch im Rahmen des Völkerbunds. Diese Konferenzen dienten der Diskussion einer neuen Weltwirtschaftsordnung. Im Anschluss daran kam es im August 1938 in Paris zu dem später so genannten *Walter-Lippmann-Colloquium* (Abb. 1). Bei diesem Treffen gaben sich die Versammelten die Selbstbezeichnung *Neoliberalismus*, der Begriff wurde von ihnen bis in die 1970er-Jahre verwendet.

Die weitere Geschichte dieses Begriffs ist bemerkenswert. Ab den 1980er-Jahren waren Grundbestandteile des neoliberalen Denkens fest etabliert und hatten so weit das politische und wirtschaftliche Denken durchdrungen, dass man schließlich den Wald vor lauter Bäumen nicht mehr sehen konnte oder nicht mehr sehen wollte – der Begriff wurde jedenfalls aufgegeben. Noch etwas später, als die neoliberale Bewegung in ihrer Gesamtheit erkannt und kritisch analysiert wurde, bestritten die Gründerväter und deren Enkelinnen und Enkeln, dass es so etwas wie Neoliberalismus überhaupt gebe.[9] Diese Meinung wird auch heute noch von einer Elite in der Politik und in der Wirtschaft vertreten.

Ein großer Rückschlag: Das System von Bretton Woods

Am 1. Juli 1944 passierte etwas, das den Neoliberalen gar nicht gefiel. An diesem Tag begann im US-Bundesstaat New Hampshire die Konferenz von Bretton Woods. Es war die Zeit des Zweiten Weltkriegs, Europa lag in Schutt und Asche. Das System von Bretton Woods gab nach dem Zweiten Weltkrieg bis Anfang der 1970er-Jahre dem Kapitalismus einen globalen Rahmen. Es basierte auf Ideen eines politischen Liberalismus. Auch John Maynard Keynes war in Bretton Woods, einem kleinen Ort an der Ostküste der USA. Seit Beginn der 1940er-Jahre hatte Keynes mehrere Entwürfe verfasst, wie eine global gültige Ordnung für den Kapitalismus aussehen könnte. Nach Bretton Woods reiste er als Delegationsleiter von Großbritannien und wurde mit stehenden Ovationen begrüßt. Keynes verfolgte bei der Konferenz die Interessen des Britischen Empires, dessen Abstieg schon längst begonnen hatte. Sein Gegenspieler war der amerikanische Volkswirt Harry Dexter White, der als Chefverhandler der USA auftrat.[10]

Die USA waren der große Sieger des Zweiten Weltkriegs und dominierten die globale Wirtschaft – ihre Wirtschaftsleistung machte ungefähr die Hälfte der damaligen Welt aus.

Das System von Bretton Woods, das vertraglich festgelegt wurde, kann als ein keynesianisches Weltsystem verstanden werden. Es verfolgte das Ziel, der globalen Wirtschaft einen stabilen Rahmen zu geben, damit sich das Desaster der Weltwirtschaftskrise der 1920er- und 1930er-Jahre und der nachfolgenden Handelskriege nicht wiederholen könne. Dieses Ziel wurde nach 1945 in hohem Maße erreicht – und später dann wieder vergessen. Das System von Bretton Woods sollte es jedem Land möglich machen, eine eigenständige

Wirtschaftspolitik durchzuführen und Vollbeschäftigung herzustellen. Das neue Regelwerk war, wie Hans Morgenthau, Finanzminister unter dem demokratischen US-Präsidenten Franklin D. Roosevelt, meinte,»ein Instrument souveräner Regierungen und nicht privater Finanzinteressen«. Mit Pathos sprach er bei der Schlusssitzung der Bretton-Woods-Konferenz am 22. Juli 1944 davon, dass die Regierungen»die wucherischen Geldleiher aus dem Tempel der internationalen Finanzen vertreiben« sollten.[11] Diese Stoßrichtung fand sich in den Regeln des Systems von Bretton Woods. So wurden zum Beispiel die internationalen Finanzbeziehungen streng reglementiert. Die Staaten hatten das Recht, alle Kapitalbewegungen zu kontrollieren, auch mit dem Ziel, spekulative Bewegungen gegen die eigene Währung zu verhindern.[12]

Neoliberale Ökonominnen und Ökonomen mussten das System von Bretton Woods aus Prinzip ablehnen. Für sie war es eine Weltordnung, die der nationalen Politik einen dauernden Einfluss auf die Wirtschaft erlaubt. Genau das widersprach ihrer Vorstellung von Ökonomie. Für Hayek zum Beispiel gab es im Kapitalismus überhaupt kein Stabilitäts- und Steuerungsproblem und daher auch keinen Grund, den Kapitalismus durch die Politik zu beeinflussen. Keynes und das System von Bretton Woods wurden im neoliberalen Lager von Anfang an als Gefahr gesehen, später wurden die Keynesianer als»Sozialisten« abgetan. Bereits 1938 erklärte der deutsche Ökonom Röpke im Walter-Lippmann-Kolloquium:»Die größte Gefahr ist die neue Konjunkturpolitik: die Politik der wirtschaftlichen Autonomie, die Politik des wirtschaftlichen Nationalismus in Kombination mit Planwirtschaft und Autarkie.«[13] Dieser»wirtschaftliche Nationalismus« war nach neoliberalem Urteil im System von Bretton Woods systematisch angelegt. Genau das sollte verändert werden.

Dieses Ziel erreichten die neoliberalen Kräfte auch – wenn erst nach längerem Bemühen, mit viel unerwarteter Hilfe und durchaus auch aus Zufall. Bereits ab dem Jahr 1945 waren prominente Neoliberale daran mitbeteiligt, die geplante *Internationale Handelsorganisation* zu Fall zu bringen, welche die neuen Institutionen im Bretton-Woods-System, vor allem den *Internationalen Währungsfonds*

(IWF) und die *Weltbank*, vervollständigen sollte.[14] Die neue Organisation sollte bei den Vereinten Nationen beheimatet sein, den Welthandel überwachen und wie der UN-Sicherheitsrat ein Gremium sein, in dem ausgesuchte Länder entscheidungsbefugt sind. Mit der *Internationalen Handelsorganisation* hätte es eine globale politische Ebene gegeben, die direkt über Belange des internationalen Handels entscheiden hätte können.

Aber so weit kam es nie. Einzelnen Mitgliedern der neoliberalen Gemeinschaft gelang es, Einfluss auf die *Internationale Handelskammer* auszuüben, die wiederum republikanische Vertreter in den USA überzeugen konnten, dieses Vorhaben im US-Parlament zu blockieren. Jahre später versandete die Initiative und wurde niemals wiederbelebt. Die spätere Ausgestaltung des globalen Handelsregimes folgte weitgehend marktfundamentalen Vorgaben. Die Globalisierung ab den 1990er-Jahren wurde ohne eine politische Institution auf globaler Ebene unternommen. Ein diesbezügliches demokratisches Moment konnte sich niemals entfalten und der Gedanke einer *Internationalen Handelsorganisation* war bald in Vergessenheit geraten.[15]

Institutionelle Netzwerke

Wie schaffte die eingeschworene neoliberale Gemeinschaft, die zu Beginn doch nur ein Splittergrüppchen im ökonomischen Betrieb war, diese Veränderung? Ein wesentlicher Baustein dazu war und ist die *Mont Pèlerin Society* (MPS). Zu Ostern 1947 kam es unter der Federführung von Hayek zur Gründung dieser Gesellschaft, benannt nach dem Mont Pèlerin, einem Berg oberhalb von Vevey, einer Stadt am Nordostufer des Genfersees in der Schweiz. Gewissermaßen in Fortsetzung des Walter-Lippmann-Kolloquiums von 1938 wurde eine internationale Organisation ins Leben gerufen, die für die Koordination und die gemeinsame Zusammenarbeit der neoliberalen Außenseiter bedeutsam wurde.[16] Hier trafen sich »die isolierten Verteidiger der Freiheit«, wie Friedman dies später formulierte, jährlich zu einer gemeinsamen Tagung, über die in den Anfangszeiten noch wenig berichtet wurde.

Dieser Gesellschaft ging es um folgende Fragen: Wie können private Rechte vor der angeblich »räuberischen Macht« von Staat, Gewerkschaften und der Zivilgesellschaft geschützt werden? Wie kann ein internationales System erschaffen werden, in dem der Markt mit nur minimalen sozialen Standards bestehen kann?

Eines war in diesem international besetzten Gremium von Anfang an klar: Das Ziel ist die Beeinflussung der Gesellschaft oder, wie Hayek es formulierte, der Liberalismus sollte sich als »dominantes, wenn nicht absolutes Prinzip sozialer Organisation« weltweit durchsetzen. Zur Umsetzung dieses Plans war ein langer Atem nötig. Die Mont-Pèlerin-Gesellschaft rechnete damit, dass es zwei oder drei Generationen benötigen würde, um eine »konsequente Weltanschauung« des Liberalismus in der Gesellschaft zu verankern. Dafür müsse man »kühl überlegen, was mit Überredung und Belehrung erreicht werden kann«.[17]

Erste Erfolge

Zu Beginn führte die *Mont Pèlerin Society* ein Schattendasein. Selbst Hayek wurde in Fachkreisen in den 1950er- und 1960er-Jahren im wissenschaftlichen Diskurs kaum wahrgenommen. Ihren ersten großen Erfolg erzielten die Marktliberalen 1949 in Deutschland, als trotz einer antikapitalistischen Grundstimmung und einer starken Sozialdemokratie in der ersten Regierung Adenauer der Konservative Ludwig Erhard, Mitglied der *Mont Pèlerin Society,* den Wirtschaftsminister stellte. Aus dieser neuen Machtposition gelang es wissenschaftsintern und in der Öffentlichkeit – auch mit Unterstützung der *Neuen Zürcher Zeitung* (unter dem liberalen Politiker und langjährigen Chefredakteur Willy Bretscher) und der *Frankfurter Allgemeinen Zeitung* (unter Erich Welter, der Mitbegründer und langjährige Herausgeber der Zeitung war auch Mitglied der MPS) – nach und nach, die Keynesianer zurückzudrängen.

Ein anderer wichtiger Erfolg des marktfundamentalen Netzwerks in seiner Frühzeit war sein Beitrag, das nach dem Zweiten Weltkrieg implementierte System von Bretton Woods zu Fall zu bringen. Wie eine neue globale wirtschaftliche Ordnung aussehen sollte, wurde bei den Tagungen der *Mont Pèlerin Society* intensiv diskutiert: Die zentrale Frage war, wie und wodurch das System von Bretton Woods verändert werden sollte. Hier setzten sich nach heftigen internen Debatten die Mitglieder der Chicagoer Schule um Milton Friedman durch. Sie plädierten für ein System flexibler Wechselkurse, mit dem Kanada bereits ab 1950 (auch auf Anraten von Friedman) begonnen hatte.[18] Damit sollten vor allem Kapitalverkehrskontrollen, zum Beispiel das Verbot, Devisen ohne Kontrolle von einem Land an das andere zu transferieren, unmöglich gemacht werden. Friedman sah Währungen als ein Gut wie jedes andere an. Sie sollten »frei« im Sinn des Marktbegriffes werden: als »Wechselkurse, die unbehindert in einem offenen Markt durch vornehmlich private Transaktionen bestimmt werden und die wie andere Marktpreise von Tag zu Tag variieren«.[19]

Mit diesem Ziel unternahmen Ökonominnen und Ökonomen aus der *Mont Pèlerin Society* (die als Gruppe unerkannt nach außen agierte) zahlreiche Aktivitäten, um Ökonominnen und Ökonomen, Politikerinnen und Politiker sowie Bankerinnen und Banker, auch von den Zentralbanken, von der Schädlichkeit fixer Wechselkurse zu überzeugen. Entscheidend für diesen weitgehend unbekannten Vorgang waren mehrere dutzend Konferenzen in den 1960er-Jahren. Hier konnten die Vertreterinnen und Vertreter der *Mont Pèlerin Society* – obwohl sie nicht die Mehrheit stellten – als Initiatorinnen und Initatoren, als Organisatorinnen und Organisatoren sowie in ihren Reden die Inhalte prägen. Die keynesianisch orientierte Mehrheit auf diesen Konferenzen war hingegen organisatorisch nicht vernetzt und verlor dadurch die Themenführerschaft.[20]

Diese Gedanken konnten dann in einem nächsten Schritt politisch umgesetzt werden. So gelang es Mitgliedern der MPS, in der Administration von Richard Nixon, der von 1969 bis 1974 US-Präsident war, Gehör zu finden und gegen das System von Bretton

Woods Stimmung zu machen. Gründe dafür gab es genug, denn spätestens Ende der 1960er-Jahre waren die ursprünglichen Regeln weitgehend dysfunktional geworden.[21] So war die Goldbindung des US-Dollars nur noch eine Fiktion, London erlaubte mit dem Eurodollarmarkt einen unregulierten Dollarhandel in Europa, auch mit eigenen Wertpapieren,[22] und 1970 wurden (nach Zwischenschritten) von den USA, von Kanada, der Bundesrepublik Deutschland und der Schweiz die Kapitalverkehrskontrollen endgültig aufgegeben.

In der ursprünglichen Logik der Gründung des Systems von Bretton Woods als einer politischen Initiative vieler Länder hätte man eine Nachfolgekonferenz einberufen können, um das System für die geänderten Umstände zu reformieren. Aber dazu fehlten der politische Wille und auch die Unterstützung aus den Kreisen der Wirtschaftswissenschaft. Der Neoliberalismus war hier schon zu mächtig geworden. Nixon beendete schließlich (auch unter Einwirkung von Milton Friedman) das System von Bretton Woods abrupt und einseitig.

Die Folge waren in den 1970er-Jahren eine Abwertung des Dollars, zwei Ölpreiskrisen, hohe Inflationsraten (zuerst als importierte Inflation, dann via Lohnerhöhungen durch starke Gewerkschaften) und Wirtschaftskrisen – man kann auch für viele Länder von einer strukturellen Krise des Wirtschaftssystems sprechen. Damit ging in vielen reichen westlichen Ländern ein Vierteljahrhundert beinahe ungebrochenen Wirtschaftswachstums zu Ende. Neoliberale Ökonominnen und Ökonomen konnten für diese neuen Entwicklungen (die sie durchaus mitverursacht hatten, zum Beispiel durch ihre Beträge zum Abbau des Systems von Bretton Woods) erfolgreich den Keynesianismus und seine Wirtschaftspolitik zum Schuldigen machen. Immer mehr galt eine nachfrageorientierte Wirtschaftspolitik nach Keynes als überholt und eine angebotsorientierte, vor allem in der Version der Chicagoer-Schule, als modern und zukunftsweisend. Aber der damit einhergehende Wechsel im Konzept der Politik blieb unbeachtet – er entfaltete erst später seine Wirkung.

Der Durchbruch

Die 1970er-Jahre bringen den unerwarteten Durchbruch für das neoliberale Netzwerk – ein halbes Jahrhundert nach dem Beginn der Bewegung. Was in einem kleinen wissenschaftlichen Kreis seinen Ursprung hatte, durchdrang ab den 1970er-Jahren die globale Politik. Damals kam es in zahlreichen Ländern der Welt zu einer »neoliberalen Wende« in der Politik durch konservative beziehungsweise rechte Parteien. In Großbritannien und in den USA kamen fast zeitgleich die konservativen Politiker Margaret Thatcher von den britischen Tories und Ronald Reagan von den amerikanischen Republikanern an die Macht. Beide waren Anhänger von Hayek und Friedman und beide setzten Teile der Lehren dieser beiden Ökonomen politisch um.

Die USA und Großbritannien sind für das globale Schicksal des Planeten von besonderer Bedeutung, weil sie trotz des fulminanten Aufstiegs von China in die Liga der großen Wirtschaftsmächte immer noch die Heimat der beiden Machtzentren des Kapitalismus sind: nämlich der *City of London*, die über Jahrhunderte die Finanzen des britischen Empires managte, und der *Wall Street* in New York, deren Banken und Fonds nach dem Zweiten Weltkrieg mit dem Dollar als Weltleitwährung zu den größten der Welt wurden. Das aktuelle globale kapitalistische System beruht in hohem Maße immer noch auf den Rechtssystemen dieser beiden Länder beziehungsweise von England und dem US-Staat New York.[23] Indem der Neoliberalismus die Machtzentren des Kapitalismus eroberte, konnte er von dort seinen weltweiten Siegeszug antreten.

Der neoliberale Umschwung hat in vielen Ländern direkt mit der *Mont Pèlerin Society* zu tun. Denn sie begann ab der Mitte der 1950er-Jahre, sich ein eigenes Reich aufzubauen, unterstützt und finanziert von reichen Personen und Unternehmerinnen und Unternehmern, die erkannten, dass sich die Ideologie des Neoliberalismus gut für eigene Interessen einspannen lässt. Die Vertreterinnen und Vertreter der MPS errichteten zahlreiche Think Tanks. Diese Think Tanks waren eng verzahnt und gingen koordiniert in der Öffentlichkeit vor. Diese Denkfabriken dienten, so wurde es intern auch offen gesagt, der »Propaganda«. Sie richteten sich direkt an Medien, Politikerinnen und Politiker und waren stets darauf ausgerichtet, die Öffentlichkeit im eigenen Interesse zu beeinflussen.[24] Viele Mitglieder dieser neoliberalen Denkfabriken waren in Doppelrollen tätig, eine Tatsache, die auch heute noch häufig zu beobachten ist: Sie treten zum einen als »objektive« Wissenschaftlerinnen und Wissenschaftler im akademischen Bereich auf und sind gleichzeitig als Lobbyistinnen und Lobbyisten und als Propagandistinnen und Propagandisten in Think Tanks und in der Öffentlichkeit aktiv.

Heute umfasst das Netzwerk, das um die *Mont-Pèlerin-Gesellschaft* organisiert ist, als *Atlas Network* fast 500 Think Tanks weltweit. Finanziert wurde und wird das *Atlas Network* auch von Öl- und Chemiekonzernen wie dem Milliardenkonzern Koch Industries, ExxonMobile oder Shell, aber zumindest früher auch von Tabakkonzernen wie Phillip Morris.

In einzelnen Ländern trugen marktfundamentale Think Tanks in den 1970er-Jahren dazu bei, die konservativen Parteien nachhaltig zu verändern. Insbesondere in Großbritannien und in den USA spielten sie eine einflussreiche Rolle bei der »neoliberalen Wende« in der Ära von Thatcher und Reagan. Dazu leistete auch eine neue Welle von Think Tanks ihren Beitrag, die ausgehend von der MPS gegründet wurden und die viel aggressiver agierten und direkt auf die Beeinflussung der Politik gerichtet waren. Zu den wichtigsten Institutionen für die USA zählen dabei das *Cato Institute* und die *Heritage Foundation*.

Die Gründung des Letzteren im Jahre 1973 hängt eng mit der politischen Neuformierung der US-Republikaner nach der gescheiterten Präsidentschaftskampagne von Barry Goldwater im Jahre 1964 (die von Milton Friedman unterstützt wurde) zusammen.[25] In der Folge wurden die Republikaner zu einer immer konservativeren Partei, die zunehmend kulturkritisch argumentierte und die Bruchlinien in der Gesellschaft thematisierte. 1969 zog Richard Nixon mit seinem Begriff *silent majority* in das Weiße Haus ein: »… die Vorstellung einer numerischen Mehrheit, die bisher aus undurchsichtigen Gründen von einem Elitenkartell von der Macht ferngehalten wurde.«[26] Nixon appellierte an die »forgotten Americans, the non-shouters, the non-demonstrators«, Menschen also, die einfach nur hart arbeiten, ihre Steuern zahlen und ansonsten in Ruhe gelassen werden wollen.[27]

Nixon steht für eine Schwelle zwischen Keynesianismus und Neoliberalismus. Noch Anfang der 1970er-Jahre bekannte er sich als Gefolgsmann von John Maynard Keynes. Doch Ende der 1970er-Jahre wendete sich das Blatt, als es Ronald Reagan gelang, auch die konservativen Christen in das republikanische Lager zu ziehen.[28] Unterstützt von Think Tanks führte er einen klar marktfundamentalen Wahlkampf: »Government is not the solution to our problem. Government is the problem«, war seine Parole.[29] Die Regierung löse die Probleme der Menschen nicht, sie sei das Problem, lautete nun die Devise. Mit Reagans Wahlsieg im Jahr 1981 waren die Neoliberalen im Zentrum der Macht angekommen. Die *Heritage Foundation* legte der neuen Reagan-Regierung einen über tausend Seiten starken Bericht mit dem Titel »Mandate for Leadership« vor, ein Kompendium von 1 270 Vorschlägen, von denen zahlreiche in der Regierung Reagan umgesetzt wurden. Viele der damals beschlossenen Steuerkürzungen argumentierte Reagan mit dem Wunsch, »die Bestie auszuhungern« (»starving the beast«).[30] Die »Bestie«, damit war der Staat mit seinen Ausgaben gemeint. Tatsächlich wurden die Staatsausgaben, auch als Folge der Steuerkürzungen, kräftig erhöht, insbesondere für die Rüstung.

Die Regentschaft Reagans veränderte nicht nur die USA, sondern die ganze Welt. Unter seiner Ägide änderten sich in den 1980er-Jahren die Arbeitsweise und Ziele der Weltbank und des Internationalen Währungsfonds nachhaltig. Die USA nutzten die Schuldenkrise der 1980er-Jahre, um eine globale Politik »des Marktes« zu etablieren. Um die Schulden erlassen zu bekommen, mussten über hundert Länder sogenannte »Strukturanpassungsprogramme« (*Structural Adjustment Loans*) durchführen, sie wurden sprachlich als Armutsbekämpfungs- und Wachstumsprogramme beschönigt (*Poverty Reduction and Growth Facility*) – 1989 sprach man zusammenfassend auch von einem *Washington Consensus*.[31] Im Gegenzug für die Finanzhilfen wurde von den betroffenen Staaten Haushalts-disziplin, Deregulierung, Privatisierungen von Staatsbetrieben und ein Abbau von Mindestlöhnen und Subventionen, etwa für Grund-nahrungsmittel, verlangt. Die Konsequenz war in vielen Fällen der Abbau des Sozialstaates oder sogar von Souveränitätsrechten – die Verletzung von Menschenrechten spielte keine Rolle.

In Großbritannien stand der Umschwung unter der konservativen Premierministerin Thatcher in direktem Zusammenhang mit dem *Centre for Policy Studies* (CPS), das 1974 als Think Tank gegründet wurde, auch um die Tories zu »bekehren«, so der Gründer Keith Joseph. Denn für die Neoliberalen steckte selbst in den britischen Konservativen noch »zu viel Sozialismus«.[32] Thatcher, damals stell-vertretende Direktorin des *Centre for Policy Studies*, wurde im Jahr 1974 überraschend Oppositionsführerin der Konservativen. 1979 kam schließlich ihre große Stunde: Die Labour-Regierung wurde durch ein Misstrauensvotum gestürzt, der britischen Sozialdemo-kratie fehlte nur eine Stimme zur Mehrheit. Dem damaligen Pre-mierminister James Callaghan von der *Labour Party* blieb nur üb-rig, Neuwahlen anzusetzen. Thatcher gewann die Wahl, sie wurde Premierministerin und wandelte das Land – zeitgleich mit Reagan in den USA – nach marktfundamentalen Prinzipien um. Bis ins Jahr 1990, als ihre Amtszeit endete, wurde ihre Regierung vom ihrem *Centre* beraten und unterstützt. Das CPS organisierte seinen Ein-fluss in »Studiengruppen«. Die erfolgreichste war dabei die *Trade Union Reform Group*. Praktisch sämtliche von dieser Gruppe Ende der 1970er-Jahre eingebrachten Vorschläge für »Reformen« wurden umgesetzt, wie das Verbot von Solidaritätsstreiks, um die Befug-nisse der Gewerkschaften drastisch einzuschränken.[33]

Marktsozialdemokratie

Auch in Deutschland veränderte sich in den 1980er-Jahren vieles. Im September 1982 beendete die FDP die langjährige Koalition mit der SPD (Kanzler waren von 1969 bis 1974 Willy Brandt und dann

Helmut Schmidt) und wechselte zur CDU über. Der neue Kanzler Helmut Kohl rief eine »geistig-moralische Wende« in Verbindung mit einer neoliberalen Rhetorik aus: »Weg von mehr Staat hin zu mehr Markt, weg von kollektiven Lasten hin zu mehr persönlicher Leistung«, es müsse jetzt »eine Atempause in der Sozialpolitik« eingelegt werden.[34] Tatsächlich wurde in Kohls Regierungszeit, die bis zum Oktober 1998 andauerte, keine »neoliberale Wende« vollzogen, dies wurde auch durch den Widerstand im Arbeitnehmerinnen- und Arbeitnehmerflügel der CDU verhindert.[35]

Der eigentliche Schwenk zu einer neoliberalen Wirtschaftspolitik passierte aber genau dann, als man es am wenigsten erwartete: während der rot-grünen Koalition unter dem Sozialdemokraten Gerhard Schröder, die von Oktober 1998 bis November 2005 im Amt war. Schröder folgte hier dem neuen Trend, den Bill Clinton – US-Präsident von 1993 bis 2001 – und Tony Blair – Premierminister in Großbritannien von 1997 bis 2007 – vorgegeben hatten, nämlich eine Synthese der Sozialdemokratie mit dem Neoliberalismus. In die politische Geschichte ging diese Veränderung als »Dritter Weg« ein.[36] Clinton hatte demgemäß 1996 bei seiner Rede an die Nation das Ende des »big governments« verkündet und die letzten Schritte einer Deregulierung der Finanzmärkte vollzogen. Die Folge war eine Explosion neuer Finanztitel, wie verbriefte Wertpapiere, in der zweiten Hälfte der 1990er- und in der ersten Hälfte der 2000er-Jahre. Diese Entwicklung hat dann ursächlich zur Finanz- und Wirtschaftskrise ab 2007 beigetragen.

Der neue »dritte Weg« schwächte die sozialdemokratische Forderung nach Gerechtigkeit in ihrer ursprünglichen Bedeutung, sie wurde gleichsam marktfähig gemacht. »Forderte die ursprüngliche Sozialdemokratie Gerechtigkeit auf der Basis von erbrachter Leistung zum Wohlstand, wurde Gleichheit jetzt«, so der deutsche Wirtschafts- und Gesellschaftswissenschaftler Oliver Nachtwey, »als individuell und gesamtgesellschaftlich leistungshemmend dargestellt.«[37] Auch die Teilhabegerechtigkeit, die ursprünglich gesellschaftliche Mitbestimmung und Partizipation bedeutete, wurde nach Nachtwey umgedeutet zu einem »Dabeisein«. Damit verändert sich »das politische Handlungsfeld: Ziel ist nicht mehr die Herstellung von Gleichheit (der Chancen), sondern zum anerkannten Ausgangspunkt wird die (natürliche) Ungleichheit der Individuen«. Vereinfacht hieß es dann: »Gerecht ist, was Arbeit schafft.« Die Beschaffenheit der Teilhabe wird aber ausgeblendet: »Ob es zum Beispiel eine gute, würdevolle Arbeit ist«, spielte keine Rolle mehr.[38]

Schröders »Agenda 2010« stellte einen tiefen Einschnitt in das deutsche Sozialmodell dar. Das Konzept einer »aktivierenden Arbeitsmarktpolitik«, auf dem »Hartz IV« beruht, hatte einen Verdrängungswettbewerb auf dem Arbeitsmarkt von oben nach unten und eine verstärkte Polarisierung von Einkommen und Vermögen zur Folge. Es schuf vor allem einen neuen Niedriglohnsektor in Deutschland – genau das nannte Schröder auf dem Weltwirtschaftsforum in Davos am 28. Januar 2005 als sein Ziel.[39] Das Deutsche Institut für Wirtschaftsforschung rechnete 2019 gut ein Viertel der Beschäftigten diesem Niedriglohnsektor zu.[40]

Wie stark sich die Sozialdemokratie in eine neoliberale Richtung bewegt hatte, zeigt ein Vergleich des »Lambsdorff-Papiers« vom September 1982 mit dem »Blair-Schröder-Papier« vom Juni 1999. Das erste Papier, benannt nach dem damaligen Wirtschaftsminister Otto Graf Lambsdorff von der FDP, entstand in der *Stiftung Marktwirtschaft* – sie wurde 1981 in Deutschland in Anlehnung an das neoliberale US-amerikanische *Cato Institut* gegründet – beziehungsweise in seinem wissenschaftlichen Beirat, dem *Kronberger Kreis*, unter Mitwirkung des späteren deutschen Bundesbankpräsidenten Hans Tietmeyer. Das Lambsdorff-Papier gilt als Auslöser für den Bruch der Koalition zwischen SPD und FDP im Jahr 1982, der deutsche Ökonom Lars Feld bezeichnete es als »Manifest der Marktwirtschaft«.[41]

Das zweite Papier beschreibt die neue Ausrichtung von Schröder in Abgrenzung zum sozialdemokratischen Parteilinken Oskar Lafontaine (der schließlich 2005 zur Linkspartei, heute »Die Linke«, wechselte) und im Schulterschluss mit Tony Blair.[42] In beiden Papieren finden sich wortgleiche Phrasen einer Politik »des Marktes«. Der zeitliche Abstand von 17 Jahren dokumentiert den vielleicht größten Sieg des Marktfundamentalismus, nämlich dass marktliberale Ideen bis ins Zentrum der Sozialdemokratie vordringen konnten. »Das bisherige Anliegen der Sozialdemokratie [...], die Wirtschaft in ihrem Sinne zu steuern oder gar ›Politics against Markets‹ zu betreiben, scheint aufgegeben worden zu sein.«[43] Neben den Konservativen und den Liberalen hatten selbst die führenden Vertreterinnen und Vertreter der Sozialdemokratie aufgehört, ihre politische Phantasie auf Projekte jenseits »des Marktes« anzuwenden.

Sozialstaat und politische Phantasie werden gleichzeitig abgebaut

Spätestens mit dem Hartz IV-Gesetz im Jahr 2005 (mit dem unter anderem die Arbeitslosen- und Sozialhilfe zusammengelegt und das Arbeitslosengeld auf maximal 18 Monate begrenzt wurde) setzte sich in Deutschland ein Konsens durch, der den Sozialstaat nicht länger als Folge defizitärer Leistungen des Wirtschaftssystems ansieht, sondern umgekehrt Defizite im Wirtschaftssystem, wie niedrige Wachstumsraten und eine hohe Arbeitslosenquote, als Folge des Sozialstaates versteht.

Der Abbau des Sozialstaats irritiert die Zielvorgabe der Demokratie in hohem Maße, speziell in Deutschland ist das im Grundgesetz verankerte Sozialstaatsgebot berührt. Die Reformen im Jahre 2005 standen unter dem Motto »Fordern und fördern«. Sie bürdeten die Verantwortung für die Beschäftigung im hohen Maße den betroffenen Personen auf. Gerhard Schröder sagte bei seiner Regierungserklärung am 14. März 2003: »Niemandem aber wird künftig gestattet sein, sich zulasten der Gemeinschaft zurückzulehnen. Wer zumutbare Arbeit ablehnt – wir werden die Zumutbarkeitskriterien verändern –, der wird mit Sanktionen rechnen müssen.«[44]

Damit änderte sich im Kernbereich des Sozialstaates die Beziehung zwischen Bürgerinnen und Bürger und dem Staat radikal. Nicht die Bürgerin und der Bürger als politisches Subjekt stellen Forderungen und Ziele an die Politik, die diese kreativ umsetzen soll.

Im Gegenteil: Der Staat stellt Forderungen an die Arbeitskräfte, die sich als »Unternehmer ihrer selbst« kreativ an die Erfordernisse der Arbeitswelt anpassen sollen. Die Sozialpolitik hat damit keine übergeordneten Ziele mehr. In ihrem Bereich ist die Differenz zwischen dem Normativen und dem Faktischen aufgehoben, eine politisch gestaltende Phantasie wird nicht mehr benötigt. Die Politik ist nicht mehr dazu da, Bedingungen einer selbstbestimmten Lebensführung zu schaffen, sondern legt diese Gestaltung in die Hände der Betroffenen zurück – und vergisst dabei, dass die selbstbestimmte Lebensführung auch von den gesellschaftlichen Bedingungen abhängig ist.

Politisches Denken ohne Zukunft

Spätestens im letzten Viertel des 20. Jahrhunderts teilten sowohl das konservative als auch das liberale und das sozialdemokratische Denken eine Gemeinsamkeit: Jede dieser drei großen politischen Denkströmungen war eine spezifische und durchaus widersprüchliche Synthese mit dem Neoliberalismus eingegangen. Dabei wurden ihre ursprünglichen Werte verwässert und bis zur Unkenntlichkeit verzerrt. Die Konservativen haben – wie am Beispiel USA und Großbritannien zu sehen – den Neoliberalismus politisch zum Durchbruch verholfen. Dabei wurden ihre Werte von Dienst, Pflicht und Verantwortung marktkonform umgedeutet, aber – was die Konservativen vergessen – die Marktlogik laugt jede Ethik aus: Der flexible Marktmensch ist kein ethischer Mensch mehr (siehe dazu auch Kapitel 3). Die Liberalen haben in unterschiedlichem Ausmaß immer mehr die Werte des ökonomischen Liberalismus betont und die des politischen Liberalismus, wie Menschen-, Freiheits- und Bürgerrechte, ausgehöhlt. Kaum jemand im liberalen Lager hat verstanden, dass der politische und der ökonomische Liberalismus immer mehr zu einem Widerspruch geworden sind. In einer ökonomisierten Gesellschaft (siehe Kapitel 2) sind beide zugleich kaum mehr möglich.

Dieser Prozess hat die drei großen Strömungen der Politik in eine gemeinsame Krise geführt. Der Ausweg liegt nicht mehr im Streit dieser Richtungen gegeneinander, der nach wie vor – vor allen vor Wahlen – heftig geführt wird. Er liegt im Betreten einer neuen Ebene oberhalb dieser drei Denkweisen. Aus dieser Warte gilt es, ihre stillschweigende Gemeinsamkeit zu erkennen, nämlich den Glauben an »den Markt«, den alle teilen und auf ihre Weise interpretieren. Dieser Glaube hat dazu geführt, dass sie – jede auf ihre Weise – ihre politische Phantasie verloren.

Spätestens ab den 1990er-Jahren teilen der Konservatismus, der Liberalismus und die Sozialdemokratie eine Politik der Unvermeidbarkeit. Damit kann sich die Geschichte nur mehr in eine Richtung bewegen. Sie kommt 1989, wie eingangs erklärt, nach dem Ende des Staatssozialismus, zu einem fiktiven Ende. Der Marktfundamentalismus hat die drei großen politischen Denkströmungen ausgehöhlt, indem er ihnen die Vorstellung genommen hat, eine andere Zukunft sei möglich. »Die Politik der Unvermeidbarkeit« meint der amerikanische Historiker Timothy Snyder, »ist ein selbstverursachtes intellektuelles Trauma«. Er formuliert dies für die USA, aber Gleiches gilt auch für Europa: »Solange es einen Wettstreit zwischen kommunistischen und kapitalistischen Systemen gab und solange die Erinnerung an Faschismus und Nazismus lebendig war, musste Amerika der Geschichte eine gewisse Aufmerksamkeit schenken und die Konzepte bewahren, die es ihnen erlaubten, sich alternative Zukünfte vorzustellen. Doch wenn man die Politik der Unvermeidbarkeit akzeptiert, geht man davon aus, dass die Geschichte nicht mehr relevant ist. Wenn alles in der Vergangenheit von einer bekannten Tendenz beherrscht wird, gibt es keine Notwendigkeit, die Details zu lernen.«[45]

2 Warum die politische Phantasie versiegen musste

Was ist eine liberale Politik?

Moderne Demokratien beruhen auf liberalen Ideen. Sowohl die auf den Ökonomen Keynes zurückgehende Theorie des Keynesianismus als auch der Neoliberalismus bauen auf dem ursprünglichen Liberalismus aus dem 17. und 18. Jahrhundert auf. Keynes sah sich selbst als liberalen Ökonom. »Im Klassenkampf«, so schreibt er, »stehe ich auf der Seite des gebildeten Bürgertums.«[1]

Aber bei Keynes ist das ökonomische Denken mit einer anderen Vorstellung vom Staat verbunden als im Neoliberalismus. In einer keynesianischen Betrachtung gilt der Staat nicht als Gegner, sondern als Stütze der Wirtschaft. Dem instabilen Wirtschaftssystem wird durch den Staat Stabilität verliehen – und genau auf diese Weise sein Überleben, das nach den verheerenden Folgen der Weltwirtschaftskrise auf dem Spiel stand, gesichert. Der Slogan »Wollt ihr mehr Markt oder wollt ihr mehr Staat?«, der den Neoliberalismus ab den 1990er-Jahren geprägt hat, hätte für Keynes keinen Sinn ergeben.

Bei Keynes wird ein gänzlich anderes Bild vom Wirtschaftssystem entworfen, als heute gebräuchlich ist. Er beschreibt den Kapitalismus als Unternehmerökonomie, geführt von Bankerinnen und Bankern, Großunternehmerinnen und Großunternehmern sowie von Spekulantinnen und Spekulanten. Er differenziert zwischen aktiven Investorinnen und Investoren, die eine dynamische Rolle spielen, und denen, die passiv nur von Zinszahlungen und Dividenden leben. Diese systemrelevanten Gruppen treffen ihre Entscheidungen auf der Basis imaginativer Vorstellungen über die Zukunft – und zwar unter der Bedingung von »fundamentaler Unsicherheit«. Keynes meint damit Vorgänge, die gänzlich unerwartet kommen. Sie werden durch unvorhersehbare Ereignisse ausgelöst, wie den Ausbruch eines Krieges oder einer Pandemie. Solche Ereignisse verändern bestehende Erwartungen und Entscheidungen schlagartig und damit auch die Wirtschaft.

Der Kapitalismus sei nach Keynes nicht in der Lage, diese Effekte so zu integrieren, dass dauerhaft Stabilität gewährleistet ist. Das Wirtschaftssystem sei deshalb auf die Hilfe des Staates angewiesen. Die Finanzkrise 2008 und die Covid-19-Pandemie ab dem März 2020 demonstrierten das deutlich.

Das Konzept von Keynes lädt ein, darüber nachzudenken, was die Wirtschaft und die Politik ausmacht, und welche neuen Formen von Politik notwendig sind. Bei Keynes gibt es klar einen eigenen Raum für eine zukunftsorientierte Gestaltung der Gesellschaft. Mit dem Instrument der Demokratie – so kann man Keynes interpretieren – gibt die Gesellschaft die Ziele vor, die die Politik umsetzen soll. Das kann zum Beispiel sein, Vollbeschäftigung zu erreichen, aber auch, ein Wirtschaftssystem zu etablieren, das die natürlichen Ressourcen schont, anstatt den Planeten zu zerstören. Die Wirtschaft soll – so dachte Keynes – auch ethischen Normen gehorchen, er wollte sogar Ethik und Ökonomie vereinen. Zum Beispiel sollte es in der Wirtschaft gerecht zugehen – hohe Zinsen bezeichnete Keynes als »Wucher«.[2]

Keynes geht immer von gesellschaftlichen Zielen aus, die von der Politik umzusetzen sind. Das Ziel der Vollbeschäftigung kann nicht durch das Wirtschaftssystem, sondern nur durch den Staat gewährleistet werden. Aufgabe des Staates sei daher, für eine ausreichende effektive Nachfrage zu sorgen. Keynes will mit seinen Theorien den Kapitalismus vor seiner Zerstörung bewahren, dazu muss er reformiert werden. Gleichzeitig spricht sich Keynes gegen eine Verstaatlichung der Wirtschaft aus. Er will, dass wichtige Entscheidungen in der Wirtschaft weiterhin ohne Einfluss der Politik gefällt werden. Keynes ist ein Reformist – für die Neoliberalen, die eine aktive zukunftsgestaltende Rolle der Politik ablehnen, wird er später zum »Sozialisten«.

Im Neoliberalismus spielt der Staat eine andere Rolle. Der Neoliberalismus sieht den Kapitalismus als grundlegend stabiles System und will staatliche Eingriffe auf ein Minimum beschränken. Um dieses Ziel erreichen zu können, war und ist es den Vertreterinnen und Vertretern dieser Denkschule ein wesentliches Anliegen, in den Köpfen der Menschen ein Bild von der Welt zu erzeugen, in dem die Politik Zukunft nicht gestalten kann, weil nur der Markt dies könne. Neoliberale Modelle leugnen somit die Möglichkeit einer politisch gestaltenden Phantasie.

Um das klar zu sehen, muss ein anderer Begriff verstanden werden, der im Neoliberalismus eine große Rolle spielt: der einer »Ordnung«. Ordnung steht für das, was ansonsten Gesellschaft ausmacht. Denn Gesellschaft gibt es im Neoliberalismus nicht. »There is no such thing as society«, brachte die frühere britische Premierministerin Thatcher den neoliberalen Standpunkt Ende der 1980er-Jahre auf den Punkt. »There are individual men and women, and there are families. And no government can do anything except through people, and people must look to themselves first.«[3] Eine »Gesellschaft« gibt es aus ihrer Sicht nicht, sondern bloß Individuen plus Familien. Thatcher vertrat eine konservative Variante des Neoliberalismus. Die Gesellschaft (das, was früher als Gesellschaft galt) geht im Neoliberalismus in seinen vielen Varianten in einem Ordnungsbegriff auf, der die vorher getrennten Bereiche von Wirtschaft und Gesellschaft in einer seltsamen Mischung vereint. Die Politik spielt hier eine eigenartige Doppelrolle. Sie muss zugleich tätig als auch untätig sein. Zum einen muss die Politik den Markt aktiv gestalten und formen und mit ihren Machtmitteln aufrechterhalten, etwa indem man, wie bei Thatcher, Gewerkschaften brutal zurückdrängt. Zum anderen aber unterstellt sie sich selbst dem Markt und seiner Ordnung. Genau hier, in der Unterordnung der Politik unter den Markt, liegt eine zentrale Ursache für die Phantasielosigkeit der Politik in den vergangenen Jahrzehnten.

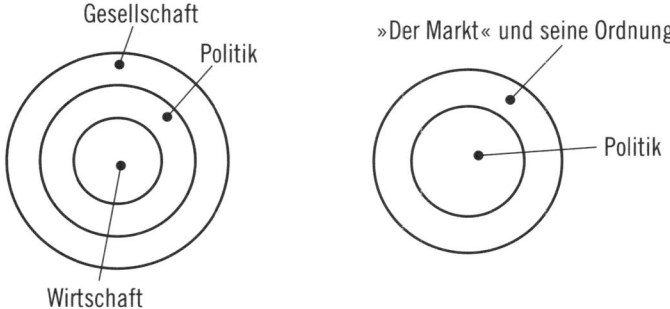

Abbildung 2: Die Stellung von Wirtschaft und Politik: links für den politischen Liberalismus (Keynes) und rechts für den Neoliberalismus (Thatcher)

Zusammenfassend ergibt sich folgendes Bild. Abbildung 2 zeigt den Stellenwert der Politik im politischen Liberalismus, für den Keynes steht, und im Neoliberalismus, wie bei Thatcher erörtert. Die Kreise symbolisieren, welcher Bereich den anderen gleichsam umhüllt, die äußeren Kreise dominieren die inneren. Links ist skizziert, wie Keynes die Politik positioniert. Sie ist zum einen der Gesellschaft untergeordnet, weil sie von jener (demokratisch legitimiert) die Aufträge erhält, die sie befolgen soll. Aus dieser Warte wird über die Wirtschaft reflektiert. Staat und Politik stehen bei ihm gedanklich oberhalb der Wirtschaft. Keynes bietet der politischen Elite eine der Wirtschaft übergeordnete Position an, um sie in die Lage zu versetzen, den bedrohten Kapitalismus zu retten. Sie hat dazu die Befugnis, unabhängig von der Wirtschaft eigenständige Ziele zu formulieren und eine eigene Phantasie zu pflegen. In diesem Arrangement schafft sich die Politik Strukturen, die es ihr möglich machen, ihre selbstgewählten Ziele durchzusetzen, auch gegen die kurzsichtigen Einwände wirtschaftlich Mächtiger.

Auch der Neoliberalismus will den Kapitalismus retten, allerdings auf gänzlich andere Art. Bei ihm (rechter Teil von Abb. 2) gibt es keinen Begriff einer Gesellschaft. Was früher als Gesellschaft bezeichnet wurde, wird vom Markt und seiner Ordnung aufgesogen. Die Politik spielt dabei eine untergeordnete Rolle. Sie hat sich dem Markt und seinen Bedürfnissen anzupassen oder ihn gar zu imitieren. Die Dynamik geht von der Wirtschaft, nicht von der Politik aus. Eine eigenständige politische Phantasie wird im Prinzip nicht mehr benötigt. Das neoliberale Projekt will die politische Phantasie zum Versiegen bringen. Noch deutlicher formuliert: Das neoliberale Projekt ist ein Projekt zur Beendigung der politischen Phantasie.

Dieses Schema fundiert die aktuelle Problematik: ein entgrenzter Begriff der Wirtschaft, der sich auch von der Natur und der Mitwelt keine Schranken auferlegen lässt, welcher in seiner Grenzenlosigkeit breite Teile der Gesellschaft erobert und unter seine Logik gebracht hat, und eine Politik, die angesichts der vom Neoliberalismus geschaffenen Probleme hilflos ist, diese zu erkennen und Abhilfe zu schaffen.

Der zentrale Begriff »der Markt«

Der Begriff »der Markt« ist für das Verständnis der Phantasielosigkeit der Politik von entscheidender Bedeutung. Nur wer diesen Begriff und seine Hintergründe versteht, kann den Kern des Neoliberalismus und den Verlust politischer Zukunftsvisionen begreifen. Und versteht auch, wieso es zielführend ist, diesen Begriff in politischen Debatten zu vermeiden und immer dort, wo er verwendet wird, begründet zurückzuweisen. Denn in einer Politik »des Marktes« können die großen aktuellen Krisen der Gesellschaft nicht ernsthaft angegangen werden. Eine vier Jahrzehnte lange Periode, in der »der Markt« als Leitstern der Gesellschaft diente, hat das zur Genüge gezeigt.

Was steht hinter dem Begriff »der Markt«? Wenn etwa gesagt wird »Die deutschen Unternehmen müssen sich auf dem Markt bewähren«, dann werden mit dieser Behauptung die Wirtschaft oder Teile der Wirtschaft angesprochen, meist in einem globalen Rahmen. Man diskutiert zum Beispiel darüber, wie es deutschen Autokonzernen geht, die ihre Produkte in Indien oder in China verkaufen. »Der

Markt« bezeichnet in einer solchen Redeweise einen Aktionsraum für Firmen, in dem sie agieren. Jetzt kann man nachfragen, was genau mit diesem Ausdruck gemeint ist: Ist »der Markt« ein Feld, ein Bereich, ein ganzes Land (zum Beispiel ein »emerging market«, ein Schwellenmarkt) oder sind damit bestimmte Vorschriften, Regeln, Gesetze oder Bedingungen gemeint, wie die Ausgestaltung der Infrastruktur? Ist »der Markt« national zu verstehen, international oder global? Es reicht, solche Fragen aufzuwerfen, um zu sehen, dass es nicht so leicht ist, zu sagen, was »der Markt« in der sozialen Realität bezeichnen soll. Aber das ist noch kein starkes Argument, denn alle Sozialwissenschaften haben das Problem, ihre Begriffe exakt oder empirisch festzulegen.

Der springende Punkt ist, dass die gängigen ökonomischen Theorien keine Definition anbieten, mit der »der Markt« empirisch und konkret in der Realität verankert werden könnte. Sie können auch gar keine Definition anbieten, denn »der Markt« ist eine reine Gedankenkonstruktion, dessen Vorhandensein in der Realität nicht schlüssig nachgewiesen werden kann.

Das kann man auf viele Arten zeigen, zum Beispiel, indem man sich ansieht, wie die Erfinder dieses Begriffes ihn verwendet haben, in welchen ökonomischen Theorien er in welchen Bedeutungen erscheint, wie er in den Lehrbüchern der Ökonomik vorkommt (in denen die Anfängerinnen und Anfänger im Studium auf ein Marktdenken geschult werden), wie er im politischen Diskurs seit Jahrzehnten verwendet wird und wie er dauernd in den Medien zu hören ist.[4] Der Begriff »des Marktes« wird in all diesen Feldern in zumindest vier verschiedenen Bedeutungen verwendet:[5]

(1) als *reales* Phänomen: »Der Markt« bezeichnet eine Instanz, eine Institution oder einen Prozess, welcher (oder welchem) – so die Annahme – eine faktische Existenz zugeschrieben wird, wie zum Beispiel »der globale Markt«. Auf ihm gibt es »die Kräfte des Marktes«. Hier herrschen »die Mechanismen des Marktes«, man kann sie durch »Gesetze des Marktes« ausdrücken. Diese erklären, wie die Wirtschaft im Kern funktioniert. »Angebot und Nachfrage sind die

Kräfte, die eine Marktwirtschaft antreiben«, heißt es in führenden Lehrbüchern der Ökonomie.

(2) als *Norm*: Weil »die Marktkräfte« im Neoliberalismus im Prinzip gut, das heißt effizient, wirken, kann »der Markt« (das, was man glaubt, dass er ist) auch als Norm dienen, etwa um Bereiche des Staates zu verändern, sie effizienter zu machen. »Der Markt« erscheint hier als Norm, nach der bestehende Strukturen umgeformt werden sollen. Das kann auch moralisch interpretiert werden. Denn »der Markt« ist der Hort »der Freiheit«, bezeichnenderweise wird hier die Freiheit auch in der Einzahl erwähnt. Ein Abbau des Sozialstaates, so wird argumentiert, fördere »die Freiheit« des Einzelnen, er werde endlich nicht mehr so viel bevormundet. Mehr Markt bringe mehr Freiheit.

(3) als *Potenzialität*, die immer irgendwo schlummert. Wenn unter der Regierung des früheren russischen Präsidenten Boris Jelzin zum Beispiel Anfang 1992 in einer Wirtschaft, in der die Preise staatlich reguliert sind, schockartig alle Preise »freigegeben« wurden, dann sollten »die Marktkräfte« schlagartig »entfesselt« werden. Denn diese waren und sind als Potenzial in der Gesellschaft immer vorhanden, egal wie die Wirtschaft organisiert ist und welchen historischen Pfad sie zurückgelegt hat. »Den Markt« kann man jederzeit und überall plötzlich einführen, meinte im Jahre 1994 der US-Ökonom Jeffrey Sachs,[6] später hat er seine Meinung geändert. Sachs wusste, wovon er sprach. Er war unter anderem aktiv beteiligt bei den »Schocktherapien« 1985 in Bolivien (als Berater des bolivianischen Diktators Hugo Banzer Suárez und des bolivianischen Präsidenten Victor Paz), 1989 in Polen (als Berater der unabhängigen Gewerkschaftsbewegung Solidarność) und 1991 in Russland (als Berater von Jelzin).

(4) als *Utopie*: »Der Markt« ist schließlich ein Zukunftsbild, eine utopische Verheißung. Seine Potenzialität wird auf die Zukunft projiziert und eine künftige Ordnung ausgemalt, in der sie sich voll

entfalten wird. In dieser Bedeutung hat es »den« Markt noch niemals gegeben. »Die Verkehrswirtschaft in ihrer reinen Form ist nie probiert worden«, meinte Hayek in einem Radiointerview im Jahre 1983, die Rede war von einer Wirtschaft des Marktes.[7] Genau eine solche Utopie wollte Hayek immer formulieren. Er hat das auf mehreren Feldern und in mehreren Entwürfen versucht. 1983 sagte er in dem erwähnten Interview: »Wir Marktwirtschaftler haben noch eine Utopie anzubieten – der Kommunismus hat keine mehr.«[8] In dieser Bedeutung liefert der Marktfundamentalismus eine Großutopie, vergleichbar jener der französischen Aufklärung oder des Kommunismus. Das bedeutet auch: Wir leben in einer Großutopie. Ob die Menschheit sie überleben wird, wissen wir nicht.

Nebel des Marktes

Sollte Ihnen durch die vielen Bedeutungen des Marktbegriffs schwindlig geworden sein, dann ist das kein Wunder. Man kann klar festhalten: »Der Markt« ist mit so vielen widersprüchlichen Bedeutungen aufgeladen, dass niemand sagen kann, wofür dieser Begriff wirklich steht.

Der Begriffsnebel »des Marktes« ist wissenschaftlich ein Nachteil. In den Wissenschaften sollten Begriffe klar definiert und einer empirischen Überprüfung zugänglich sein. Aber für polemische Debatten sind mehrere Bedeutungen für dasselbe Wort ein klarer Vorteil. Je nach Erfordernis kann der Begriff in der einen oder in der anderen Richtung verwendet werden. Man kann etwa von »den Gesetzen des Marktes« reden und damit etwas ansprechen, von dem man glaubt, es würde unabhängig, jenseits und getrennt von Politik tatsächlich existieren. Man kann aber auch »den Markt« als eine Norm für die Politik verwenden oder danach streben, das eigene Handeln strategisch nach »dem Markt« auszurichten. Oder man kann diese Norm anderen vorschreiben, zum Beispiel, wenn gesagt wird, Wissenschaftlerinnen und Wissenschaftler hätten sich auf »dem Markt der Ideen« zu bewähren – und im gleichen Atemzug

»Reformen« der akademischen Wissenschaft zügig vorantreiben. In dieser Rhetorik wird in vielen Fällen zudem auch »der Markt« zu einer übermächtigen Instanz gemacht, die zudem wie eine Person angesprochen wird, etwa wenn gesagt wird, »wir« müssten uns »dem Markt« unterwerfen. Oder wenn gesagt wird, »der Markt« werde über das Schicksal von Staaten und Einzelpersonen urteilen, ob diese sich bewähren würden. So sei zum Beispiel Griechenland, das im Jahr 2010 und den darauffolgenden Jahren in eine schwere Wirtschaftskrise schlitterte, für sein Fehlverhalten zu Recht von »dem Markt« bestraft worden.

Derartige Redeweisen über »den Markt« sind weit verbreitet. Wir finden sie in wissenschaftlichen Texten, den Medien und der Politik. Die langjährige deutsche Bundeskanzlerin und konservative Politikerin Angela Merkel zum Beispiel hat wiederholt von einer »marktkonformen Demokratie« gesprochen, und zwar als eine Richtung, die sie mit ihrer Politik anstrebt.[9] Heute scheint es vielfach Konsens darüber zu geben, dass es »den Markt« schon seit Jahrhunderten gibt. Die Geschichte des Kapitalismus wird oft mit jener »des Marktes« gleichgesetzt, selbst Kritikerinnen und Kritiker verwenden das Wort in theoretischen und politischen Diskussionen. Tatsächlich finden wir aber im 18. und im 19. Jahrhundert in den Texten der damaligen Ökonominnen und Ökonomen keinen »Markt« in der beschriebenen Bedeutung. Das hat einen simplen Grund: Damals konnte noch niemand neoliberal denken. Denn die Begrifflichkeit von »dem Markt« wurde erst im 20. Jahrhundert im neoliberalen Lager erfunden.

Die zwei Seiten einer widersprüchlichen Politik

Privatisierung, Flexibilisierung, Deregulierung und Liberalisierung – diese politischen Begriffe zeigen, wie maßgeblich der Marktfundamentalismus beziehungsweise der Neoliberalismus die Politik der vergangenen Jahrzehnte beeinflusst hat (mit Marktfundamentalismus bezeichnen wir alle Ansätze, in denen der Markt in der Einzahl in den Bedeutungen verwendet wird, die wir in diesem Buch schildern).[10] Sie waren die zentralen marktfundamentalistischen Schlagworte, mit deren Rhetorik in fast allen Ländern der Welt Strukturen der Wirtschaft verändert wurden. Die »spontanen« Kräfte »des Marktes«, so der Tenor, sollten nicht »behindert«, sondern »freigesetzt« werden. Die »Behinderung« komme dabei – so wurde gesagt – von der Politik, von den Gewerkschaften oder von der Zivilgesellschaft. Ihre Ansprüche seien entschieden zurückzudrängen. Jahrzehntelang war zu hören, die Politik solle endlich aufhören »in den Markt« zu »intervenieren«, denn solche Eingriffe würden »das System« ineffizient machen. Kurz zusammengefasst: Geht's der Wirtschaft gut, geht's uns allen gut.

Gedanken dieser Art sind jedem und jeder vertraut. Aber diese Slogans geben bloß einen Teil der Wahrheit des neoliberalen Konzepts von Politik wieder. Die zweite Seite, die jede marktfundamentale Wirtschaftspolitik auszeichnet, versteckt sich lieber. Denn während Anhängerinnen und Anhänger des Neoliberalismus immer verlangen, dass die Politik sich passiv zu verhalten habe, denken sie der Politik sozusagen im Kleingedruckten auch eine aktive Rolle zu. Denn »der Markt«, dem eine eigene Existenz zugeschrieben wird, kann sich als »Markt« nicht selbst herstellen – das war ja der Ausgangspunkt des neoliberalen Unternehmens vor hundert Jahren. Könnte »der Markt« sich »spontan« bilden und historisch durchsetzen, wie Hayek in seiner Theorie »der spontanen Ordnung« behauptete, dann könnte es auch keine Krise des Liberalismus geben.

Die ersten Neoliberalen haben demgegenüber klar erkannt, dass »der Markt« keine »natürliche« gesellschaftliche Gegebenheit ist, die von allein entsteht oder gar zwingend von allein entstehen muss, sondern dass er gesellschaftlich, das heißt politisch, herzustellen ist. Übereinstimmend wird von ihnen kritisiert, dass der Manchester-Liberalismus ihrer Zeit nicht erkannt habe, wie sehr der Kapitalismus ein politisches und institutionelles Fundament für seine Existenz benötige. Ihr Ziel lautete deshalb, genau diese Basis im globalen Maßstab neu zu errichten.

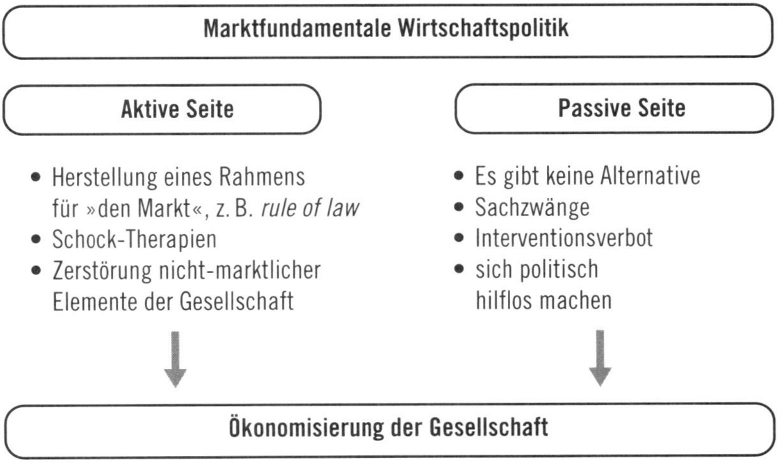

```
┌─────────────────────────────────────────────────────────────┐
│              Marktfundamentale Wirtschaftspolitik             │
└─────────────────────────────────────────────────────────────┘

┌──────────────────────────┐        ┌──────────────────────────┐
│       Aktive Seite        │        │       Passive Seite       │
└──────────────────────────┘        └──────────────────────────┘
```

- Herstellung eines Rahmens
  für »den Markt«, z. B. *rule of law*
- Schock-Therapien
- Zerstörung nicht-marktlicher
  Elemente der Gesellschaft

- Es gibt keine Alternative
- Sachzwänge
- Interventionsverbot
- sich politisch
  hilflos machen

```
              ↓                                  ↓
┌─────────────────────────────────────────────────────────────┐
│               Ökonomisierung der Gesellschaft                 │
└─────────────────────────────────────────────────────────────┘
```

Abbildung 3: Die zwei Seiten der marktfundamentalen Politik

Um das neoliberale Projekt einer Umgestaltung der Gesellschaft verstehen zu können, müssen zwei Seiten systemisch zusammengedacht werden: die aktive und gestaltende Seite der Politik und ihre passive und gewährende. Beide Seiten stehen nur scheinbar in Widerspruch. Tatsächlich bilden sie die Kehrseite ein und derselben Medaille. Sie bilden widersprüchliche Aspekte »des Marktes« ab, der ja selbst durchaus widersprüchliche Bedeutungen besitzt. Gemeinsam betreiben beide Seiten das gleiche Projekt einer Ökonomisierung der Gesellschaft.

Hayek ist der reichhaltigste und einflussreichste Theoretiker »des Marktes«. Er war sich beider Seiten einer marktfundamentalen Politik durchaus bewusst. Er hat (in direktem und durchaus geplanten Selbstwiderspruch) sowohl für die aktiven als auch für passiven Aspekte des Projekts Argumente geliefert – aber an unterschiedlichen Stellen seines umfangreichen Werkes und niemals in direkter Gegenüberstellung. Zur aktiven Seite meinte er, es gehe vor allem darum, »dem Markt« gezielt eine Hülle beziehungsweise einen Rahmen zu geben, in welcher er gedeihen könne. Hayek dachte hier vor allem an »allgemeine Regeln«, die durch die jeweiligen Verfassungen herzustellen seien, wie der Schutz von Eigentum, die Gültigkeit von Handelsverträgen oder ökonomische Freiheiten. Er spricht auch von der »Herrschaft des Gesetzes« (*rule of law*). Dabei erweckt er die Suggestion, als ob es sich dabei um neutrale und »allgemeine« (systemunabhängige) Regeln handeln würde. Tatsächlich geht es ihm immer nur um die spezifischen Regeln des Kapitalismus – und zwar so, wie Hayek sich den Kapitalismus vorstellt.[11]

Die zweite Komponente der Politik »des Marktes« ist die passive Seite. Im scheinbaren Gegensatz zur ersten Seite muss sich die Politik angesichts »des Marktes« in ihrer Macht begrenzen. Denn wenn »der Markt« errichtet und gesellschaftlich als Selbstverständlichkeit verankert worden ist, darf die Politik nicht weiter »in den Markt eingreifen«, also nicht »in ihn intervenieren«. Stattdessen gilt die Wahrheit, »den Markt« völlig »frei« und ungestört von der Politik »arbeiten« zu lassen. Die Politik ist nicht mehr Gestalter der Regeln der Wirtschaft. Sie wird zu einem passiven Beobachter »des Marktes« degradiert. Hayek spricht folgerichtig ganz offen von einer »Entthronung der Politik«.[12]

Ein solches Programm ist zutiefst widersprüchlich. Es verlangt von der Politik einen dauernden Zickzackkurs, der jedoch nicht kommuniziert werden darf – so wie auch in großer Selbstverständlichkeit in den Medien und in den meisten Lehrbüchern der Nationalökonomie unterschiedliche Bedeutungen von »Markt« verwendet werden, ohne dass dies erörtert oder gar kritisch reflektiert wird. Auf der einen Seite muss »der Markt« immer wieder von der Politik aktiv hergestellt werden, indem der Gesetzgeber dauernd neue Regeln erschafft und alte anpasst. Auf der anderen Seite muss so getan werden, als ob die Politik selbst nichts tun könnte und keine Gestaltungsmacht hätte.

Die Politik muss stark auftreten und sich gleichzeitig hilflos geben. Sie muss sagen, es gebe keine Alternative – und parallel die Wirtschaftsstruktur drastisch verändern, wie das Thatcher in Großbritannien gemacht hat. Die frühere Premierministerin von Großbritannien prägte das neoliberale Mantra »There Is No Alternative« (TINA), es gebe keine Alternative zu freien Märkten, Deregulierung und dem Abbau des modernen Wohlfahrtsstaats, so sehr, dass »TINA« zu ihrem Spitznamen wurde. Gleichzeitig zeigte die »eiserne Lady« Thatcher sehr klar, welch große Gestaltungsmacht die Politik hat, zum Beispiel, indem sie in den Jahren 1984 und 1985 den britischen Bergarbeiterstreik niederschlagen ließ und die verhassten Gewerkschaften brutal entmachtete.

Wer es nicht so offen und klar aussprechen möchte wie Thatcher, beruft sich als Politikerin oder Politiker auf Sachzwänge, von denen man einfach behauptet, es sei unmöglich, diese zu verändern. Ein österreichischer Wirtschaftsminister meinte einmal, »die Globalisierung« aufzuhalten zu wollen, sei so, »als wolle man die Erde daran hindern, sich zu drehen«.[13] Die zunehmende ökonomische Vernetzung der Welt, betrieben von großen Konzernen, wird so einem Naturgesetz gleichgestellt. Das impliziert, die Zustände in den Ländern des globalen Südens, in denen unter furchtbarsten Arbeits- und Umweltbedingungen für die reichen Länder Güter produziert werden, seien genauso wenig veränderbar wie ein Stein, der von der Schwerkraft angezogen zu Boden fliegt, nachdem er in die Luft geworfen wurde. Wird die globale Wirtschaft so alternativlos gedacht, dann braucht es keine politische Phantasie, die diese gestalten will.

»Der Markt« raubt »dem Staat« seine Zukunftsphantasien

Alternativlosigkeit und politische Phantasielosigkeit sind zwei Momente des Marktfundamentalismus, die einander gegenseitig bedingen und ergänzen. Im Neoliberalismus besitzt die Politik keinen Freiraum, aus dem sie eigenständig handeln kann. Sie bleibt auf »den Markt« fixiert, ihr Denken kreist um »den Markt«.

Dieser Blickwinkel wird durch einen weiteren Aspekt verstärkt, der im Konzept »des Marktes« notwendig enthalten ist. Dazu muss man eine weitere Besonderheit im Marktbegriff verstehen, die in der Geschichte des Marktfundamentalismus eine prägende Rolle spielt. Auch sie gibt die bedrohliche Atmosphäre wieder, in der sich das neoliberale Netzwerk in seiner Anfangszeit befand. Ihr neuer

Begriff »Markt« war nämlich nicht nur ein wissenschaftliches Konzept zum besseren Verständnis der Welt. Er war auch eine theoretische Waffe zur Bekämpfung von »Feinden«. Für Ludwig von Mises waren das »die Sozialisten« (über »Sozialistinnen« wird bei Mises kein Wort verloren): eine Gruppe von Menschen, die scheinbar alle dasselbe intendierten. Sein Buch *Gemeinwirtschaft* aus dem Jahre 1922 trägt den Untertitel *Untersuchungen über den Sozialismus*.[14] Wie viele Neoliberale dieser Zeit sieht sich Mises von Sozialistinnen und Sozialisten umzingelt. Sein Buch beginnt mit den Worten: »Sozialismus ist die Losung unserer Tage. Die sozialistische Idee beherrscht heute die Geister. Ihr hängen die Massen an, sie erfüllt das Denken und Empfinden aller, sie gibt der Zeit ihren Stil.« Gleich danach wird der Gegenbegriff mit einer ironischen Wertung gesetzt: »In dem Worte ›Kapitalismus‹ drückt sich für unsere Zeit die Summe alles Bösen aus.« In diesem Tenor geht es weiter. Stets wird »der Sozialismus« in Kontrast zu »dem Kapitalismus« gestellt.[15] In all seinen Werken bleibt Mises strikt bei dieser Gegenüberstellung. Er behauptet (beziehungsweise setzt das einfach als eine Gegebenheit voraus), dass im Prinzip nur zwei Gesellschaftsordnungen möglich sind: »Nie ist es gelungen, zu zeigen«, schreibt er, dass »noch eine dritte Gesellschaftsordnung denkbar und möglich sei.«[16]

Die Zweiteilung der Welt in »Sozialismus« und »Kapitalismus« schafft eine Form des Denkens, die als fundamentalistisch bezeichnet werden muss. Hier liegt auch ein Schlüssel, um die Phantasielosigkeit der Politik zu verstehen. Das duale Bild des Marktfundamentalismus klammert heroisch alle Mischformen aus, die jemals existiert haben und die wir heute diskutieren müssen, um die großen gesellschaftlichen Krisen bewältigen zu können.

Die Zweiteilung in eine gute und in eine schlechte Welt wird im Marktfundamentalismus zudem auf eine eigenartige Weise unternommen: Jedes der beiden Systeme wird in sich gleichartig gedacht (die Annahme der Homogenität beider Systeme) und gilt zugleich als das logische Gegenteil des anderen (die Annahme eines logischen Gegenteils beider Systeme). Mises definiert »den Sozialismus« als »behinderten Markt«, den »Kapitalismus« hingegen als »unbehinderten Markt«:[17] Das eine System bildet das logische Gegenteil des anderen. Diese Gegenüberstellung wird durch einen sprachlichen Code abgesichert, der folgendermaßen funktioniert: Beiden Systemen werden paarweise Eigenschaften zugeordnet, und zwar so, dass beim anderen System immer das logische Gegenteil des anderen aufscheint (Markt versus Nicht-Markt, Abb. 4).[18]

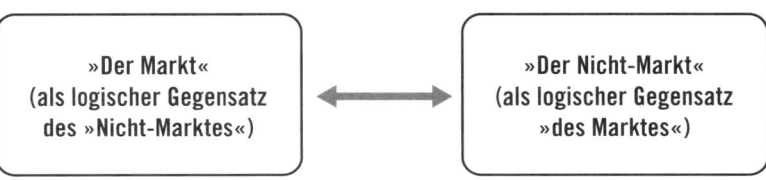

Abbildung 4: Das duale Grundprinzip von Markt und Nicht-Markt

Das Grundprinzip ist einfach und wurde schon angesprochen: Alles Gute liegt beim »Markt«, alles Böse bei seinem Gegenteil. »Der Markt« ist zum Beispiel der Hort »der Freiheit« (auch dieser Ausdruck wird im Marktfundamentalismus systematisch in der Einzahl verwendet), der Sozialismus hingegen ein Raum von »Unfreiheit«. Bei Mises heißt es: »Der Markt« sei natürlich, wissenschaftlich und logisch, er diene den Interessen der »Arbeitswilligen« und der Verbraucherinnen und Verbraucher. »Der Sozialismus« hingegen sei künstlich, willkürlich und irrational und diene den »Interessen der Obrigkeit«.[19]

Die Geschichte einer Radikalisierung

Dieses simple Schwarz-Weiß-Schema ist ein markantes Kennzeichen des Marktfundamentalismus und durchzieht bis heute den Diskurs. Je erfolgreicher der Neoliberalismus wurde, desto größere Kreise zog dieses Denken. Nach und nach wurde der Bereich der »Feinde« immer stärker ausgeweitet. Auf diese Weise kann die Geschichte des erfolgreichen Marktfundamentalismus als Radikalisierung verstanden werden. Jeder Sieg schafft neue »Feinde« und bietet neue Gelegenheiten – bis schließlich die ganze Gesellschaft von »dem Markt« durchdrungen ist und als eine ökonomisierte Gesellschaft erscheint.

Immer wieder kann das Schema von Markt und Nicht-Markt neu entworfen werden. Am Anfang in der Geschichte des Marktfundamentalismus geht es gegen »den Totalitarismus« (wie den Nationalsozialismus), »den Kollektivismus« (wie den Stalinismus), »den Interventionismus« oder »die Planwirtschaft« (wie im Staatssozialismus). Später, ab den 1940er-Jahren, wird »der gelenkte Staat« (wie im französischen System der *planification*) als Feind definiert, dann vor allem nach 1945 »der Keynesianismus«, »der Sozialstaat« oder »der Wohlfahrtsstaat« mit seiner Bürokratie, und dies vor allem in der mittel- und nordeuropäischen Variante, wie wir sie auch aus Deutschland oder Österreich kennen. Schlussendlich, ab dem Wendejahr 1989, sind die Feinde »der Staat« und »die Politik« selbst. In den 1990er-Jahren landen wir bei dem wohlvertrauten Ausspruch: »Wollen Sie mehr Markt oder mehr Staat?« 2018, zum 70. Jahrestag der Sozialen Marktwirtschaft, forderte der deutsche Wirtschaftsminister Peter Altmaier (CDU): »Wir brauchen in Deutschland mehr Markt und weniger Staat.«[20]

Der einprägsame Slogan enthält das politische Programm des Marktfundamentalismus in Kurzform. Um diese Frage verstehen zu können, muss man sich das Bild einer zweigeteilten Welt vorstellen. Mit diesem Bild wird stillschweigend eine Grundannahme des marktfundamentalen Denkens nachvollzogen: Auf der einen Seite steht der gute Markt, auf der anderen der böse Staat. Wirtschaften wird getrennt vom Staat simuliert, ganz so, als ob der Kapitalismus ohne die stützende Hand des Staates möglich wäre. In diesem suggestiven Bild werden die aktive Seite der marktfundamentalen Politik, die »den Markt« ermöglicht, und die Machtmöglichkeiten des Staates, die »ihn« dauernd »reformieren« (müssen), zur Gänze ausgeblendet. Aber diese Aspekte sind immer vorhanden, weil sie immer vorhanden sein müssen. In jeder Krise der Wirtschaft, wie in der Finanzkrise 2008 oder in der Covid-19-Krise ab dem Jahr 2020, kommt in großer Selbstverständlichkeit die aktive Seite der Politik zur Anwendung. Ist das System gerettet, wird das Blatt erneut gewendet und die Rhetorik wechselt zur passiven Seite über.

Die politische Phantasie versiegt, weil die Menschen unwissend sind

Die Abwertung des Staates und der Politik haben direkte Konsequenzen für die politische Imagination. Denn eine Politik, die nichts Eigenständiges unternehmen darf, braucht keine neuen Bilder über die Gesellschaft der Zukunft entwerfen. Es lohnt sich an dieser Stelle, Hayek zu studieren: Seine Theorien geben einen Hinweis zum Verständnis aktueller Vorgänge. Hayek wertet Politikerinnen und Politiker konsequent ab. Er spricht ihnen vollständig die Fähigkeit zur Zukunftsgestaltung ab. Eine Politikerin oder ein Politiker als geistige Führungsperson ist für ihn ein Widerspruch in sich (wörtlich: eine *contradictio in adjecto*).[21] Aber seine Abwertung geht noch viel weiter, sie betrifft letztlich jede Person. Hayek spricht jedermann und jederfrau die Berechtigung zur Kreation einer Utopie ab. Angesichts »des Marktes« und seiner überbordenden Dynamik sei es eine Illusion zu glauben, so Hayek wörtlich, »der Mensch könne bewusst wählen, welche Richtung er einschlagen wolle«.[22] Denn das Tempo und die Dynamik der Gesellschaft werden und müssen vom »Markt« vorgegeben sein. Dieser agiere nach Hayek spontan, ohne Plan und ohne ein Ziel. Pläne, Ziele und Absichten dürfen »dem Markt« niemals vorgegeben werden – ansonsten würde er seine Dynamik verlieren.

Hayek etabliert damit ein striktes Denkverbot für die politische Phantasie, vor allem für Vorhaben sozialer Gerechtigkeit.[23] Hayek hat auch mehrmals gesagt, er wisse gar nicht, was das Wort »sozial« bedeuten soll.[24] Wer das Leben der Menschen durch die Politik verbessern will, begehe nach ihm eine »Anmaßung des Wissens« und einen »Missbrauch der Vernunft«. Eine solche Person sei nicht imstande, ihre Vernunft in der richtigen Weise zu gebrauchen.[25]

Hayek treibt diese Gedanken auf eine Spitze, die kaum noch zu übertreffen ist. Er liefert die Utopie eines perfekten Marktsystems, in dem Menschen blindlings »dem Markt« gehorchen (müssen), aber jede Fähigkeit verloren haben, über diesen Prozess und auch über diese Institution reflektieren zu können.

Am deutlichsten zeigt sich dieses Denken an seiner Vorstellung vom »Wettbewerb als Entdeckungsverfahren«.[26] »Der Markt« wird von ihm dabei als Wissensinstanz gedeutet. Hayek geht von der Tatsache aus, dass jede und jeder von uns etwas wisse oder etwas gelernt habe, was die anderen nicht wissen und nicht gelernt haben. Eine Annahme, die durchaus richtig ist, schließlich hat jeder Mensch unterschiedliche Fertigkeiten und sammelt im Laufe des Lebens unterschiedliche Erfahrungen. Wie, fragt Hayek, können wir dieses verstreute Wissen effizient und wirkungsvoll koordinieren? Als Antwort diskutiert er nicht, wie Wissen in der Gesellschaft entsteht und wie es verteilt ist, etwa durch Bildung, oder wie das Schulsystem, die Wissenschaft oder Medien funktionieren. Stattdessen verweist er direkt auf »den Markt«. Nur dieser allein wird als effiziente Koordinationsinstanz für Wissen anerkannt.

Was macht aber »der Markt« mit dem unterschiedlichen Wissensschatz der unterschiedlichen Menschen? Nach Hayek sammelt »der Markt« dieses Wissen, koordiniert und bewertet es, verarbeitet es weiter und transformiert es schließlich in Preise. Preise sind für Hayek das Ergebnis effizienter Marktprozesse. In ihnen sind Information und Wissen enthalten, Preise sind sozusagen kondensierte Informationen. Wiederum sinkt ein Begriffsnebel herab: Information (in der Bedeutung von quantifizierbaren Einheiten, die man auch digitalisieren kann) wird stillschweigend mit Wissen (in der Bedeutung von verstehen) vermengt – als ob der Mensch eine Maschine wäre, die besinnungslos Daten von einem in einen anderen Speicher schaufelt.

Dazu passen zwei weitere Überlegungen von Hayek. Zum einen spricht er »den Markt« – wie schon erwähnt – wie ein eigenständiges Wesen an: »Der Markt entdeckt« das verstreut herumliegende Wissen, »koordiniert« es mit dem Wissen anderer und »verwandelt« es

anschließend in Preise. »Der Markt« beziehungsweise Hayeks eigen-
artiges Marktwesen eignet sich dabei ein Wissen an, das ihm und
nur ihm zukommt und sonst niemand haben kann. »Sein« Wissen,
so Hayek wörtlich, »bezieht sich [...] auf das, was *weit über unser
Verständnis, unsere Wünsche und Zielvorstellungen sowie unsere Sin-
neswahrnehmungen* hinausgeht, und auf das, was Wissen enthält
und schafft, welches kein einzelnes Gehirn und keine einzelne Organisation besitzen und erfinden könnte.«[27]

Es kommt noch radikaler. Hayek diskutiert dieses riesige Wissen
ausdrücklich in den Begriffen von Bewusstsein und stellt es dem
menschlichen Bewusstsein gegenüber. Er beschreibt »den Markt«
wörtlich als einen »überbewussten Mechanismus«, der zwar selbst
kein Bewusstsein besitze, aber oberhalb der Inhalte des Bewusst-
seins einzelner Menschen operiere.[28] Damit wird ein Bild »des
Marktes« entworfen, wie es größer und glänzender nicht gedacht
werden kann. In letzter Konsequenz gibt Hayek »dem Markt« göttliche Qualitäten und es überrascht nicht, dass er von einer »Trans-
zendenz des Marktes« spricht und Bibelzitate anführt.[29] »Der
Markt« bekommt damit eine unergründliche Dimension. Wie Gott
für die gläubige Christin und den gläubigen Christen entzieht sich
auch »der Markt« in dieser Deutung der bewussten Reflexion von
Menschen.

Hayek will diese krude Theorie auch psychologisch absichern
und entwirft dazu eine eigene psychologische Theorie.[30] Diese besagt im Kern, dass komplexe Prozesse, wie jene der Gesellschaft,
fast ausschließlich unbewusst ablaufen. Wir beachten zum Beispiel
automatisch viele Regeln der Tradition, über die wir kaum nachdenken, wie etwa die Art, wie wir einander grüßen, welche Sprache
wir verwenden, was als angemessenes Verhalten gilt, und vieles
mehr. Hayek stellt die Regeln seiner »erweiterten Ordnung« auf
dieselbe Stufe im gesellschaftlichen Bewusstsein und zieht daraus
den Schluss, wir würden auf Marktsignale unbewusst reagieren und
unbewusst reagieren müssen. Er schreibt, die Menschen würden die
Regeln »des Marktes« so automatisch befolgen, wie »Eisenspäne auf
einen Magneten reagieren«.[31]

Eine solche Theorie ist ein klarer Gegenentwurf zur Aufklärung des 18. und 19. Jahrhunderts. In der Aufklärung wurde dem Menschen bekanntlich ein umfassendes Vernunftvermögen zugeschrieben. Als Wesen mit Vernunft war er in der Lage, die Regeln der bestehenden Gesellschaft zu durchschauen, nach eigenen Wertvorstellungen zu bewerten, Vorschläge für neue gesellschaftliche Designs zu entwerfen und sich zu organisieren, um die Gesellschaft nach eigenen Vorstellungen grundlegend zu verändern. Diese Gedanken haben zur Entstehung der Demokratie verholfen. Aber Hayek und viele Marktfundamentale haben die Utopie der Demokratie durch die »des Marktes« ersetzt. Dazu muss der Mensch sowohl seiner Imaginationskraft beraubt als auch in seiner Vernunft beschränkt werden. Beziehungsweise: Imagination und Vernunft dürfen sich nur auf »dem Markt« entfalten (vgl. Kapitel 3).

Menschen sind für Hayek im Kern ignorant und unwissend. Nach seinem Urteil sind wir gezwungen, in einem »Meer von Nichtwissen« zu schwimmen:[32] »Die Masse«, so schreibt er auch, bade dauernd in einem »Ozean von Unwissen«.[33] Aber diese Aussagen über den Menschen sieht Hayek nicht negativ. Er formuliert sie als frohe Botschaft »des Marktes«. Dieser hilft den Menschen, mit ihrer »konstitutionellen Ignoranz« umzugehen, und zwar in einer effizienten Weise. »Der Markt« ist für Hayek das Mittel, um das individuelle Unwissen »der Masse« zu beseitigen und das bestehende Wissen der Individuen gesellschaftlich optimal zur Anwendung zu bringen.[34]

Ein mysteriöses Marktwesen mit gottähnlichen Zügen befreit uns von einer aus der Natur vorgegebenen Ursünde: unser Unwissen über die Gesellschaft, ihre Strukturen, ihre Dynamiken, ihre Zukunft. Diese Prozesse laufen nach Hayek unbewusst und unbemerkt die ganze Zeit auf effiziente Weise ab – ohne dass wir uns Bilder über die Zukunft des Wirtschaftssystems machen müssen. »Der Markt« braucht keine gestaltende Phantasie, er ersetzt sie durch sein »Überwissen«.

Die bildprägende Elite und die bewusstlose Masse

Ein grundlegendes Problem bleibt bestehen. Wenn alle »konstitutionell« unwissend sind und niemand über »den Markt« nachdenken kann, wer kann dann *über* dieses System reflektieren und darüber Auskunft geben? Wer kann Theorien »des Marktes« entwerfen, wenn das Denken über »den Markt« eine »Anmaßung der Vernunft« darstellt? Mit anderen Worten: Wie kommt die aktive Seite in der Politik des Marktfundamentalismus ins Leben? Wer soll ihre Inhalte formulieren? Wer soll die Impulse für die Gesellschaft setzen, wenn alle unbewusst auf ihre Regeln reagieren? Wer gestaltet in einer Gesellschaft »des Marktes« die Zukunft, die Zeit bleibt ja nicht stehen?

Hayek hat dazu eine bezeichnende Idee formuliert: Er schreibt diese fehlende Rolle sich selbst und seinen wichtigsten Gefolgsleuten zu. So wie er »den Markt« über alle Menschen stellt, so muss er sich selbst als Wissender »des Marktes« außerhalb »der Masse« positionieren und somit über alle anderen erhöhen. Hayek und seine Gefolgsleute verstehen sich als intellektuelle Elite, die als einzige in der Lage sei, das zu unternehmen, was Marx und Keynes nach ihrer Vorstellung gemacht haben und wodurch sie zur Veränderung der Gesellschaft beitrugen. Hayek nennt diese kleine Gruppe, die mit dieser Gabe gesegnet sind, »originäre Denker« – sie seien die eigentlichen »Philosophen« – und grenzt sie scharf von allen anderen in Philosophie und Wissenschaft ab.[35] Nur diese intellektuelle Elite besitze die Kraft, jene großen Ideen zu formulieren, die letztlich Geschichte machen, das heißt, Vorstellungen »einer erwünschten Gesellschaftsordnung, [...ein] Gesamtbild der Welt, in der die Menschen leben wollen« zu entwerfen. Ohne solche Bilder, meint Hayek, sei Politik gar nicht möglich.[36]

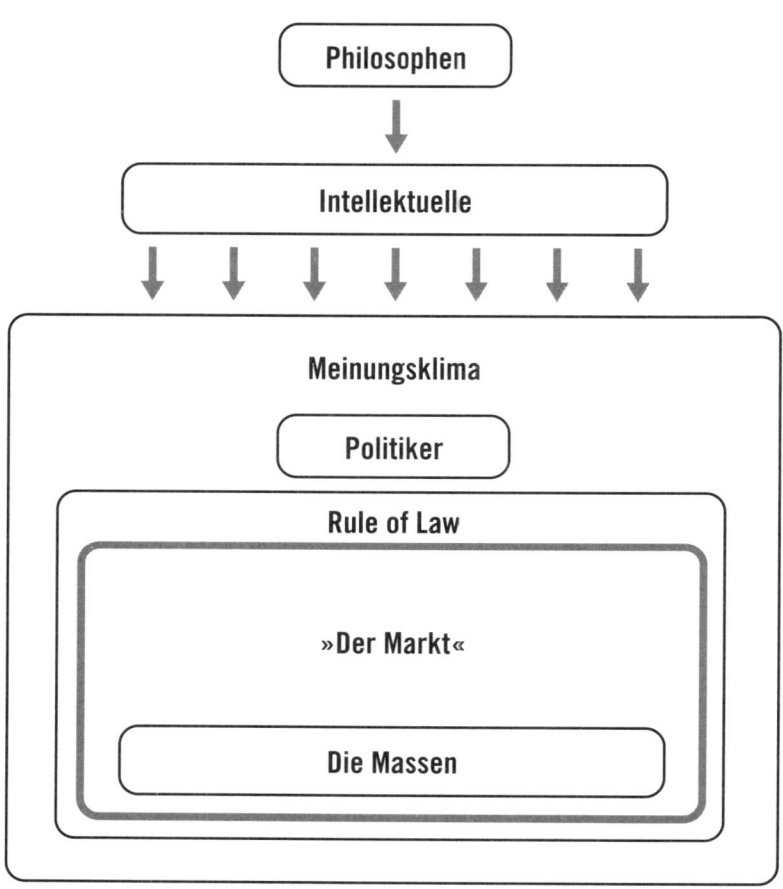

Abbildung 5: Die langfristige Beeinflussung der Gesellschaft

Wie finden aber diese Ideen aus der Schreibstube im Elfenbeinturm der Philosophen und aus Büchern, die kaum jemand versteht, ihren Weg in die Medien, die Politik und den Alltag? Wie können »Denker« die Geschichte beeinflussen? Wie fließen Informationen von den »originären Denkern« zur »Masse«? Abbildung 5 skizziert Hayeks Vorstellungen.[37] Nach ihm geschieht die Beeinflussung (und damit der langfristige Wandel der Gesellschaft) in einem intendierten

Prozess von oben nach unten. Machttechnokratisch formulierte er Ende der 1940er-Jahre: Wir müssen »kühl überlegen, was mit Überredung und Belehrung erreicht werden kann«.[38]

Langfristig kann die Krise »der Zivilisation« nur dann abgewehrt und die »freie Gesellschaft« erhalten werden, wenn eine Manipulation im großen Stil gelingt. Dazu müssen die »Philosophen« alles daran setzen, eine andere Gruppe zu beeinflussen, die Hayek »Intellektuelle« nennt. Diese »Klasse« besteht aus »Journalisten und Lehrern, Geistlichen und Volksbildnern, Schriftstellern und Radiosprechern, Künstlern und Schauspielern […], viele Wissenschaftler und Ärzte«.[39] Hayek nennt sie verächtlich »professionelle intellektuelle Altwarenhändler« (*professional secondhand dealers in ideas*).[40] Denn sie produzieren nichts wirklich Neues, sondern verwerten nur die Ideen der großen Gelehrten, indem sie intellektuellen Moden folgen und so (besinnungslos) Ideen in der Gesellschaft verteilen. Strategisch meint Hayek: Wenn es gelinge, die aktivsten Mitglieder der »Intellektuellen« zu »bekehren«, dann könnte die Gesellschaft wie von der Spitze einer Pyramide herab verändert werden.[41]

Hayek formuliert also klar, wie seine Idee des Marktfundamentalismus die Gesellschaft von oben nach unten durchdringen soll. Seine ideale Gesellschaft »des Marktes« besitzt eine hierarchische Schichtung. Oben steht die aktive Elite, seine eigene kleine Truppe, die langfristig die Fäden zieht. Den Sockel der Pyramide macht die passive Masse aus (auch dieser Ausdruck findet sich bei Hayek), die den gesamten Vorgang bewusstlos über sich ergehen lassen muss. Diese Leute kennen nicht die großen Macher in der Geschichte und wissen nicht, dass ihr Leben von Gedanken gestaltet ist, die ein genialer Geist Jahrzehnte früher ersonnen hat.

Hayek entwirft eine dreifache Utopie: eine Utopie »des Marktes«, eine Utopie, wie ein intendierter Prozess in Gang gesetzt werden sollte, in dem »der Markt« dominant werden kann, und drittens eine Utopie über einen Endzustand der Gesellschaft, in dem diese Manipulation gelungen ist. In diesem Endzustand hätten alle Hayeks Marktmodell akzeptiert und die Gesellschaft wäre vollständig von einem Bild »des Marktes« durchdrungen – letztlich eine Utopie einer vollständig ökonomisierten Gesellschaft. In einer solchen Gesellschaft würde sich jede Person nur noch um ihr eigenes lokales Wissen kümmern und ihren privaten Geschäften nachgehen. In diesem utopischen Endzustand würde sich niemand Gedanken über das System der Wirtschaft und über große Zusammenhänge und Trends machen (können). Naturereignisse wie die Erwärmung der Erde könnten nicht in ihrem Zusammenhang mit dem Wirtschaftssystem erkannt werden.

Gleichzeitig kann in dieser (realisierten) Utopie keine weitere (gedankliche) Utopie mehr formuliert werden.[42] Neue Systemvorstellungen könnten nicht mehr entstehen und es würde keinen Sinn machen, über alternative Ideen nachzudenken oder sie zu unterrichten. Auf diese Weise wären wir tatsächlich bei einem »Ende der Geschichte« angelangt. Sowohl bei Fukuyama als auch in Hayeks Utopie kann die Zukunft nur noch als ein Fortschreiben der Gegenwart verstanden werden. Beide Denkmodelle brauchen keine aktiv gestaltende Politik mehr. Politische Phantasien sind gegenstandslos geworden.

Demokratie beschränken

Es gibt in der Politik eine ungeschriebene Regel: Wer Einfluss und Macht besitzt, will vor allem eines: den Status quo bewahren. Für diejenigen, die an der Macht sind, bedarf die aktuelle Gegenwart keiner Verbesserung, in der Zukunft muss nichts Grundlegendes verändert werden. Je undemokratischer oder diktatorischer ein Regime agiert, desto stärker sind dessen Bemühungen, den eigenen Standpunkt mit allen Mitteln durchzusetzen. Abweichende Meinungen und neue Zukunftsbilder sind für die Herrschaft bedrohlich und werden deshalb unterdrückt.

Demokratien basieren hingegen auf dem Recht aller, an Debatten teilzunehmen, eine Vielzahl an Zukunftsentwürfen anzudenken und diese öffentlich zu diskutieren.

Lebendige Demokratien könnten deshalb niemals phantasielos werden. In ihnen könnte man beobachten, wie Bürgerinnen und Bürger dauernd neue Vorstellungen über große und kleine Zukünfte entwerfen. In einer idealen Demokratie stehen politische Parteien in einem Wettlauf um die besten Zukunftsbilder. Der politische Diskurs ist in hohem Maße ein Zukunftsdiskurs: Wie stellen wir uns die Welt vor, morgen, in zehn, zwanzig oder noch mehr Jahren? In welcher gemeinsamen Zukunft wollen wir leben und wie kommen wir dorthin?

Die aktuelle Verfasstheit der Parteiendemokratie zeigt, wie weit wir von einem derart utopischen Bild entfernt sind. Das Bedürfnis breiter Teile der Bevölkerung, endlich Lösungen für drängende ökologische und soziale Fragen zu finden, die wachsende Spaltung in Arm und Reich zu mildern, das Bildungssystem gerecht zu gestalten oder bezahlbaren Wohnraum zu gewährleisten, wird so kaum erfüllt.

In unseren Demokratien ist Zukunft denken nicht verboten. Und findet trotzdem viel zu wenig statt. Was hat die aktuellen Demokratien in den reichen Ländern des globalen Nordens so phantasielos gemacht? Wie konnte das passieren?

Das marktfundamentale Denken verkündet die Botschaft der Freiheit, viele glauben immer noch, der Neoliberalismus würde auch politische Freiheiten sowie Menschen- und Bürgerrechte fördern.

Aber ein marktfundamentaler Freiheitsentwurf enthält auch die gegenteilige Tendenz. Er will zugleich – und zwar im Namen der Freiheit – die Demokratie begrenzen und demokratische Freiheiten abbauen und damit auch den Menschen die Fähigkeit nehmen, in Freiheit über die Zukunft der Gesellschaft nachzudenken und diese aktiv mitzugestalten.

Geschichtlich musste das Erstarken des Neoliberalismus zu einem Abbau der politischen Phantasie führen.

Die marktfundamentalistische Kritik am Keynesianismus betraf auch das Verständnis des Liberalismus durch Keynes. Im Gegensatz zum politischen Liberalismus, dem Keynes folgt, betont die neoliberale Utopie »des Marktes« die »Freiheit« der Wirtschaft, ihr

Liberalismus ist ökonomischer Art (Abb. 2). Der politische Liberalismus wird von marktfundamentalen Personen nicht offen bekämpft, das würde sowohl ihrer Rhetorik von »der Freiheit« als auch ihrem Glauben widersprechen, die Durchsetzung »des Marktes« würde Demokratie fördern (müssen). Historisch betrachtet, begründete der Erfolg des Marktfundamentalismus einen eindeutigen Trend, der in seinem Grundprinzip von Markt und Nicht-Markt (Abb. 4) systematisch angelegt ist: Je mächtiger der Marktfundamentalismus wurde, desto mehr konnte er seine demokratieskeptischen Seiten entwickeln.

Der Neoliberalismus tritt heute mit zwei unterschiedlichen Gesichtern auf, denen man auf dem ersten Blick so gar nicht ansieht, dass es sich um zwei Seiten derselben Medaille handelt. Da sind zum einen jene Kräfte, die sich als liberal oder auch sozialdemokratisch sehen, und zweitens jene Strömungen, die rechtspopulistisch sind oder damit liebäugeln. Diese Version »des Marktes« ist autoritär und offen demokratieskeptisch bis hin zu rechtsextremistischen Positionen, wie das bei der US-amerikanischen konservativen *Tea Party* der Fall ist. Für diesen ultrakonservativen Flügel der Republikaner war die Wirtschaftspolitik des früheren demokratischen Präsidenten Barack Obama eine Form von Sozialismus.[43] Dieser konservative Flügel eroberte bis zum Wahlkampf 2016 die Republikanische Partei und ebnete damit den Weg für Donald Trump als Präsidenten. Ihre Positionen müssen heute in Europa als rechtsradikal gelten. Hier wurde die demokratieskeptische Seite des Marktfundamentalismus derart entfaltet, dass aktiv der Abbau demokratischer Institutionen betrieben wird – ähnlich wie dies zuletzt im EU-Mitgliedstaat Ungarn unter dem Ministerpräsidenten Viktor Orbán geschah.

Das demokratiefeindliche Moment des Marktfundamentalismus ist keine neue Entwicklung. Es war von Anfang in ihm angelegt. Mises, Hayek und die Ordoliberalen teilen die Skepsis gegenüber einer »unbegrenzten« oder »absoluten« Demokratie, die vor den Ansprüchen »der Masse« kapituliert. Denn »die Masse« ist nach Hayek ignorant und unwissend. Für die ordoliberalen Ökonomen Rüstow und Röpke gilt Demokratie immer als Massendemokratie,[44] sie garantiert nicht Freiheit per se. Nach Röpke müsse »die Tyrannei der Masse« beschränkt werden. Er sieht seine Aufgabe darin, zu verhindern, »dass der Liberalismus nicht von der Demokratie verschlungen wird«.[45] Analog sprach sich Hayek für eine beschränkte Demokratie aus, die er *Demarchie* nennt. Hier sollte ein Expertenparlament dem gewählten Parlament vorgelagert sein. Ersteres hat die Befugnis, die *rule of law* »des Marktes« auch gegen die Mehrheit der Bevölkerung durchzusetzen.[46] »Die Demokratie kann sich« nach Hayek »nur als beschränkte Demokratie erhalten. Eine unbeschränkte Demokratie zerstört sich notwendig selbst.«[47]

All das drückt eine klare Aversion gegen die einfachen Bürgerinnen und Bürger und gegen eine lebendige Demokratie aus. Im Marktfundamentalismus wird Demokratie als potenzielle Bedrohung für die Marktordnung gesehen. Ein demokratisches System kann gefährlich sein, auch weil es Forderungen nach einer Umverteilung von Vermögen und Einkommen legitimieren kann. Um das zu verhindern, muss die Demokratie gezähmt werden, unter bestimmten Umständen kann auch eine blutrünstige Diktatur unterstützt werden.

Das passierte zum Beispiel im Jahr 1973 in Chile, als der damalige Heeres-Oberbefehlshaber Augusto Pinochet in einem Militärputsch mit Unterstützung der USA den demokratisch gewählten marxistisch-sozialistischen Präsidenten Salvador Allende stürzte und eine Diktatur errichtete.[48]

Die ökonomisierte Gesellschaft

Wenn die Politik ihre gestaltende Funktion verliert (und sich blindlings »dem globalisierten Markt« anvertraut) und zugleich die Demokratie zurückgedrängt wird, dann kommt es, wie es kommen muss. Es setzt sich jene »übermenschliche« Kraft durch, denen sich die politischen und wirtschaftlichen Eliten verschrieben haben: die »Kraft des Marktes«. Dieses Konzept kann sich aber in der Theorie keine Grenzen geben. Es besitzt in sich die Tendenz zur Überschreitung von Grenzen, die als solche gar nicht erkannt werden. Das zeigt sich unter anderem an einer fortschreitenden Zerstörung der Natur, die als solche jahrzehntelang von politischen und wirtschaftlichen Eliten gar nicht erkannt oder – schlimmer noch – bewusst ignoriert und verleugnet wurde.

Eine zweite Grenzüberschreitung ist der Bereich der Gesellschaft. Wenn die Politik »dem Markt« folgt und »ihm« keine Grenzen setzt, werden immer mehr Lebensbereiche der Logik »des Marktes« unterstellt. Das, was früher Gesellschaft geheißen hat und was in dem Begriff einer Ordnung aufgeht, wird in einem Prozess über mehrere Jahrzehnte nach und nach »dem Markt« unterworfen. Eine solche Gesellschaft kann ökonomisierte Gesellschaft genannt werden, sie stellt eine Gesellschaft »des Marktes« dar.

In einer ökonomisierten Gesellschaft sind viele Lebensbereiche in einem hohen Maße von ökonomischen Logiken durchdrungen, wie zum Beispiel die Bildung, das Feld der Gesundheit, die Sozialarbeit oder die öffentliche Verwaltung. Diese Bereiche waren früher nach anderen Prinzipien organisiert. Es galten auch andere Ethiken, wie die Selbstverpflichtung von Ärztinnen und Ärzten, Leben zu retten (der sogenannte Hippokratische Eid), die intellektuelle Redlichkeit von Personen in der Wissenschaft, der Stolz der Beamtenschaft auf eine korrekte Vorgangsweise oder das traditionelle Qualitätsbewusstsein im Handwerk. Diese moralischen Haltungen werden nicht offen in Frage gestellt – in Sonntagsreden werden sie immer noch hochgehalten –, aber nach und nach durch die Kriterien von Effizienz, Rationalität und Rentabilität ausgehöhlt. In einer ökonomisierten Gesellschaft wird das Ziel verfolgt, alle Bereiche, auch die der öffentlichen Verwaltung, »unternehmerisch« und als »Wettbewerb« zu organisieren. Auf diese Weise sollen sie – so die oberste Priorität – »effizienter« werden, das verspricht die Logik »des Marktes«. Dazu wurden auch staatliche Monopole aufgelöst, öffentliche Unternehmen privatisiert, bestehende staatliche Organisationen nach dem Vorbild von Firmen reorganisiert und Regelungen abgebaut, die Einzelnen helfen sollten, Risiken aller Art abzufedern.

Ein gutes Beispiel ist der Bereich der Bildung. Hier hat die *Organisation für wirtschaftliche Zusammenarbeit und Entwicklung*

(OECD) tatkräftig mitgeholfen, um die Ökonomisierung staatlicher Bildungseinrichtungen zu fördern. In einem frühen Text aus dem Jahre 1966 hat sie ihr Bildungsverständnis so formuliert:

>»Heute versteht es sich von selbst, dass auch das Erziehungswesen in den Komplex der Wirtschaft gehört, dass es genauso notwendig ist, Menschen für die Wirtschaft vorzubereiten wie Sachgüter und Maschinen. Das Erziehungswesen steht nun gleichwertig neben Autobahnen, Stahlwerken und Kunstdüngerfabriken. [...] Und man hört auch schon von den Bankfachleuten, zumindest von den Wagemutigeren, dass die Erziehung und die Entwicklung des menschlichen Fähigkeitsreservoirs ein geeignetes Feld für produktivere Anleihen sein könnten.«[49]

Bildung wird hier als Produktionsfaktor gesehen und unmittelbar der Wirtschaft unterstellt. Bildung gilt und galt für die OECD als Investition, bei der die Lernenden »Humankapital« aufbauen, das sich später gewinnträchtig verwerten lassen soll – man kann sogar die ganze Person als »Kapital« denken. Dieses Konzept liegt dem Bologna-Prozess zugrunde, in dem ab dem Ende der 1980er-Jahre schrittweise ein »Europäischer Hochschulraum« aufgebaut wurde. Damit sollte – wie es Peter Gaethgens formulierte – Europa zum »wettbewerbsfähigsten und dynamischsten wissensbasierten Wirtschaftsraum der Welt« werden.[50]

Mit dem Bologna-Prozess wurden die Universitäten organisatorisch umgestaltet. Das Leitbild war die »unternehmerische Universität«. Wie bei einer Fabrik sollte der »Output« durch Kennziffern gemessen werden. Diese Vorgaben kamen nach wie vor vom Staat beziehungsweise in Deutschland von den Ländern. Die Universitäten sollten zum einen selbständiger agieren, zum anderen wurden sie durch vorgegebene Ziele gegängelt, die Folge war ein neuer bürokratischer Apparat.

Organisation auf Kennziffern auszurichten hat ihre Wirkungen. Die OECD hat schon früh gefordert, Bildung in abstrakten Zeiteinheiten, wie Stunden, Tagen oder Jahren, zu messen. Dieses Prinzip kommt heute an den Universitäten zum Einsatz, wenn jede Unterrichtseinheit und jede Lernanstrengung der Studierenden mit eigenen *Credit Points* bewertet wird. Das *European Credit Transfer System*

(ECTS) will messen, wie viel Zeit im Studium für bestimmte Lern-schritte aufgewandt wird. Studieren bedeutet jetzt für viele Studie-rende, nur noch ECTS-Punkte zu sammeln; welche Inhalte gelernt werden, ist zweitrangig. Mit einer bestimmten Zahl von Punkten ist das Studium absolviert und danach – so die Hoffnung – kann das angesammelte Humankapital verwertet werden.

Aber Quantitäten können keine Qualitäten messen. Die Anzahl der ECTS-Punkte ist kein Kriterium für die Qualität eines Studiums. Ein guter Hochschullehrer ist nicht notwendig derjenige, der die meisten Publikationen aufweisen kann und eine gute Universität muss nicht unbedingt jene sein, die erfolgreich darin ist, viele Gel-der von außen für ihre Forschung einzutreiben. Fragen dieser Art besitzen qualitative Momente, die von geschulten Personen zu beur-teilen sind. Qualität kann niemals auf Quantität reduziert werden, das sind unterschiedliche Kategorien. »Die interessante Frage bei jeglicher Messung ist immer, was diese misst und was nicht in die Messung eingeht. Wie sollen quantifizierende Zugriffe, die sich auf Zahlen und Statistiken stützen, beispielsweise die Originalität und Qualität der Arbeiten beurteilen? Inwiefern spielt die Qualität der Lehre eine Rolle, und wie soll diese zuverlässig ermittelt werden? Ist die (zeitintensive) Betreuung der Promovierenden/Studieren-den kein Leistungsindikator? Und wenn doch, wie kann man diesen komplexen Betreuungs- und Beratungsprozess messen?«[51]

Wie in vielen Bereichen lenkt die Ökonomisierung von der Be-schäftigung mit zentralen inhaltlichen und qualitativen Fragen ab: Was soll gelehrt werden? Welche Wirkung will man auf die Persönlichkeitsbildung erzielen (das war auch im Humboldtschen Bildungsideal enthalten), wie nützt und fördert Bildung die soziale Teilhabe? Und: Welches Wissen benötigt die Gesellschaft zur Lösung ihrer dringendsten Probleme? Fördern oder behindern Prozesse der Bildung die gesellschaftliche Phantasie?[52]

3 Bilderflut ohne Phantasie?

Die ökonomisierte Politik

Die meisten Menschen unterschätzen, wie weit der Prozess der Ökonomisierung aller Lebensbereiche fortgeschritten ist und welche Folgen damit verbunden sind. Es wird auch unterschätzt, wie ungleich die Vermögen tatsächlich geworden sind. Viele Entwicklungen, die vor Jahrzehnten noch als seltsam oder unerwünscht gegolten haben, erschienen in den letzten zwei Jahrzehnten als eine Selbstverständlichkeit. Viele Lebensbereiche sind in hoher Normalität einem Diktat der Effizienz unterworfen. Das gilt nicht nur für den Arbeitsplatz oder für die Wirtschaft, sondern für so unterschiedliche Bereiche wie Bildung, Wissenschaft, Gesundheit, Soziales oder wie sich die Gestaltung der Landschaft und der Städte über die Jahrzehnte verändert hat.

Auch die Politik wurde ökonomisiert. Dies betrifft die Abläufe, Strukturen und vorherrschenden Denkweisen in den Politikfeldern von Gesundheit, Familie, Verkehr, Bildung und Forschung oder die Art, wie Politikerinnen und Politiker sich heute inszenieren oder glauben sich inszenieren zu müssen. Der umhüllende Mantel einer ökonomisierten Politik ist die Rhetorik des Standortwettbewerbs: »Wir alle«, so wird seit über drei Jahrzehnten getrommelt, würden ständig mit allen anderen auf der Welt in einem globalen Wettbewerb stehen.

Das Füllwort Standortsicherung steht für beliebige Inhalte. Es betrifft beinahe alle denkbaren Bereiche: alle Betriebe, alle regionalen

Gebilde, wie Staaten, Länder, Gemeinden oder Wohnviertel, alle Berufssparten und alle unsere Qualifikationen, die gesamte Zukunft unserer Kinder und vieles mehr. Das alles ist – so wird suggeriert – einem globalen Wettbewerb ausgesetzt. Letztlich ist damit eine Politik »des Marktes« gemeint. Aber eine vage und nicht definierte Politik, die auf einem Marktkonzept beruht, das gar nicht definierbar ist, hat trotzdem konkrete Konsequenzen:

> »Mit dem Standortwettbewerb sind Drohungen verbunden. Sie haben erreicht, dass die Unternehmenssteuern spürbar gesunken sind und die Gewerkschaften an Einfluss verloren haben. Standortwettbewerb sorgt für eine Gesetzgebung, die vor allem großen Unternehmen nützt. Wenn wir wissen wollen, warum öffentliche Aufgaben oft unterfinanziert und Löhne und Gehälter, trotz verschärfter Arbeitsbedingungen, hinter der Wirtschaftsentwicklung zurückgeblieben sind, die Alterssicherung abgemagert und die Ungleichheit gewachsen ist, treffen wir auf Begründungen, die auf der Vorstellung vom internationalen Wettbewerb beruhen. Nicht zuletzt ist so das Paradoxon zu erklären, dass Deutschland im Laufe der Jahrzehnte zwar immer reicher geworden ist, wir aber trotzdem glauben, uns als Gesellschaft vieles Sinnvolle und Nötige nicht (mehr) leisten zu können.«[1]

Eine Politik, die vorgibt, den Standort zu schützen, will den Staat an »den Markt« anpassen. Als Referenz sind die großen global agierenden Unternehmen gemeint. Sie steigen zu Vorbildern für die politische Praxis auf. Die frühere Distanz zwischen Wirtschaft und Politik ist damit aufgehoben. Viele Praktiken einer marktfundamentalen Umformung der Politik begünstigen diesen Vorgang wie die Konzepte des *New Public Managements*, in der öffentliche Behörden wie Privatunternehmen agieren sollen. Dies befördert eine Nähe von staatlichen Stellen mit Firmen, aber in einer durchaus einseitigen Weise. Auf der einen Seite sollen leitende Organe und die Beschäftigten in staatlichen Institutionen »unternehmerisches« Denken und Handeln lernen – in Analogie dazu, wie Arbeitskräfte durch Hartz IV lernen sollen, mehr wie »Unternehmer ihrer Arbeitskraft« zu agieren. Auf der anderen Seite müssen aber die Aufsichts- und Regulierungsorgane (in der passiven Politik »des Marktes«) in ihrer Reichweite und Wirkung beschnitten werden, denn »Interventionen« sollen so gering wie möglich ausfallen.[2] Wenn ein Skandal aufpoppt, darf man sich wundern, warum die Aufsichtsbehörden nichts gewusst haben oder trotz Warnungen untätig geblieben sind. Der Bericht des japanischen Parlaments zu der Katastrophe von Fukushima, bei der im März 2011 in drei Reaktoren eine Kernschmelze eingetreten ist, spricht explizit von einer »Vereinnahmung der Regulierungsbehörde durch das zu regulierende Unternehmen«.[3]

Auch in Deutschland und Österreich wurde im Sommer 2020 »plötzlich« bekannt, dass bei dem börsennotierten Finanzdienstleister Wirecard 1,9 Milliarden Euro »fehlten«. Wirecard unterhielt ein großes Netzwerk an Beraterinnen und Beratern sowie Lobbyistinnen und Lobbyisten, darunter viele ehemalige Politikerinnen und Politiker. Ob und wie staatliche Aufsichtsbehörden versagt haben, war Gegenstand eines Untersuchungsausschusses im Deutschen Bundestag. Im über 2 000 Seiten starken Bericht vom 21.6.2021 hieß es u. a., der Ausschuss sei »irritiert, dass die Staatsanwaltschaft […] so eng mit der Wirecard AG bei der Pressekommunikation kooperierte« und dass das interne Kontrollsystem der Bundesanstalt für Finanzdienstleistung (BaFin) »zu lax« sei: Es durften auch »die Mitarbeiterinnen und Mitarbeiter mit Aktien handeln […], bezüglich derer eine Aufsichtszuständigkeit der Behörde besteht«. Und: »Insgesamt hat sich gezeigt, dass die gesetzgeberische Entscheidung aus dem Jahr 2004 falsch war, die Bilanzkontrolle in so weitem Umfang der privaten Wirtschaft selbst zu überlassen.«[4]

Vertrauensverlust

Skandale dieser Art sind von Zufallsereignissen bestimmt. Sie besitzen aber auch eine systematische Perspektive. Denn in einer ökonomisierten Politik teilen Wirtschaftsgrößen und Politikerinnen und Politiker den Glauben an »den Markt«. Sie betrachten die Welt als einen riesigen Operationsraum, in dem »Marktkräfte« wirken, die letztlich nicht zu bändigen seien. In diesem Raum müssen Politik und Wirtschaft agieren. Dieser Raum stellt zugleich den Wirkungsbereich für das persönliche Schicksal von Politikerinnen und Politikern dar. Auch sie befinden sich in einem Feld, auf dem – wie in allen Feldern – ein eigennütziges und selbstbezogenes Verhalten selbstverständlich geworden ist. Damit wird die Politik zu einem Job wie jeder andere. Auch in diesem Beruf soll das eigene Humankapital produktiv verwertet werden. Dazu kann die Nähe zu den Finanzstarken in der Wirtschaft hilfreich sein. Damit dringt das Ethos des privaten Vorteils immer mehr in die Politik ein.

Zahlreiche Phänomene demonstrieren diesen Trend. In vielen Ländern haben Unternehmerinnen und Unternehmer politische Jobs übernommen. »Drehtüren« zwischen Wirtschaft und Politik gelten kaum als anstößig. Hochrangige Personen wechseln wiederholt zwischen Wirtschaft und Politik hin und her. Auf der höchsten Ebene der EU und in der EZB gehen Manager der amerikanischen Investment-Bank *Goldman Sachs* ein und aus. Beliebt ist auch das Spiel, dass frühere Wirtschaftsbosse in Kontrollbehörden sitzen, die jenen Bereich überwachen, in dem sie früher gearbeitet haben oder später wieder arbeiten werden. Es gilt nicht als problematisch, dass hochrangige Politikerinnen und Politiker nach ihrem Job in der Politik einen hochbezahlten Job in der Wirtschaft einnehmen. Jetzt können sie gewinnträchtig ihre Kenntnisse und ihre Netzwerke zur Verfügung stellen. Der Job in der Politik wird zur Vorbereitungsphase für jene Zeit, in der das große Geld erwirtschaftet wird.

Solche Trends führen zwangsläufig zu einem Vertrauensverlust von politischen Institutionen, Regierungen und in die Politik insgesamt. Politikerinnen und Politiker, denen solche Praktiken nachgewiesen werden, sind genauso wenig glaubwürdig wie die Werbesprüche von Firmen. Andersrum formuliert: Auch die Politik (nicht zur Gänze, aber im Trend) hat sich den Regeln und Standards von Firmen unterworfen, sie ist zum Werbeberuf geworden. Ein Parteiprogramm (wenn es das überhaupt noch gibt) ist ein »Produkt«, das es zu »vermarkten« gilt. Politische Botschaften richten sich nicht an mündige Bürgerinnen und Bürger. Sie zielen nicht auf Dialog. »Auf Werbung kann man nicht antworten«, hat der Soziologe Colin Crouch in seinem Befund einer »Postdemokratie« schon vor vielen

Jahren hingewiesen:»Ihr Ziel ist es nicht, jemanden in eine Diskussion zu verwickeln, sondern ihn zum Kauf zu überreden.«[5]

Die beschränkte Phantasie des Managements

Der Trend zu einer ökonomisierten Politik war weltweit zu beobachten. Mit ihm hat sich auch die politische Phantasie grundlegend verändert. Weil Politik auch immer die Zukunft betrifft, muss sie immer Zukunftsmomente ansprechen. Politik kann nicht zur Gänze phantasielos werden. Aber die Politik kann die Art und den Inhalt ihrer Imaginationen ungemein variabel entwickeln.

In der ökonomisierten Gesellschaft hat sich die politische Phantasie derart verengt, dass es angemessen ist, von einer phantasielosen Politik zu sprechen. Der Grund liegt in der spezifischen Art, wie sich die politische Phantasie dem Marktfundamentalismus angepasst hat. Wenn Politikerinnen und Politiker eine ökonomisierte Gesellschaft (zumindest implizit) anstreben und sich (vielleicht unreflektiert) in den Denk- und Verhaltensweisen»des Marktes« bewegen, übernehmen sie wie von selbst Phantasieformen und Zukunftsentwürfe der Wirtschaft – vor allem von den Großkonzernen, den großen Anwaltskanzleien, Beraterfirmen oder Lobby-Instituten.

Aber welche Phantasien treiben die Wirtschaft im Großen an und macht es Sinn, von einer Phantasielosigkeit der Wirtschaft zu reden? Hier stößt man auf ein scheinbares Paradoxon. Die moderne Wirtschaft ist ungeheuer dynamisch. Sie strebt mit einem hohen Aufwand neue Technologien an und will die Abläufe in ihrer Organisation, in der Fertigung, im Vertrieb, in der Finanzierung oder in der Werbung andauernd optimieren. Der Fokus ist die ganze Zeit auf eine bessere Zukunft gerichtet. Viele Unternehmen werden von der Frage getrieben: Welche innovative Technologie, welches zukünftiges Produkt, welche neues Betriebsmodell könnte die alten ablösen und mehr Umsatz, Gewinn, Reichweite, Macht, Einfluss oder Geld bringen?

Moderne Industriepolitiken sind in hohem Maße auf Innovation aus. Der frühere britische Labour-Chef Tony Blair propagierte 1997 im Wahlkampf die *creative industries* als Zukunftsbranchen der britischen Wirtschaft, später wurden in dem Begriff dann so unterschiedliche Bereiche wie die Produktion von Musik, Kunst, Filmen oder von Design und Werbung zusammengefasst und gefördert. 2020 schrieb US-Ökonom Richard Florida in seinem Bestseller *The Rise of the Creative Class*, Kreativität sei »die ultimative ökonomische Ressource« eines Landes. Die USA betrachten sich seit langem als die führende Ideenfabrik der Welt. Ihre Spezialität bestehe in einer kontinuierlichen Innovation gestützt durch öffentliche Forschung. Die dynamischen Sektoren sind die Softwareentwicklung der großen IT-Konzerne, automatisierte Produktionen sowie die Pharma- und die Biotechindustrie.

Viele Impulse gehen immer noch von dem kalifornischen Silicon Valley und seinem Umfeld aus. Silicon Valley hat für seine Geschäftsmodelle auch den Begriff *disruption,* das meint einen kraftvollen Bruch, geprägt: Etwas Altes, wie das traditionelle Taxiwesen, würde durch ein Neues, wie Uber, nicht ersetzt, sondern zerstört – analog wird das Vorgehen von Amazon für den Kleinhandel, von Google für den Werbungsmarkt und von Facebook für die traditionellen Printmedien gedeutet. *Disruption* meint einen Prozess, bei dem die Vergangenheit (zum Beispiel die alte Art des Einkaufens) als wertlos und die dadurch verursachte Instabilität (zum Beispiel eine erhöhte Arbeitslosigkeit in den verdrängten Geschäften) als belanglos erachtet wird. Dieser Disruptionsvorgang wurde auch oft mit einer revolutionären Aura umgeben: ein Start-up-David kämpfe gegen bestehende Goliaths, auf diese Weise würde auch die Freiheit steigen.

Vorstellungen dieser Art geben sich dynamisch und zukunftsorientiert. Tatsächlich wiederholen sie immer dieselben Denkweisen – Gegenbeispiele werden in den folgenden Kapiteln angeführt. Viele Betriebe wollen nur ein »Mehr« des Bestehenden, ein solches Ziel bedeutet nur eine Verlängerung der Gegenwart. Ihr Bestreben richtet sich darauf, in Kennziffern zu wachsen. Aber Wachstum wird in der Wirtschaft kaum mehr längerfristig oder perspektivisch (etwa auf Nachhaltigkeit orientiert), sondern vor allem kurzfristig (insbesondere auf Börsen orientiert) definiert. Es geht darum, in möglichst naher Zukunft einen Erfolg zu erzielen. Auch dieser Trend hat mit dem Siegeszug des Neoliberalismus zu tun. Zeitgleich zum Wandel in der Politik und in der ökonomischen Theorie haben sich ab den 1980er-Jahren in der so genannten *Shareholder-Value-Revolution* die Beziehungen zwischen Management und Eigentümerinnen und Eigentümern verschoben. Das frühere Idealbild war von einer Stakeholder-Orientierung gekennzeichnet, in Deutschland sprach man auch vom »Rheinischen Kapitalismus«. Managerinnen und Manager hatten dabei – verglichen mit heute – weitsichtiger und integrativer agiert. In ihren Entscheidungen wurden in höherem Maße die Bedürfnisse von »Stakeholdern« mitberücksichtigt, zum Beispiel der eigenen Belegschaft, der Gewerkschaften, oder die Erfordernisse anderer Firmen in der Region, von Banken vor Ort oder der lokalen Politik.

In der Shareholder-Orientierung hingegen stehen die Bedürfnisse der Eigentümerinnen und Eigentümer im Vordergrund, bei großen Firmen sind das die Aktionärinnen und Aktionäre. Im Jahr 1986 schrieb der US-Ökonom Alfred Rappaport: »In einer Marktwirtschaft, die die Rechte des Privateigentums hochhält, besteht die einzige soziale Verantwortung des Wirtschaftens darin, Shareholder Value zu schaffen.«[6] In diesem Regime müssen sich Managerinnen und Manager an den Aktienbörsen orientieren, die Firma wird auf Finanzmarktkennzahlen ausgerichtet. Die entscheidenden Ereignisse sind der nächste Quartalsbericht, die Ankündigungen und Warnungen, die der investierenden Öffentlichkeit bekanntgegeben werden müssen, oder die Bewertungen, welche die Ratingagenturen vornehmen. Der aktuelle Aktienkurs wird zum Richtwert für den Erfolg der Organisation. In vielen Firmen sind die Zusatzeinkommen (die »Boni«) des hohen Managements an den Aktienkurs gekoppelt, die Gehälter an der Spitze großer Firmen haben auch dadurch astronomische Höhen erreicht.

Welches Zukunftswissen steckt im Marktwissen?

Die strikte Koppelung von Firmen an »den Markt« hatte viele Praktiken zur Folge. So wurden längerfristige Realinvestitionen zurückhaltender vorgenommen, es wurde weniger in Anlagen oder neue Produktionsstätten investiert, das Kapital ist hier zu lange gebunden. In vielen Ländern sind die Profitquoten – bezogen auf das Volkseinkommen – gestiegen, die Investitionsquoten hingegen gleichgeblieben oder gesunken. Die höheren Gewinne wurden also in geringerem Ausmaß für Realinvestitionen eingesetzt, in der Regel haben sich dabei die Finanzinvestitionen erhöht.[7] Viele Firmen, die in der Öffentlichkeit als Produktionsfirmen gelten, sind de facto Finanzfirmen mit angehängter Produktion. Im Jahresabschluss 2020 von Siemens übersteigen die Finanzanlagen die Sachanlagen um mindestens das Neunfache, gut die Hälfte der Umsätze werden aus Beteiligungen erzielt.[8] Umgekehrt ist ein etablierter Konzern ein lukratives Anlageobjekt für große Investoren: Über sechs Prozent der Stimmrechte von Siemens liegen bei der US-amerikanischen Investmentgesellschaft BlackRock, der Hedgefonds gilt als der größte Vermögensverwalter der Welt.

Für viele global aktive Firmen ist das Management ihrer Finanzanliegen zu einem Kerngeschäft geworden. Sie kaufen zum Beispiel in hohem Maße Aktien anderer Firmen oder kaufen gezielt ihre eigenen Aktien wieder auf. In den USA sind zum Beispiel die Auszahlungen von Gewinnen an die Aktionäre in den vergangenen Jahrzehnten deutlich gestiegen. Selbst in der Corona-Zeit wollten Firmen, die mit hohen Summen vom Staat unterstützt wurden, nicht auf ihre Ausschüttung verzichten, an die sie sich über die Jahre gewöhnt hatten. Im März 2021 wurde kritisiert, dass Daimler im Jahre 2020 durch das Kurzarbeitergeld konzernweit rund 700 Millionen Euro einsparen konnte und für dasselbe Jahr eine Ausschüttung von 1,4 Milliarden Euro an seine Aktionärinnen und Aktionäre beschlossen hatte.

Die Orientierung auf das Börsenvermögen verändert die Zeitperspektive der Managerinnen und Manager. Die Zeit wird von ihnen verkürzt betrachtet, der Planungshorizont der Firma schrumpft. Viele Managerinnen und Manager kümmern sich vorrangig um die kurzfristige Rentabilität, nicht um das längerfristige Überleben der Firma und schon gar nicht um mögliche Gefahren in der Zukunft, wie jene der Umwelt. Durch dieses moderne Betriebsmodell wird das Management blind für die großen Bedrohungen der Zukunft. Langfristige Risiken liegen in der Regel außerhalb des Horizonts, in dem Konzernspitzen handeln. Ist der Aktienkurs hoch, fehlt die Veranlassung, die Firmenstrategie zu verändern. In Bezug auf die Probleme der Umwelt werden sie (wie die deutschen Automobilfirmen) Warnungen über viele Jahre missachten (und versuchen, durch Betrug Zeit zu gewinnen). Oder sie werden (wie die großen Öl-, Kohle- und Gaskonzerne) aktiv versuchen, alle Maßnahmen der Politik zu hintertreiben, zu verzögern, oder gar Organisationen unterstützen, die die Klimaprobleme als Schwindel abtun. Nach einem Bericht im *Guardian* aus dem Jahre 2019 haben die fünf größten Öl- und Gasfirmen Bestrebungen dieser Art über viele Jahre hindurch mit fast 200 Millionen US-Dollar gefördert.[9]

Ein ähnliches Verhalten kann in vielen Branchen beobachtet werden. Die fünf Internetgiganten Apple, Alphabet, Amazon, Facebook und Microsoft, die von der Covid-19-Pandemie enorm profitierten, haben auch 2020 – wie in den Jahren zuvor – beeindruckende Klimaziele verkündet, intern – wie in den Jahren zuvor – wenig verändert und in ihrer langfristigen Strategie – wie in den Jahren zuvor – keine Anpassungen unternommen. Gleichzeitig wurden (das berichtet der jährliche Report des Think Tanks *InfluenceMap*) nach wie vor einflussreiche Wirtschaftsorganisationen (wie die *US Chamber of Commerce,* die *National Association of Manufacturers, BusinessEurope* oder *Japan Business Federation*) mit großen Summen unterstützt, um gezielt Stimmung gegen die Pariser Klimaziele zu machen.[10]

Ein Teufelskreis

Damit entspinnt sich ein Teufelskreis. Die Politik horcht auf die großen Konzerne, denn diese – so glauben Politikerinnen und Politiker – verfügen über jenes Wissen, das notwendig ist, um den eigenen
Standort (das eigene Land) zu sichern und überhaupt: Konzernlei-
tungen wissen,»wie die Wirtschaft funktioniert«. Aber diese Projek-
tion ist trügerisch. Konzerne sind gut darin, ein Getöse um ihre innovative Kraft zu veranstalten und zu verbergen, wie kurzfristig sie
denken, wie beschränkt ihr Horizont ist und wie wenig sie wissen.
Große Fragen der Gesellschaft, längerfristige Trends und struktu-
relle Brüche werden schlichtweg nicht erkannt, hier wird kaum ein
systematisches Wissen aufgebaut.

Die mächtigen Managerinnen und Manager in der Wirtschaft,
seien es Produktionsfirmen, Banken oder Fonds, produzieren in vielen Fällen kein Wissen über entscheidende Fragen der Gesellschaft.
Das gilt für Themen wie die steigende Ungleichheit, die Verfasstheit
der Demokratie, den steigenden Arbeitsdruck oder eine Zunahme
psychischen Leidens, wie in den USA, in der die durchschnittliche
Lebenszeit – ein komplexes Thema mit vielen verursachenden Faktoren – seit einem Jahrzehnt stagniert.[11]

Das fehlende Wissen von Managerinnen und Managern betrifft
auch ihre Vorstellungen über die Zukunft. Damit entsteht folgendes
Bild: Aus ökonomischen Gründen wird unentwegt eine Bilderflut
produziert, sei es nur von der Werbung. Dauernd werden Zukunftsbilder angesprochen. Historisch könnte man sagen, dass die Menschen noch niemals so vielen positiv gefärbten Bildern über die Zukunft ausgesetzt waren. Aber diese Bilder enthalten kaum jene Art
von Überlegungen, die man braucht, um essenzielle Gefahren und
Chancen in der Zukunft erkennen zu können. Eine Bilderflut über
die Zukunft zerstört jene imaginativen Bilder, die die Gesellschaft
für ihre Zukunft braucht.

Das Zukunftswissen der IT-Konzerne

Dieser Prozess hat viele Ursachen. Entscheidend sind auch die Digitalisierung und Dominanz der großen IT-Firmen. Die amerikanische Ökonomin Shoshana Zuboff hat 2018 in ihrem Buch *Überwachungskapitalismus* beschrieben, wie diese Unternehmen die Wissensteilung in der Gesellschaft vorantreiben und zugleich privatisiert haben. Letztlich sind sie auf eine Einhegung der Zukunft durch die Produktion von Wissen über die Zukunft aus. In der Vorhersage von Routinen, für das alles gesammelt wird, was man sammeln kann, wird ein Wissen generiert (und mit lernenden Algorithmen andauernd verbessert), das teuer verkauft werden kann. Dieses Wissen bleibt aber in den Speichern einzelner Firmen und der Öffentlichkeit und der Politik verborgen und wird nur für die Privatinteressen der Firmen angewandt. In diesem Prozess, der immer mehr Aspekte im Handeln aller, die am Internet teilnehmen, in digitale Größen übersetzt und erfasst, gerät die Zukunft als offenes Feld und als von der Politik gestaltbarer Prozess unter die Räder.

Die Utopien von Google, Facebook und Co. sind technischer Art. Sie deuten gesellschaftliche Probleme auf ihre Weise, nämlich als Übersetzung in die Denkweise des Computers und zugleich »des Marktes«. Genuin gesellschaftliche Ziele, wie eine Verminderung der Ungleichheit oder eine Verbesserung des medialen Diskurses, werden nicht verfolgt. Zuboff kommentiert den Aufkauf der besten Fachkräfte weltweit durch Google so: »Unter dem Regime des Überwachungskapitalismus rekrutiert das Unternehmen also die fähigsten Köpfe mitnichten, um das Welthungerproblem zu lösen oder den Einsatz fossiler Brennstoffe zu minimieren: Ihr Genie soll einzig und allein die Tore menschlicher Erfahrung stürmen, diese in Daten verwandeln und einem neuen Marktgiganten dienbar sein, der Wohlstand durch Vorhersagen, Einflussnahme und die Kontrolle menschlichen Verhaltens schafft.«[12]

Die IT-Konzerne entwickeln immer bessere Formen einer »künstlichen Intelligenz«, die schlussendlich die Zukunft der Gesellschaft kontrollieren soll. Damit wird eine neue Zivilisation angestrebt, die wiederum mit dem altbekannten Slogan »Es gibt keine Alternative«

vorangetrieben wird, als ob die Technologie sich selbst antreiben könnte. Politik und Demokratie werden dabei noch weiter zurückgeschoben. Sie sollen den Konzernen (die für »den Markt« stehen) eine dünnere und zugleich dickere Hülle geben (wir erinnern uns an Hayeks Vorstellung einer Hülle um »den Markt«): dünner, weil die Politik noch weniger zu sagen hat (zum Beispiel, weil ihnen der Zugang zu sozialen Medien verwehrt wird), und dicker, weil die Macht der großen IT-Konzerne in alle Zukunft nicht mehr in Frage gestellt werden soll.

Hayeks Vision kommt hier noch auf eine andere Art ins Spiel. Er hat »dem Markt«, wir erinnern uns, ein »Überwissen« verpasst und die Bürgerinnen und Bürger als unwissende und ignorante »Masse« beschrieben. Diese Art einer hierarchischen Kontrollbeziehung, die auf der Verfügung von Wissen beruht, scheinen die IT-Konzerne technisch anzustreben und immer mehr perfektionieren zu wollen. Als Stellvertreter »des Marktes« sehen und wissen die wenigen Konzerne mehr über uns, als wir selbst über uns wissen. Ihre Algorithmen bestimmen, was andere über uns wissen, letztlich, was im Internet wahrgenommen werden kann und was nicht. Aber die Silicon-Valley-Vision ist noch totalitärer, als Hayek sich das in seiner kühnsten Phantasie ausgemalt hat. Denn Hayek braucht für das Funktionieren seiner »Ordnung« immer noch zwei Gruppen von Menschen: (1) eine elitäre intellektuelle Gruppe, zu der er sich selbst dazuzählt (Abb. 5), und (2) andere »Wissende«, die die gestaltende Seite der marktfundamentalen Wirtschaftspolitik (abhängig von den wechselnden äußeren Umständen) dauernd vorantreiben (Abb. 3). Die Silicon-Valley-Vision hingegen treibt die Entwicklung in eine Richtung, in der ein Eingriff des Menschen nicht mehr möglich sein wird. Denn ihre phantasierte »Superintelligenz« könnte schon aus Definitionsgründen nicht begrenzt werden. Wenn sie Zugang zum Internet hat, könnte sie wie manche Hacker auch heute schlimme Sachen anstellen. Aber wie soll man sie begrenzen, wenn sie die Verfügung über alles hat, was im Internet gemacht wird, wenn sie gelernt hat, ihre eigenen Codes neu zu schreiben und wenn sie jeden doofen User austricksen kann?[13]

4 Wir sind imaginative Wesen

Menschen ohne Imaginationskraft

Der Abbau der politischen Phantasie in den Politiken »des Marktes« und die Beschränkung auf eine technische Phantasie, wie sie die großen IT-Konzerne pflegen, entwerten den Menschen. Ihm darf keine wirkungsvolle Imaginationskraft zugesprochen werden, die für die Zukunft gestaltend sein kann. Dieses kreative Potential wird nur einer Elite zugeschrieben, die dadurch weiter überhöht wird.

Alle anderen jenseits dieser Eliten besitzen keine gestalterische Phantasie, sie gelten als unwissend und werden als kognitiv beschränkt und ignorant abgetan, wie das Mises und Hayek für die »Masse« formulieren. Die Imaginationskraft der breiten Mehrheit wird auf ihre Verwertung, das heißt auf ihr wirtschaftliches Schicksal am »Markt«, begrenzt. Sie bezieht sich aber nicht auf politische oder gesellschaftliche Belange. Legitim erscheint nicht einmal die Sorge, ob die Menschheit langfristig überleben kann. Hayek formuliert unverblümt: »Als Teil des Systems allgemeiner Regeln, die der Menschheit helfen, zu wachsen und sich zu vermehren, haben nicht einmal alle vorhandenen Menschen einen moralischen Anspruch auf Erhaltung.«[1] Normale Menschen gelten im Marktfundamentalismus nicht mehr als gestaltende Subjekte ihrer sozialen Wirklichkeit, im Gegensatz zur Zeit der Aufklärung, die dem Menschen einen eigenen Willen und Gestaltungsfähigkeit zuerkannte. Sie sind degradiert zu Objekten in sozialen Prozessen, die nicht ihrer Kontrolle unterliegen. Die Menschen sind »dem Markt«, »der Globalisierung«, »den Sachzwängen« oder den Algorithmen der IT-Konzerne unterworfen, die sie nicht kennen und nicht beeinflussen können.

Aber diese Begründungen lösen sich beim näheren Hinsehen in Luft auf. Hayeks »Elite« ist eine schlichte Erfindung ohne Begründung, »der Markt« ein Mythos und »die Globalisierung« war niemals eine Naturnotwendigkeit, sondern von Menschen gemacht. Sachen erzwingen nichts – das können nur soziale Verhältnisse. Die Visionen des Silicon-Valley bauen auf dem populären Irrtum auf, dass Menschen Maschinen sind und nur mechanisch auf äußere Reize reagieren. Die künstliche Intelligenz ist auch keine Intelligenz, wie Menschen intelligent sind, denn Menschen sind keine Maschinen und werden es niemals sein. »Der US-Philosoph John Searle hat«, wie der Historiker und Journalist Fabian Scheidler meint, »zu Recht darauf hingewiesen, dass Computer lediglich syntaktische Maschinen sind, die Zeichen prozessieren, ohne ihre Bedeutung zu verstehen. Was Computer *tun*, ist also etwas ganz anderes als das, was Menschen tun, wenn sie denken und sprechen. Auch was Computer *sind* – der Stoff, aus dem sie bestehen, ihre innere Struktur –, hat keinerlei Ähnlichkeit mit empfindenden und denkenden Wesen. Lebewesen bestehen aus selbstorganisierenden organischen Zellen, nicht aus statischen Halbleiterschaltkreisen. Eine Unterscheidung zwischen Software und Hardware gibt es bei ihnen nicht, denn ihr körperlich-geistiges Kontinuum ist Prozess und Substanz zugleich. Selbst das einfachste Bakterium hat in seiner Organisationsform wesentlich mehr Ähnlichkeit mit einem Menschen als ein Supercomputer.«[2]

Damit keine Missverständnisse aufkommen: Die Zwänge, die von globalisierten Prozessen, marktfundamentalen Politiken, einer ökonomisierten Gesellschaft und ihren Ideologien ausgehen, sind real und haben ihre Wirkungen. Aber ihre Begründungen sind nicht stichhaltig, sondern wollen die Zwänge wegreden, als natürlich hinstellen oder sogar als Vorteile verklären.

Warum sind Google, Facebook, Amazon und Konsorten in den vergangenen Jahren zu den reichsten Firmen der Welt aufgestiegen? Das passierte nicht, weil ihre Algorithmen »intelligent« geworden sind oder weil sie so kluge Führungskräfte haben, sondern auch, weil es ihnen (oft durch puren Zufall) gelungen ist, als Erste ein unreguliertes Feld zu betreten, eine monopolartige Kontrolle über Daten zu erlangen und Organisation, Logistik und Finanzen so zu kombinieren, dass ihr Einflussraum ständig wächst – unterstützt und geduldet von einer Politik, die zum Beispiel Steueroasen als legal anerkennt.[3] Freilich müssen auch die Konsumentinnen und Konsumenten mitspielen und einige wenige, die das Spiel durchschaut haben, machen nicht mehr mit. Aber dass Konzerne wie Amazon oder Google weltweit bis jetzt fast keine Steuern zahlen, gibt ihnen einen Vorteil, den andere Konkurrentinnen und Konkurrenten nicht haben. Diesen Vorteil haben diese multinationalen Unternehmen ganz legal, ohne Gesetze zu brechen – weil die Politik nicht das tut, was ihre Aufgabe ist, nämlich steuernd einzugreifen und Schlupflöcher zu schließen. Hält eine kleine Firma dem Druck durch Online-Aktionen von Unternehmen wie Amazon nicht stand und muss Konkurs anmelden, dann ist das kein Ausdruck einer überlegenen Intelligenz des Internetriesen, sondern schlicht von Marktmacht, von untätigen Regulatorinnen und Regulatoren oder von Umständen, die den Großen in die Karten spielen, wie zuletzt die Covid-19-Pandemie.

Der marktkonforme Mensch

Hinter all den Theorien und Rechtfertigungen für bestehende Strukturen und Missstände steht letztlich immer eine Vorstellung über den Menschen, ein Menschenbild – auch wenn das in vielen Fällen nur stillschweigend erfolgt und kaum erkannt wird. Welches Menschenbild liegt den Visionen der erwähnten Eliten zugrunde? Welches Menschenbild braucht eine Gesellschaft, um die vielen Krisen der Umwelt bewältigen zu können? Über ein solches Bild zu reden, ist auch deshalb wichtig, weil jedes Bild vom Menschen immer auch eine Handlungsaufforderung an Menschen darstellt – nämlich so zu sein oder so zu werden, wie das Bild es besagt. Denn ein allgemeines

Bild vom Menschen kann als »natürlich« hingestellt und als »natürlich« verteidigt werden. Wer argumentiert, es sei offensichtlich und entspreche der Natur des Menschen, gierig zu sein und auf die Mitmenschen wenig zu achten, findet in der Regel auch den Kapitalismus als natürlich, dessen Kritiker als naiv und die Sorge um die Zukunft als vergeblich.

Aber was soll im sozialen Leben »natürlich« sein? Die Kulturgeschichte zeigt, dass Verhalten, das heute als selbstverständlich gilt, auch einmal ganz anders beurteilt wurde. Im europäischen Mittelalter galt Geiz als Todsünde und wurde geächtet. Wer im Zustand dieser Sünde starb, musste damit rechnen, sofort in die Hölle zu kommen – und diese Hölle war für die Menschen damals eine bittere Realität. Das heißt nicht, dass es im Mittelalter keine geizigen Menschen gegeben hat, und auch nicht, dass diese ohne Einfluss waren, aber Geiz war eben nicht »geil«.

Wenn es gelingen soll, einen Aufbruch in der Gesellschaft zustande zu bringen, dann müssen wir unsere dominanten Bilder vom Wesen des Menschen ändern. Es geht darum, selbstbewusst alle Menschenbilder zurückzuweisen, die in den Theorien »des Marktes«, in marktfundamentalen Politiken und in den Praktiken einer ökonomisierten Gesellschaft enthalten sind. Am besten erklärt sich dieser Gedanke in einer Gegenüberstellung: Auf der einen Seite steht das Bild eines marktkonformen Menschen, auf der anderen Seite das eines Menschen mit imaginativer Kraft – und zwar jenseits der Imagination und Zukunftsprojektionen, die ihm eine ökonomisierte Gesellschaft andauernd auferlegt oder auferlegen will.

Das marktliberale Denken hat unsere Politik verändert und es wäre naiv, zu glauben, dass Jahrzehnte des Marktliberalismus an unserer individuellen Persönlichkeit spurlos vorbeigezogen sind. Ganz im Gegenteil. Der Neoliberalismus hat nicht nur die Politik in Fesseln gelegt (beziehungsweise hat sich die Politik die Fesseln anziehen lassen). Er hat auch in vielen Köpfen eine Art neoliberaler Persönlichkeit geformt. Der klinische Psychologe Paul Verhaeghe von der Universität Gent beschreibt die ihr zugrunde liegenden Praktiken so: »Bestimmte Eigenschaften sind für das berufliche Weiterkommen heute unabdingbar. Am wichtigsten ist es, sich gut ausdrücken zu können, denn man muss so viele Menschen wie möglich für sich gewinnen. Der Kontakt kann dabei nur oberflächlich sein, das fällt nicht weiter auf. Schließlich trifft dies heutzutage auf die meisten zwischenmenschlichen Kontakte zu.«

Und: »Des Weiteren muss man sich und die eigenen Fähigkeiten ›gut verkaufen‹ können – man kennt viele Leute, verfügt über jede Menge Erfahrung und hat erst vor kurzem ein größeres Projekt beendet. Wenn sich später herausstellt, dass das meiste davon heiße Luft war, ist dies lediglich der Ausweis für eine andere nützliche Eigenschaft: Man ist in der Lage, überzeugend zu lügen, ohne dabei ein schlechtes Gewissen zu haben. Deshalb übernimmt man auch nie Verantwortung für sein Verhalten. Außerdem ist man flexibel und impulsiv, immer auf der Suche nach neuen Anreizen und Herausforderungen. In der Praxis führt das zu riskantem Verhalten, aber keine Sorge – nicht man selbst wird hinterher die Scherben zusammenkehren müssen.« Natürlich sei diese Art der Charakterisierung überspitzt, sagt auch Verhaeghe. Aber diese permanente Selbstoptimierung, die ständige Flexibilität, die in der Arbeitswelt von uns verlangt wird, das Sich-ständig-gut-verkaufen-Müssen, das verändert auch das Denken vieler.[4]

Das unternehmerische Selbst

Der marktkonforme Mensch trägt und stützt die ökonomisierte Gesellschaft. Er schafft sie und er reproduziert sie, weil die Zwänge dieser Gesellschaft gleichsam im Individuum einverleibt sind. Sie wurden durch eine Vielzahl von Routinen zu nicht mehr hinterfragten Gewohnheiten. Ein treffendes Bild des marktkonformen Menschen hat der deutsche Soziologe Ulrich Bröckling gemalt, er spricht vom »unternehmerischen Selbst«. Er meint damit einen Menschen, der sich am Vorbild des Unternehmers oder der Unternehmerin ausrichtet. Wie die marktfundamentale Politik (Abb. 3) enthält dieses Konzept eine aktiv-gestaltende und eine passiv-anpassende Seite.

Das aktivistische Programm heißt: Jeder soll zum Unternehmer, jede soll zur Unternehmerin des eigenen Lebens werden, kein Lebensbereich wird ausgespart.[5] Jede Person soll lernen, sich gezielt selbst zu steuern: »Die Individuen sollen ihre Macht über sich selbst, ihr Selbstwertgefühl und Selbstbewusstsein und ihre Gesundheit ebenso maximieren wie ihre Arbeitsleistung und ihren Wohlstand; sie sollen das umso besser können, je aktiver und selbstverantwortlicher sie ihr Leben in die Hand nehmen; und sie sollen professionelle Hilfe suchen, wenn sie mit alledem überfordert sind.«[6]

Aber in diesem Programm werden Freiheit und Selbstverwirklichung nicht angesprochen, wenngleich es diese Rhetorik suggeriert. Das Ziel ist die dauernde Anpassung an die wechselnden Zwänge »des Marktes« – dies ist die passive und unterwerfende Seite des Menschenbildes. Denn »der Weltmarkt ist das Weltgericht«, meint Bröckling.[7] Um vor diesem Tribunal bestehen zu können, muss das eigene Humankapital immer wieder aktualisiert werden. Das permanente Lernen geschieht nicht aus Freude am Lernen, wie das kleine Kinder tun, sondern aus dem ängstlichen Blick auf andere, die als Konkurrenz wahrgenommen werden. Wer so denkt, hat den Anspruch einer ökonomisierten Gesellschaft tief verinnerlicht. »Der Markt« regiert auf diese Weise durch die Individuen hindurch, die äußeren Zwänge sind zu eigenen Selbstansprüchen geworden.

Der Designtheoretiker Friedrich von Borries spricht von einem sich unterwerfendem Selbstdesign. »Es gehorcht der Wachstumslogik des Kapitalismus. Auch das Ich soll in seinen Möglichkeiten wachsen, seine Potenziale ausschöpfen und Profit – welcher Art auch immer – generieren.«[8] Ulrich Bröckling kommentiert den Bestseller von Tom Peters *Jenseits der Hierarchien*, ein Buch mit dem bezeichnenden Untertitel *Liberation Management,* so: »Die Allgegenwart des Marktes lässt nur die Alternative, sich entweder rücksichtslos dem Wettbewerb zu stellen oder als Ladenhüter zu verstauben.« Es gilt die Parole: »Des Marktes Wille geschehe.«[9]

Diese Aussagen klingen drastisch und enthalten dennoch einen wahren Kern. Das Selbstdesign, das von Borries meint, ist auch eine Folge lang erworbener Gewohnheiten. Gewohnheiten sind schwer zu ändern, aber prinzipiell kann man sie verändern. Sie sind vor allem kein natürlicher Zustand. Sie passen zu einer bestimmten Zeit und werden später einmal überflüssig oder absurd. Auch die Idee des marktkonformen Menschen, der sich selbst als Designprodukt entwirft, kann nicht zu einer allgemeinen Aussage über den Menschen verdichtet werden. Man kann beobachten, wie »die Pflicht zum Selbstdesign«, wie der Philosoph Boris Groys meint, zu einem Systemzwang geworden ist, dem man sich nur schwer entziehen kann. Aber ein Systemzwang, wie umfangreich er auch ist, kann kein allgemeines Menschenbild begründen, wie das geschichtliche Beispiel von der Gier zeigt.[10]

Der außengelenkte Mensch

Das Programm eines marktkonformen Menschen enthält zwei wichtige Momente: die Ansicht, dass Menschen von außen lenkbar sind, und die Ansicht, dass Menschen sich selbst verändern können, um äußeren Anforderungen besser entsprechen zu können. Beide Aspekte charakterisieren die Anforderungen einer ökonomisierten Gesellschaft, aber sie fundieren kein Menschenbild. Zu sagen, dass Menschen durch andere beeinflussbar sind und sich dauernd an andere anpassen, ist banal. Die Frage ist aber, wie umfangreich und wie ausschließlich das abläuft, ob daraus eine Aussage über das Wesen des Menschen ableitbar ist und welche Freiheitsgrade dem Individuum bleiben.

Alle Theorien, die die bestehenden Verhältnisse stützen wollen, basieren auf Menschenbildern, die den Menschen als schwach, beeinflussbar oder unwissend begreifen. Auch auf der Ebene der Theorie werden Menschen damit entmutigt, etwas gegen Missstände zu unternehmen. Die Macht und der Einfluss, die auf sie faktisch ausgeübt werden, sollen als natürlich und als unveränderbar erscheinen. Wie jedes Herrschaftssystem wird es mit dem Verweis auf letzte Gegebenheiten abgesichert. Im Mittelalter wurde die ständische Ordnung als von Gott gegeben gerechtfertigt. Heute machen das vereinzelt noch autokratische oder diktatorische Regime. Im Neoliberalismus spielen der Markt und seine »Ordnung« die Rolle einer verkappten weltlichen Gottheit, die »uns« sagt, was »wir« zu tun haben.

Die Vorstellung, dass Menschen von außen leicht gelenkt werden können, ist weit verbreitet. Sie ist auch eine Standardannahme in ökonomischen Theorien. Beliebt ist die Ansicht, Menschen könnten durch »Anreize« zu einem bestimmten Verhalten gebracht werden. Fast die gesamte ökonomische Theorie versteht Marktpreise als Anreize für die Marktteilnehmerinnen und -teilnehmer, die ihr Verhalten vorhersagbar bestimmen. Der Grundgedanke ist simpel: Wenn die Preise eines Gutes steigen – das besagt die populäre Nachfragekurve –, dann werden die Konsumentinnen und Konsumenten weniger von diesem Gut nachfragen, weil sie auf andere Güter ausweichen, die sie sich eher leisten können. Dieser Zusammenhang ist nicht falsch, aber unvollständig. Er basiert zum Beispiel auf der Annahme, dass sich die Zukunftserwartungen der Konsumentinnen und Konsumenten nicht verändern werden. Aber genau das ist nicht sehr wahrscheinlich. In der Zukunft kann alles Mögliche passieren, denn sie ist immer offen.

Der imaginative Mensch

In den meisten marktfundamentalen Theorien wird der Mensch letztlich wie eine Maschine aufgefasst: Er besitzt die Eigenschaften einer Maschine, das heißt, er handelt logisch und rational und ist berechenbar, vorhersehbar und steuerbar. Den Menschen als Maschine zu denken, kann auch als Ausdruck von Machtphantasien verstanden werden, die Machtpraktiken legitimieren und verschleiern. Diesen Phantasien sind selbstbewusst andere Bilder des Menschen entgegenzusetzen, in denen andere Merkmale betont werden, wie seine Imaginationsfähigkeit. Ebenso wie es Hayek den »großen Denkern« beimisst, besitzen Menschen die Kraft, sich die Zukunft positiv auszumalen und ihre Handlungen danach auszurichten.

Aber diese Fähigkeit muss allen Menschen zugesprochen und ermöglicht werden, nicht nur einem kleinen auserwählten Personenkreis. Dazu sind ein Umdenken und eine Umstrukturierung vieler gesellschaftlicher Bereiche notwendig.

Dass Phantasie, Imagination, Vorstellungen und Zukunftsbilder beim Menschen eine große Rolle spielen, zeigen viele Ansätze in so unterschiedlichen Disziplinen wie Philosophie, Literaturwissenschaften, Kunsttheorie oder Kulturgeschichte. Menschen sind gestaltende Wesen. Sie entwerfen Vorstellungen und setzen sie in die Tat um. Der Designtheoretiker von Borries spricht in einer modernen Sprache vom Design, vom Entwerfen, und zwar als Gegensatz zum Unterwerfen. Er sieht das Entwerfen »als einen grundlegenden, emanzipatorischen Akt«.[11]

Design dieser Art hat viele Momente, vor allem auch ein Selbstdesign und ein Design der Gesellschaft, beide sind miteinander verbunden. Die Fähigkeit des Menschen zum Designen verleiht ihm eine Freiheit, im Gegensatz und in Kontrast zum neoliberalen Freiheitsbegriff: »Entwerfen, verstanden als Gegenteil von Unterwerfen, ist die praktische Umsetzung der Aufklärung. Entwerfen ist subversiv, gefährlich, aufrührerisch. Entwerfen ist Befreiung, Entwerfen ist der Ausgang des Menschen aus seiner Unterworfenheit.«[12]

Im Designen setzen die Menschen ihre Phantasie auf gezielte Weise ein. Sie verwenden sie auch, um Bilder zu produzieren. Dabei geht es nicht nur um die Herstellung von Bildern in Gemälden oder am Bildschirm, sondern auch um das »Herstellen« und Erleben von mentalen inneren Bildern. Ihre Existenz kann dauernd erfahren werden. Im Deutschen ist mit dem Wort Bild sowohl ein äußeres, physisches Bild als auch ein inneres, mentales Bild gemeint. Im Englischen unterscheidet man nach dem äußeren Bild, *picture*, und dem inneren, simulierten, *image*. Die Bedeutung innerer Bilder wird oft unterschätzt. Sie werden als Fiktionen, als Illusionen oder als Halluzinationen abgetan. »Das Wort ›Bild‹ (*image*) hat einen schlechten Ruf«, meinte der französische Philosoph Maurice Merleau-Ponty, »weil man gedankenlos geglaubt hat, daß eine Zeichnung ein Abdruck, eine Kopie, ein zweites Ding sei, und das geistige Bild eine

Zeichnung dieser Art in unserer privaten geistigen Rumpelkammer.«[13]

Aber solche Ansichten gehen davon aus, es sei einfach von einem Gegenstand (zum Beispiel meiner Füllfeder) zu einer bildhaften Vorstellung (wie ich mir die Füllfeder mental vorstelle) und schließlich zu einem Bild des Gegenstands zu kommen (ich habe eben eine Zeichnung meiner Füllfeder gemacht). Geistige Bilder oder mentale Vorstellungen von Gegenständen sind aber keine simplen Abbilder von Gegenständen. Auch das Sehen eines Gegenstandes über das Bild auf unserer Netzhaut ist kein einfacher Vorgang. In der Philosophiegeschichte wurde oft gesagt: Wenn das Netzhautbild ein »Bild« ist, dann bräuchte man ja einen »inneren Menschen« mit einer »inneren« Netzhaut, der dieses Bild »sieht« und dann wieder einen und wieder einen – ein unendlicher Regress. Bilder verweisen immer wieder auf Bilder. Was ein Bild als Bild ist, kann man nicht definieren.

Es sollen hier aber nicht schwere philosophische Probleme gewälzt, sondern einfache Gedanken festgehalten werden. Zum Beispiel können wir zweifellos behaupten, dass Menschen imaginativ sind, dass sie Phantasie besitzen, dass sie gestalten können, dass sie innere und äußere Bilder erzeugen. Wir erfahren uns die ganze Zeit als bilderzeugende Wesen. In unseren Erinnerungen und im Denken, im Zwiegespräch mit uns und mit anderen simulieren wir ständig visuelle, auditive, motorische Bilder. Die meisten Menschen können sich lebhaft vorstellen, was sie heute früh gemacht haben oder was sie für morgen vorhaben. Solche Vorstellungen können viele als ein mehr oder weniger deutliches Bild oder als Film festhalten. Man kann auch eine solche Simulation innerlich fixieren, oftmals betrachten und immer mehr Details erkunden – das heißt auch achtsamer zu erfahren, was der eigene Geist die ganze Zeit macht. Denn im Kopf läuft die ganze Zeit ein Film ab oder eine Abfolge von Bildern. Die meisten sind sich ihres permanenten inneren Bilderstroms bewusst und viele leiden darunter, dass sie das beim Schlafengehen nicht abstellen können. Vielleicht machen diese Vorgänge sogar den entscheidenden Unterschied zum Tier aus, wie der deutsch-amerikanische Philosoph Hans Jonas meinte, als er den Menschen als *homo pictor* beschrieb: als Bilderzeuger und Bildversteher. Indem Menschen gelernt haben, das, was sie sehen, in einem Bild darzustellen (Jonas dachte dabei an die ersten Höhlenmalereien), mussten sie lernen, den dynamischen Fluss von immer neuen Eindrücken im Geiste kontrolliert festzuhalten und in ein statisches Bild zu bannen. Sie mussten sich also die Fähigkeit aneignen, sich auf ihr inneres Bild zu konzentrieren, dieses Bild stabil zu halten und nach dieser (nur imaginativ zugänglichen) Vorlage ein Bild auf die Höhlenwand zu malen. Tiere können diese Leistungen nach Jonas nicht erbringen.

Der Höhlenmensch steht nach Jonas für den Menschen insgesamt. Was die Höhlenbewohnerin oder der Höhlenbewohner sieht, erscheint ihr oder ihm als Bild. Daraus hat sich in der Geschichte der Ideen seit der Antike der Gedanke entwickelt, die Welt selbst als Bild zu verstehen. Sie zeigt sich uns im Sehen, Hören und Tasten. Die Sinne liefern uns Bilder.[14] In dieser Tradition verknüpft der italienische Philosoph Emanuele Coccia das Bildliche unmittelbar mit dem Sinnlichen und die Sinne mit Bildern. Zwischen den Dingen und unserer Erfahrung gibt es für ihn eine Zwischenschicht des Sinnlichen, ein Medium. Hier finden nach Coccia alle Prozesse statt, die ein Ding zum »Bild« machen. Diese Schicht schreibt Emanuele Coccia (im Gegensatz zu Jonas) auch Tieren zu. Sie besitzen Sinnesorgane und müssen sich im Raum orientieren. Vereinfacht bedeutet das: Auch Tiere besitzen eine innere visuelle Landkarte des Raumes, in dem sie sich bewegen. Dieses Bild hilft ihnen, Nahrung zu suchen und zu vermeiden, dass sie selbst zur Nahrung für ein anderes Tier werden. Coccia sieht viele Lebensäußerungen des Menschen als Bildgestaltung, wie wahrnehmen, träumen, sprechen, sich kleiden und sich Moral zusprechen. Überall werden Bilder entworfen. Das Leben selbst reproduziert sich für Coccia in tausenderlei Bildern. »Das Leben wird daher als Vermögen begriffen, Bilder aufzubewahren und zu verbreiten«.[15]

Bilder machen unsere Lebenswelt

Jonas und Coccia beschreiben den Menschen als ein imaginatives Wesen. Ihr Bild vom Menschen kann in zwei Richtungen weitergedacht werden: zum einen als Kritik bestehender Verhältnisse und zum andern als Ausblick auf einen Freiraum, um diese Verhältnisse zu verändern.[16]

Wenn jede Lebensäußerung ein bildhaftes oder auch imaginatives Moment enthält, dann müssen auch Gesellschaft, Wirtschaft und Politik eine imaginative Basis besitzen. Damit soll keineswegs geleugnet werden, dass es reale Prozesse, Strukturen und Verhältnisse gibt, denen Menschen unterworfen sind. Es wird aber gesagt, dass die Menschen diese Prozesse, Strukturen und Verhältnisse nur in Form von Bildern erfahren (können). Was Gesellschaft ist, was Wirtschaft ist, was Politik ist, beruht auf einem Bild. Diese Bilder können bewusst gemacht und über diese Bilder kann reflektiert werden. Je mehr man darüber reflektieren kann und je mehr diese Bilder als Bilder erkannt werden, desto schneller können neue Bilder entworfen und für Veränderungen genutzt werden.

Genau diese Aspekte bleiben aber in allen Menschenbildern verborgen, die Menschen wie Maschinen denken. Denn eine Maschine besitzt keine Bilder und versteht keine Bilder. Wird der Mensch als Maschine gedacht, dann muss man so tun, als ob er direkt an die äußere Welt angeschlossen wäre wie ein Computer, dem von außen Daten eingespielt werden.

Aber für Menschen gibt es keine direkte Koppelung an eine äußere Welt. Kant hat zum Beispiel gemeint, ein »Ding an sich« könne nicht erkannt werden. Für den Menschen präsentiert sich die Welt nie in Reinform, sondern immer als gedeutet und vor dem Hintergrund von Erfahrungen und von Begriffen, die als selbstverständlich erachtet werden. Die Sinne funktionieren nicht rein mechanisch in einer rein linearen Kette, in der äußere Dinge direkt zu einer Vorstellung im Gehirn (oder im Geist) führen. Sinnliche Eindrücke und sinnliche Erfahrungen können nicht so gedeutet werden, als ob von außen Informationen direkt an einen Verstand, einen Geist oder an eine computerhafte Dekodiermaschine zugespielt werden. Zwischen den Menschen und der Welt »stehen« gleichsam dichte »Schichten« von Bildern, Vorstellungen, Deutungen, Begriffen, Denkweisen – ein riesiger von Menschen gestalteter Raum, man denke nur an die vielen Assoziationen, die bei jedem Wort mitschwingen. Der Mensch nimmt seine Umwelt immer mehr oder weniger durch Bilder und Vorstellungen vermittelt dar, die diese immer direkt interpretieren.

Walter Lippmann (1889–1974) gilt in den USA als meistgelesener und einflussreichster politischer Schriftsteller in der ersten Hälfte des 20. Jahrhunderts. In seinem bekanntesten Buch *Die öffentliche Meinung*, das er 1922 herausbrachte, spricht er von einer »Pseudo-Umwelt«, die zwischen dem Menschen und seiner äußeren Umwelt angesiedelt ist. Allein auf diese Vorstellungswelt reagieren Menschen. Aber ihr Handeln hat Folgen – nicht in der Vorstellungswelt, sondern in der Realität, der Handlungswelt. Für die ökologischen Krisen bedeutet das: Der Mensch besitzt Bilder über die Natur. Sie legen das fest, was er als Natur erkennen kann und wie er diese deutet. In und aus dieser Welt muss der Mensch handeln und mit der Natur umgehen. Aber der Natur sind die Bilder des Menschen egal. Sie gibt auf der Ebene der Handlungswelt eine Antwort, zum Beispiel, indem sich das Klima ändert.[17]

Dieser Vorgang braucht dann wieder eine bestimmte Deutung, um ihn zu verstehen. Dafür gibt es viele Möglichkeiten. Man kann – wie wir das tun – Anomalien im Wetter zu einem Bild einer Veränderung des Klimas verdichten und nach den Ursachen im menschlichen Denken und Handeln fragen. Man kann diese Vorgänge aber auch anders interpretieren: Jede Anomalie im Wetter ist eine einzigartige Anomalie, die auf immer wieder neuen Ursachen beruht, ein Gesamtbild wird nicht entworfen. Denen, die ein Gesamtbild entwerfen und auf rasches Handeln drängen, kann dann ihr Bild einer von Menschen verursachten Erderwärmung als mutwillige Erfindung abgetan werden. Im Hintergrund muss eine riesige Verschwörung von Millionen Menschen lauern. Trump hat dafür viele Beispiele geliefert. Er bezeichnete die vom Menschen verursachten

Klimaveränderungen mehrmals als *Hoax*, also als Schwindel. Am 6. November 2012 behauptete er auf Twitter, das Konzept der Erderwärmung sei von den Chinesen erfunden worden, damit die Produkte aus den USA teurer würden.[18]

Der imaginative Kapitalismus

Der Zusammenhang von Bild und Welt gilt für alle Lebensäußerungen, jeder Bereich besitzt seine imaginative Basis. Die imaginativen Momente der Wirtschaft können leicht erkundet werden. Was antworten Sie auf die Frage, warum Sie genau dieses Buch gekauft haben? Um es zu lesen, zu verschenken, es im Bücherregal neben anderen ungelesenen Büchern verstauben zu lassen, um etwas zu lernen? Was haben Sie sich gedacht, als sie das Buch kauften? Was waren Ihre Motive? Welche Art von Lernen haben Sie mit diesem Buch erwartet? Wollten Sie Ihren Horizont erweitern? Aber wie und in welcher Intensität?[19]

Diese Fragen wollen Ihnen vermitteln, dass Sie Ihre Entscheidung unter hoher Ungewissheit über die Zukunft getroffen haben. Sie haben sich zum Kauf eines Buches entschieden, aber Sie wussten nicht wirklich, was das Buch bei Ihnen bewirken wird. Vor dem Kauf konnten Sie noch nicht wissen, was auf Sie zukommt. Das gilt für jeden Konsumakt. Wir kaufen Sachen und Dienstleistungen, aber ob und wie sie uns nützlich sind, wissen wir erst nachher. Bei jedem Kaufakt ist die Zukunft betroffen und die Zukunft ist nun einmal ungewiss. Wirtschaft zu treiben, heißt also Entscheidungen in der Gegenwart zu treffen, die in einer Zukunft etwas bewirken sollen, deren Wirkungen und Folgewirkungen wir aber nur vermuten können. Der Ökonom und Philosoph Birger Priddat meint zum Kauf von Konsumgütern:»Wir können uns nur imaginieren oder simulieren, welchen Nutzen sie für uns haben werden.«[20]

Jeder Kaufakt stellt einen imaginativen Vorgang dar. Jeder Gegenstand wird beim Kauf von Konsumentinnen und Konsumenten mit einer imaginativen Schicht überzogen. Sie enthält eine Vielzahl von Bildern. Sie transportiere zum Beispiel einen bestimmten Lebensstil und gebe dem Käufer, der Käuferin Renommee, Zugehörigkeit oder verleiht eine bestimmte Aura, schreibt der Publizist Robert Misik: »In der ›designer capitalist society‹ [ist] kaum mehr ein Ding auf seine nackte Dinghaftigkeit reduziert. Die Dinge repräsentieren gleichzeitig Bedeutung. Der Turnschuh repräsentiert Fitness, die abgewetzte Trainingsjacke repräsentiert Hipness, der iPod Trendyness, die Obstpresse repräsentiert gesunde Ernährung, das zierliche Teeservice repräsentiert Entspannung, das Perrier-Mineralwasser Lebensart, und der Fair-Trade-Kaffee annonciert, dass der Käufer ein guter Mensch ist.«[21]

Auch die Entscheidung, eine Investition vorzunehmen, benötigt imaginative Prozesse. Das gilt sowohl für Realinvestitionen (soll diese neue Fabrik errichtet werden?) als auch für Finanzinvestitionen (soll diese Aktie gekauft werden?). In jedem Fall kann man die Frage aufwerfen, wie und wodurch solche Entscheidungen zustande kommen. Werden Managerinnen und Manager befragt, wie sie das machen, stößt man schnell auf Zukunftsbilder. Sie erzählen zum Beispiel, dass sie für einzelne Projekte Zukunftsszenarien entwerfen, diese gedanklich nebeneinanderstellen und nach einem Schema bewerten. Aber jedes Szenario ist ein Bild, das nur eine Möglichkeit darstellen kann. Ob das simulierte Ergebnis eintreffen wird oder nicht, muss immer ungewiss bleiben. Der Soziologe Jens Beckert veröffentlichte 2018 ein Buch mit dem bezeichnenden Titel: *Imaginierte Zukunft. Fiktionale Erwartungen und die Dynamik des Kapitalismus*. Nach Beckert liegen jeder Investition »fiktionale Erwartungen« zugrunde. Er definiert sie als »Bilder, die ein Akteur in seiner Vorstellung heraufbeschwört, wenn er über zukünftige Zustände der Welt nachdenkt«.[22]

Die Vorstellungen, Simulationen und Bilder, die die Wirtschaft vorantreiben, beflügeln nicht nur die Phantasie einzelner Personen. In vielen Fällen müssen imaginative Momente direkt auf andere Personen »übertragen« werden. Eine Start-up-Unternehmerin oder ein Start-up-Unternehmer muss eine Geschichte erzählen (dazu gibt es auch Fernsehsendungen) und diese Geschichte muss plausibel klingen. Die Investorinnen und Investoren sollen davon beeindruckt werden und ihre Story auch glauben (können). Sie sollen schließlich Geld zur Verfügung stellen – in dem klaren Wissen, dass die meisten Start-ups scheitern und keinen Gewinn abwerfen.

Unternehmerisch zu handeln ist nur dann von Erfolg gekrönt, wenn es gelingt, andere zu überzeugen, zum Beispiel die Banken, damit sie Geld leihen, oder die Mitarbeiterinnen und Mitarbeiter, damit sie nicht glauben, in einer Schwindelfirma zu arbeiten (wie das etwa im Wirecard-Skandal der Fall war). Zugleich muss die Öffentlichkeit überzeugt werden, etwa davon, dass die Firma in keine Skandale verwickelt ist und keine schädlichen Güter anbietet. Wichtig sind vor allem die potenziellen Kundinnen und Kunden. Sie müssen ihre Zukunftsphantasien auf das Produkt richten.

Damit entspinnen sich in der Wirtschaft riesige Netze simulierter Zukunftsvorstellungen, die einander wechselseitig beeinflussen. Der Kapitalismus basiert wie jedes soziale System auf einer grundlegenden Ebene auf Simulationen und imaginierten Bildern. Der aus Südafrika stammende und in den USA tätige Unternehmer Elon Musk ist der Geschäftsführer des Elektroautoherstellers Tesla sowie des Raumfahrtunternehmens SpaceX. Er galt vor kurzem als der reichste Mann der Welt. Aber viele seiner Firmen werfen kaum Gewinn ab. Warum werden sie auf den Börsen so hoch bewertet? Offensichtlich hat Musk die Gabe, Geschichten zu erzählen, ständig neue Ideen abzuspulen und damit die Phantasien von Investorinnen und Investoren anzukurbeln.[23]

Am Beispiel von Musk kann man studieren, wie die Börsen seit jeher funktionieren. So wie der frühere US-Präsident Trump mit Twitter die politischen Phantasien von Feind und Freund beschäftigte, so bewegt Musk heute mit seinen Sprüchen die finanziellen Phantasien an den Börsen. Als er Mitte Mai 2021 in einem Tweet ankündigte, dass Tesla die Kryptowährung Bitcoin nicht mehr als Zahlungsmittel akzeptiert, verloren die drei wichtigsten digitalen Währungen Bitcoin, Ethereum und Binance Coin innerhalb einer Woche jeweils rund ein Drittel an Wert.[24]

Die Bilderflut als Verschleierung

Was lernen wir daraus? Börsen sind auch Netzwerke beziehungsweise virtuelle Orte, an denen Imaginationen ausgetauscht und angepasst werden. Auf Börsen werden kaum noch »reale, fundamentale Wertbestände« gehandelt, sondern vor allem Zukunftserwartungen kommuniziert. Nur wer erwartet, dass der Kurs einer Aktie steigen wird, wird sie kaufen (wollen). Börsenpreise sind Erwartungspreise, sie geben imaginierte Zukunftsvorstellungen wieder. Keynes wusste das genau, er hatte als Börsenspekulant ein wechselhaftes Schicksal und hinterließ bei seinem Tod ein Millionenerbe. Keynes verlor in der Weltwirtschaftskrise 1929 einen Großteil seines Vermögens, später konnte er das wiedergewinnen. Auch als Folge dieser Erfahrung gab Keynes »ein für alle Mal die Überzeugung auf, Märkte seien automatisch selbstkorrigierend, und fing in einer bemerkenswerten Verschiebung seiner moralischen Perspektiven an, fortan weniger die Frage nach der Effizienz als die nach der Pflicht zu stellen«.[25] Für Keynes war der Kapitalismus ein instabiles System, das durch den Staat zu stützen sei.

Aber die modernen Theoretikerinnen und Theoretiker des Kapitalismus reflektieren derartige Erfahrungen nicht. Sie tun so, als ob der Kapitalismus keine imaginative Basis hätte. Es scheint bequemer, von »realen Strukturen«, »objektiven Gesetzen« oder »unveränderbaren Sachzwängen des Marktes« zu reden, sie in Formeln, Modelle und Diagramme zu gießen und den Kapitalismus als »natürlich« zu bejubeln, anstatt zu analysieren, wie wirtschaftliche Vorgänge wirklich ablaufen. Dadurch könnte man nämlich auch erkennen, dass Imaginationen nicht nur für einzelne Personen, sondern für das Wirtschaftssystem als Ganzes benötigt werden.

Ein Beispiel sind die Werbebotschaften und Werbebilder, die täglich zu Hunderten oder Tausenden wie ein stetiger Strom auf uns einprasseln. Der zunehmende Internetkonsum lässt die Werbemenge immer mehr ansteigen: in E-Mails, Spams, Bannern, Pop-ups, Tweets und so weiter. Youtube hat erst im Mai 2021 den Kundinnen und Kunden seiner Plattform gemeldet, dass sich die Plattform das

Recht herausnimmt, alle Inhalte, die hochgeladen wurden, zu Geld zu machen«und es kann sein, dass Anzeigen auf Videos von Kanälen erscheinen, die nicht am YouTube-Partnerprogramm teilnehmen«.

Warum geben wir einer Minderheit das Recht, den öffentlichen Raum, unseren Laptop und unser Handy mit ihren Botschaften zu besetzen? Der deutsche Publizist Wolfgang Koschnick, der sich auf die Analyse von Werbung und Marketing spezialisiert hat, schätzt, dass mindestens ein Drittel der Bevölkerung keine Werbung oder nur noch wenig Werbung sehen und hören will. Wenn im Fernsehen Werbung auftaucht, sieht kaum jemand hin, man zappt genervt weg oder steht auf und macht etwas anderes. Die fehlende Aufmerksamkeit wird auch Werbeblindheit genannt. In Schweden hat man inzwischen eine feinfühligere Lösung gefunden. Will ein Fernsehsender einen Spielfilm durch Werbespots unterbrechen, braucht er das ausdrückliche Einverständnis der Regisseurin oder des Regisseurs. Ansonsten verletzt er deren Urheberrecht und greift auf unzulässige Weise in die persönliche Beziehung der Filmschaffenden zu ihrem Werk ein. Die brasilianische Stadt São Paolo hat schon vor fast 15 Jahren die meiste Werbung aus dem öffentlichen Raum verbannt, 2014 wurde das erstmals in Europa auch in der französischen Stadt Grenoble gemacht.[26]

Werbung transportiert Bilder. Je größer die Werbemenge, desto mehr Bilder werden produziert. Die überbordende und immer schriller werdende Werbung legt sich wie eine Bilderwolke auf die Gesellschaft, aber – und das ist bemerkenswert – es gibt wenig kritischen Diskurs über diese Wolke. Dieser Vorgang wirft ein Licht auf viele ähnliche bildhafte Prozesse, die kaum thematisiert werden. »Wie erklären wir uns das Paradoxon einer Welt voller Bilder, aber ohne Vorstellungskraft?«, fragt die italienische Philosophin Chiara Bottici, die sich mit der Rolle der Vorstellungskraft in der heutigen Gesellschaft beschäftigt. »Haben die Bilder selbst unsere politische Vorstellungskraft gesättigt? Was ist aus der Politik nach einer solchen Revolution geworden?«[27] Sie konstatiert einen Wandel in der Politik. Hatte man früher die politische Elite kaum zu Gesicht bekommen, drängeln sich führende Politikerinnen und Politiker heute in die Medien. Sie wollen täglich gesehen werden. In der Flut der Bilder entfacht sich ein Diskurs, der Millionen Bilder umfasst – und dennoch in seiner politischen Phantasie ungemein beschränkt abläuft.[28]

Was auch wichtig ist: Dieser Diskurs steht nicht isoliert neben den Strukturen und Verhältnissen des Kapitalismus, sondern gestaltet sie andauernd mit. Die imaginative Basis des Kapitalismus umfasst auch alle Bilder, die in den Medien durch Begriffe und Geschichten über die Wirtschaft, die Politik, die Gesellschaft und über den Menschen transportiert werden. Gesellschaftliche Strukturen existieren nicht aus sich selbst heraus, sondern müssen immer auch in Form von Bildern wiederhergestellt werden. Sie werden andauernd reproduziert und müssen zu ihrem Weiterbestehen immer wieder neu vermittelt werden. Ihre Gesamtheit wirkt wie eine Trance, wie ein vielfältiger Chor im Hintergrund, der die Gesellschaft durchdringt.

Dem US-amerikanischen Kulturtheoretiker Fredric Jameson wird der Ausspruch zugeschrieben, es sei leichter, sich das Ende der Welt vorzustellen als das Ende des Kapitalismus. Dieser Ausspruch hat seine Wahrheit. Er weist auf die Wirkungen eines kollektiven tranceartigen Zustands hin, indem kognitive Nebelwolken errichtet werden, die als dauerhafte Denkbarrieren in den Köpfen wirken. Viele aktuelle Trends sind derart schädlich, dass man keine großen Überlegungen anstellen muss, um zu erkennen, dass sofort gehandelt werden müsste. Ein bedrückendes Beispiel ist die Plastiklawine, die mit zunehmendem Tempo die Welt verwüstet. 1950 wurden weltweit 1,5 Millionen Tonnen Plastik produziert, 2015 waren es über 320 Millionen und 2018 schon 359 Millionen. Nicht einmal 10 Prozent des Plastikbergs werden recycelt. Im Jahr 2020 landeten geschätzte 24 bis 30 Millionen Tonnen Plastikmüll in Flüssen, Seen und Meeren. Alle Ökosysteme sind beeinträchtigt, auch die landwirtschaftlich genutzten Böden. Mittlerweile essen die Menschen Mikroplastik nicht nur im Fisch, sondern atmen auch winzige Plastikteile ein. Aber die Plastikindustrie floriert und hat phantastische Ausbaupläne, die großen Ölkonzerne steigen auf die Produktion von Plastik um. Für die nächsten zehn Jahre wird erwartet, dass die

Wassergebiete mit der dreifachen Menge an Plastikmüll verseucht werden. Warum wird dieser Trend nicht sofort gestoppt? Wieso gibt es keinen globalen Ausstiegsplan?[29]

Die imaginative Freiheit

Die Einsicht, dass der Kapitalismus eine imaginative Basis besitzt, ist nicht nur ein Werkzeug zur Kritik bestehender Verhältnisse. Sie kann auch zur Ressource für einen neuen imaginativen Freiraum in der Gesellschaft werden.

Wenn die Imagination (im antiken Griechenland *phantasía* genannt), die Einbildungs- oder die Vorstellungskraft, als zentrale Eigenschaft des Menschen erachtet wird, dann wird die Vorstellung einer Welt mit starren Strukturen und unveränderlichen Regeln aufgeweicht. Die Welt wird damit nicht automatisch verändert, aber in einem ersten Schritt gedanklich veränderbar gemacht. Damit entsteht ein Feld imaginativer Freiheit beziehungsweise der Zustand von Frei-Sein im Denken und im Gestalten. Diese Freiheit steht im Gegensatz zur neoliberalen Freiheit. Diese ist bloß eine Wahlhandlungsfreiheit: Aus bestehenden Möglichkeiten kann eine Auswahl getroffen werden, ohne dabei durch andere gehindert zu werden. Die imaginative Freiheit hingegen meint viel mehr, nämlich den Menschen in seiner Gesamtheit, nicht bloß als kalkulierenden Automaten. Sie steht gleichsam eine Stufe über der neoliberalen Freiheit und überblickt ein größeres Handlungsfeld. Sie will den Denk- und Gestaltungsraum bestehender Prozesse und Strukturen selbstbestimmt verändern – nicht nur auf der privaten Ebene, sondern auch auf der Ebene der Wirtschaft, der Politik und der Gesellschaft.

Den Versuch von einer solchen Plattform aus die Welt, im Großen wie im Kleinen, zu verändern, nennt der Designtheoretiker Friedrich von Borries »entwerfendes Design«. Es versucht, »Alternativen zum gesellschaftlichen Status quo aufzuzeigen und eine bessere Gesellschaft zu erschaffen, in der die Beziehungen der Menschen untereinander und zu ihrer Umwelt neu organisiert werden. Das entwerfende Design versucht deshalb seinen Benutzerinnen und Benutzern echte Handlungsspielräume für ihr Leben zurückzugeben. Es stattet sie mit Technologien, Werkzeugen, Instrumenten und Symbolen eines selbstbestimmten Lebens aus.«[30] Die große Herausforderung der Zukunft liegt darin, ob viele gesellschaftliche Praktiken entstehen, in denen eine solche Freiheit gelebt werden kann.

Die Belohnung, die große Karotte, die der Marktfundamentalismus den Menschen vor der Nase baumeln lässt, ist sein Freiheitsbegriff. Freiheit ist attraktiv, jeder und jede will frei sein. Dem Marktfundamentalismus ist es gelungen, erstens einen Freiheitsbegriff zu etablieren, der Freiheit auf ein selbstbezogenes Handeln einschränkt und die soziale Bezogenheit des Menschen völlig ausblendet – wie wichtig aber das Soziale ist, haben wir in der Covid-19-Pandemie am eigenen Leib erfahren. Zum Zweiten war der Marktfundamentalismus erfolgreich, alles jenseits »des Marktes« mit dem Stempel von Zwang, Unterdrückung und Unfreiheit zu versehen – und genau damit die politische Phantasie zu diskreditieren. Dass der neoliberale Freiheitsbegriff derart verbreitet und anerkannt ist, stellt einer der größten Erfolge des Marktfundamentalismus dar. Um diesen Trend umzudrehen, muss dem Marktfundamentalismus sein Freiheitsbegriff aus der Hand genommen werden – wie das auch das deutsche Bundesverfassungsgericht in seinem bahnbrechenden Urteil zur Klimapolitik im März 2021 gemacht hat. In diesem Beschluss stellte das Gericht dar, dass Freiheit auch bedeutet, den Handlungsrahmen künftiger Generationen nicht zu schädigen.

Der Politologe Ulrich Brand hat 2019 geschrieben:»Zukunftsweisende ökologische Politik muss insbesondere eine Politik der Freiheit sein. Und dabei ganz anders als heute. Nicht als Freiheit, tun und lassen zu können, was man möchte – wobei dieses Tun- und Lassenkönnen eng mit dem Einkommen zusammenhängt: Flugreisen, SUV, Haus und Garten auf dem Land. Freiheit wird in Zukunft heißen, ein sinnerfülltes, sicheres und auskömmliches Leben zu führen, aber nicht auf Kosten anderer und der Natur.«[31]

Man kann den neoliberalen Freiheitsbegriff offen und direkt als ungenügend bezeichnen und ihm einen neuen Freiheitsbegriff ge-

genüberstellen, der eine höhere Attraktivität besitzt und mehr zum Menschen und zu seinen Fähigkeiten passt. Das Ziel ist eine neue Freiheit mit großer Ausstrahlungskraft – jenseits der neoliberalen Pseudo-Freiheit.

Die vielen Projekte, die am Ende dieses Buches als Beispiele einer möglichen besseren Zukunft, die schon heute erlebbar ist, erwähnt werden, werden von Menschen betrieben, die diese ökologisch und sozial sensible Freiheit leben. Sie sind stolz auf sich selbst und auf ihren Beitrag zur Veränderung der Gesellschaft. Sie leben Sinn auf neue Weise. Und sie leben Freiheit.

Imaginative Denkfreiheit

Eine imaginative Freiheit kann auch neue Haltungen im Denken beinhalten. Es ist die Freiheit, nicht eine starre Sichtweise haben zu müssen, sondern zugleich verschiedene Sichtweisen einnehmen zu können oder sie einigermaßen plausibel zu finden. Damit ist keine postmoderne Beliebigkeit oder eine Willkür von Meinungen gemeint. Eine imaginative Denkfreiheit geht von der Berechtigung unterschiedlicher Sichtweisen vor allem für soziale und gesellschaftliche Themen aus und will eine vorschnelle Positionierung vermeiden. Eine solche Haltung kann für das politische Verhalten der Zukunft und die Suche nach Auswegen aus den bedrängenden Problemen der Gegenwart förderlich sein. Dabei geht es nicht um die Suche nach *einem* Standpunkt, *einer* Wahrheit oder *einer* Sichtweise, die allgemein verbindlich sein kann und von der allein der Diskurs geführt werden muss oder geführt werden soll.

Auf der politischen Ebene brauchen wir uns nicht um *die* Theorie, *das* große Modell, *den* politischen Standpunkt, *die* Partei oder *die* eine Denkrichtung bemühen. Eine imaginative Denkfreiheit positioniert sich oberhalb traditioneller politischer Denkweisen und etablierter Parteien. Sie erkennt die Dringlichkeit der großen Fragen der Gesellschaft wie das Überleben der Menschheit an und weiß, dass es um eine Zusammenarbeit unterschiedlicher Menschen mit unterschiedlichen Sichtweisen, Motiven und Interessenlagen geht. Eine imaginative Freiheit nimmt diesen Standpunkt ganz bewusst ein – in der Erkenntnis, dass der Streit der Parteien, von Weltanschauungen und Meinungen für die drängenden gesellschaftlichen Probleme in hohem Maße dysfunktional geworden ist und dass es um den Aufbau einer zukunftsgewandten Politik geht, die das Alte wie eine sich häutende Schlange abstreifen will.

Die imaginative Freiheit will das Unmögliche möglich machen: dass es der Menschheit noch gelingt, die kommenden Umweltkatastrophen abzuwenden oder zumindest zu mildern. Die Freiheit im Denken soll eine Freiheit im Handeln möglich machen, um neue Bündnisse schmieden zu können. Dies gilt sowohl für die Zivilgesellschaft als auch für die Parteien. In vielen Ländern gibt es eine lebendige Zivilgesellschaft, die aber meist vereinzelt agiert und – von spontanen Bündnissen abgesehen – nicht oder noch nicht die Kraft für eine institutionelle und organisatorische Zusammenarbeit gefunden hat. Und für Parteien: Warum nicht vor den Wahlen ein Bündnis verschiedener Parteien proklamieren, bei der man sich auf eine Minimalversion von Projekten einigt, die einige der Umweltthemen zu lösen versprechen?

Die kommende moralische Revolution

Im Jahr 1807 beschloss das britische Parlament, den Sklavenhandel innerhalb des britischen Empires abzuschaffen. Am 28. August 1833 wurde der *Slavery Abolition Act* verabschiedet, mit dem alle Sklaven im britischen Kolonialreich für frei erklärt wurden. Wie wurde es möglich, eine jahrhundertelange Praktik zu verbieten? Eines ist klar: Die Abschaffung der Sklaverei lief den ökonomischen Interessen von Großbritannien eindeutig zuwider, dessen war man sich auch bewusst. Denn ausgehend von Großbritannien hatte die Sklaverei im letzten Drittel des 18. Jahrhunderts einen neuen Aufschwung erfahren. In England explodierte förmlich die Baumwollindustrie (Stichwort Industrielle Revolution), die britischen Textilunternehmen, die ihre Produkte weltweit exportierten (Stichwort Manchester-Kapitalismus), waren auf billige Bauwolle aus den Sklavinnen- und Sklavenplantagen der Kolonien angewiesen.

Der englische Philosoph Kwame Anthony Appiah, der in Ghana aufgewachsen ist und jetzt an der New York University lehrt, hat diese Frage untersucht. Er beschreibt die Abschaffung der Sklaverei im atlantischen Raum als eine moralische Revolution. Sie sei, so argumentiert er, nicht allein durch moralische Appelle zustande gekommen. Dass Sklaverei moralisch verwerflich ist, war schon lange bekannt und wurde von vielen vorgetragen. Diese Appelle hatten aber kaum praktische Auswirkungen. Der entscheidende Umschwung gelang nach Appiah, als die Bewertung der Sklaverei direkt mit der gesellschaftlichen Zuordnung von Ehre für das Halten oder Nichthalten von Sklaven verbunden wurde.[32]

Mit Ehre zu argumentieren klingt rückschrittlich. Wir kennen die Verbrechen der ehrenwerten Gesellschaft der Mafia und jedes Jahr werden auch hierzulande Frauen im Namen der Familienehre ermordet. Appiah beschreibt aber Ehre in einem breiteren Sinn, nicht die Ehre einzelner sozialer Gruppen, sondern die Ehre der Gesamtgesellschaft. Appiahs Ansatz könnte eine Lehre für unsere Zeit enthalten. Denn eine entscheidende Frage lautet: Wie kann es gelingen, ethische Vorstellungen über den Umgang mit der Natur und der Mitwelt für eine weltweite Mehrheit von Menschen in wirkungsvolle Praktiken zu transformieren? Wie kann erreicht werden, dass immer mehr Menschen eine Verantwortung für eine gemeinsame Welt übernehmen und ihr Handeln danach ausrichten? Wodurch können solche neuen Praktiken gefördert werden?

Appiah definiert Ehre als eine soziale Zuschreibung: »Ehre bedeutet Anspruch auf Respekt.«[33] Respekt kann auf zwei Weisen verstanden werden. Respekt kann erstens, »Wertschätzung« sein, wenn die Betreffenden gewissen Ansprüchen genügen, wenn etwa jemand auf einem Gebiet besonders gut ist. Eine zweite Form hingegen ist Respekt, nicht für eine Leistung, sondern für die Einhaltung eines Normensystems (»Anerkennungsrespekt«), hierbei handle es sich um Ehre. Respekt dieser Art gebührt Menschen, die einen Ehrenkodex befolgen – unabhängig von ihrer sozialen Stellung. Ein Teil dieser Ehre ist Würde. Sie sollte jeder Person auf der Welt zukommen. Die Allgemeine Erklärung der Menschenrechte vom Dezember 1948 beginnt in Artikel 1 mit dem Satz:»Alle Menschen sind frei und gleich an Würde und Rechten geboren.«

Die ökonomisierte Gesellschaft hingegen betont die Wertschätzung in der ersten Bedeutung von Appiah. Wertgeschätzt werden Menschen mit viel Einfluss, viel Geld, viel Macht und viel Wirkung. Diese Wertschätzung ist von Moral abgekoppelt. Durch welche Manöver jemand reich geworden ist oder auf welchen krummen Wegen es jemandem gelang, Einfluss zu gewinnen, das wird in dieser Wertschätzung nicht hinterfragt. Viele, die dies genießen, haben Spaß daran, sich vollkommen schamlos zu inszenieren. Der frühere US-Präsident Trump konnte dies meisterhaft. Eine solche Kultur fördert Praktiken des Betrugs wie die Schwindelsoftware der deutschen Automobilfirmen oder die Scheingeschäfte von Wirecard.

Eine Gesellschaft, die soziale Zuschreibung durch diese Art von Wertschätzung organisiert, zementiert schädliche Praktiken, wenn diese hauptverantwortlich von jenen Personen unternommen werden, die heute immer noch hohe Wertschätzung genießen. Wenn die Reichen und Mächtigen weiterhin derart wertgeschätzt werden und wenn sie es sind, die am meisten die Umwelt beziehungsweise Mitwelt verseuchen, dann ist ein gesellschaftlicher Wandel zu einem besseren Umgang mit der Natur kaum zu erwarten. Das gesellschaftliche ökologische Ziel kollidiert mit den Praktiken, wie in unserer Gesellschaft Wertschätzung vergeben wird.

Blicken wir nochmals in der Geschichte zurück. Angenommen, wir würden immer noch in einer absolutistischen Feudalordnung leben. Wer würde in dieser Welt mit Wertschätzung überhäuft werden? Die Adeligen, reiche Gutsbesitzer, erfolgreiche Händler, mächtige Heerführer sowie König und Kaiser mit ihrem Hofstaat. Wollten wir in einer solchen Gesellschaft Demokratie erreichen, dann müsste es gelingen, die Wertschätzung nach und nach von den genannten Gruppen abzuziehen und jenen Personen mit Respekt zu begegnen, die für Demokratie eintreten.

Die Parallelen zu der heutigen Zeit liegen auf der Hand. Eine neue, positive Zukunft benötigt eine Vielzahl von Umgangsformen, in denen die kollektive Wertschätzung allein aufgrund von Reichtum und Macht sinkt und Ehre immer mehr jenen Personen verliehen wird, die für weitreichende ökologische und soziale Normen eintreten und ihr Leben zumindest in Teilen danach ausrichten. Das können neue Projekte sein, neue Lebensformen oder neue Formen des solidarischen Zusammenarbeitens über Ländergrenzen hinweg. Ihnen gebührt Ehre und diese Art von Respekt muss sich flächendeckend erst entwickeln.

Die Betonung von Ehre kann nach Appiah ein Vehikel sein, »private moralische Empfindungen in öffentliche Normen zu verwandeln«. Denn »sie kann uns helfen, eine bessere Welt zu schaffen. Ehrensysteme helfen uns, nicht nur im Blick auf andere richtig zu handeln, sondern auch im Blick auf unser eigenes Fortkommen. Sofern die Regeln des Kodex richtig sind, wird ein ehrbares Leben zugleich eines sein, das des Respekts wirklich würdig ist. Solch eine Ehrenwelt verliehe Menschen und Gruppen Respekt, die dies wirklich verdienen. Der Respekt gehört dort zum Lohn eines lebenswerten Lebens und stärkt die Selbstachtung derer, die ein gutes Leben führen.« Dies könne Ehre zur Triebkraft machen, »die ihre Energie aus dem Dialog zwischen unserem Selbstbild und unserem Ansehen bei anderen schöpft und die uns veranlassen kann, unsere Verantwortung in einer gemeinsamen Welt ernst zu nehmen«.[34]

In welcher Gesellschaft würden wir leben, wenn einige der vielen positiven Beispiele, die wir in den nächsten Kapiteln beschreiben, zu einer neuen, selbstverständlichen Norm werden?

Was ist ein Zukunftsbild?

Um eine solche Kultur zu entwickeln, braucht es eine Unzahl konkreter Projekte, viele Schritte zu einem besseren Leben – und vor allem einen langen Atem. Ein gutes Leben kann heute nur in einem schonenderen Umgang mit der Mitwelt und einem liebevolleren

Umgang mit den Mitmenschen liegen. Dazu bedarf es vieler positiver Zukunftsbilder, die abstrakte Ziele (wie die Rettung des Planeten) mit konkreten Projekten in unseren Lebenswirklichkeiten verbinden.

Ein Zukunftsbild ist nicht die Zukunft, das sollte nicht vergessen werden. Die Zukunft kommt schließlich erst und sie ist ungewiss. Ein Zukunftsbild ist ein spezieller Blick vom Standpunkt der Gegenwart und aus der Gegenwart. Er richtet sich auf einen simulierten Raum, den wir gedanklich vor uns legen. Dieser Raum wird als Zukunft gedeutet. Die Entwicklung der Zeit von der Gegenwart in die Zukunft wird von vielen als Weg, als Pfad oder als Fluss »gesehen«. Das kann auch abstrakt als gerade oder gebogene Linie oder Fläche vorgestellt werden, die auf einer horizontalen Ebene nach oben oder nach unten verläuft. Vielfältige Vorstellungen sind möglich. Wie ist das bei Ihnen?

Sich Zukunft vorzustellen ist ein alltäglicher Vorgang. Wir simulieren die ganze Zeit Zukunft. Wir brauchen das, um unsere Tätigkeit mit den Handlungen anderer zu koordinieren, für die Feinadjustierung hilft die Uhr. In Kulturen ohne Uhr erfolgt die Abstimmung auf andere Weise, zum Beispiel nach dem Sonnenstand.[35]

Jeder Blick auf die Zukunft beleuchtet die Gegenwart auf seine Weise. Wer positiv in die Zukunft sieht, erkennt eher die positiven Momente in der Gegenwart. Damit verbunden ist ein selektiver Blick auf die eigene Vergangenheit, meist werden gute Erinnerungen aktiviert. So fällt es auch leichter, die enormen Errungenschaften in der Geschichte der Menschheit zu erkennen. Aber zugleich sollten wir auch die Geschichte der Entwicklung klar in den Blick nehmen, die zu der tiefen Krise der Gesellschaft heute geführt hat.

Was uns heute abverlangt wird, ist ein zweifacher Blick, der zwei Pole betrachten kann – nicht als Gegensätze, sondern als gleichzeitige Bilder. Es geht um die Fähigkeit, zwei innere Bilder in hoher Intensität zugleich zu »sehen« und anzuerkennen – und diese Spannung auszuhalten.

Das eine Bild stammt aus einem scharfen Blick auf die Abgründe unserer Gesellschaft. Die Menschheit arbeitet an ihrer

Selbstabschaffung, wobei ein kleiner Teil den größten Schaden verursacht und die anderen mit in den Abgrund reißt. Ein solcher Blick macht Angst und kann Depressionen auslösen. Viele vermeiden diesen Befund und verschließen die Augen, weil die Angst sie überfordert.

Das zweite Bild ist eine positive Zukunftsvision, auf das eigene Leben und auf die Entwicklung der Gesellschaft. Werden Zukunftsbilder mit wünschenswerten Inhalten stark und intensiv gemalt, können sie Kraft und Energie vermitteln. Die Bedeutung von Zukunftsbildern liegt nicht in ihrem Realitätsgehalt, sondern in ihrer Wirkung auf die Gegenwart.

Die Kunst, die uns anscheinend abverlangt wird, besteht in einem »Und«: Wir müssen dem dunklen Gegenwartsbild *und* dem hellen Zukunftsbild ein Wahrheitsmoment zuordnen, müssen beide Bilder nicht als Gegensätze betrachten (und sinnlose Diskussionen führen, worin der größere Wahrheitsgehalt liegt) und die Gewichtung so setzen, dass dem Zukunftsbild eine größere Kraft als dem Bedrohungsbild aus der Gegenwart zukommt.

Ein Vorbild für diesen zweifachen Blick könnte der Evolutionsbiologe Matthias Glaubrecht sein, er hat das *Centrum für Naturkunde* (CeNak) an der Universität Hamburg gegründet. In seinem Buch *Das Ende der Evolution: Der Mensch und die Vernichtung der Arten* beschreibt er auf über tausend Seiten unter anderem das dramatische Artensterben, das zurzeit abläuft. Der Mensch bedroht, so seine Meinung, das gesamte Leben auf unserem Planeten, ein Ende der Evolution sei möglich.[36] Aber zugleich hält er Vorträge bedrohe mit dem Titel »Das Ende vom Ende der Artenvielfalt. Eine Rückschau auf das Jahr 2062«, in denen er in einem fiktiven Bericht aus der Zukunft schildert, wie es der Menschheit angesichts des größten Artensterbens seit dem Aussterben der Dinosaurier gelungen ist – und zwar in der heutigen Zeit –, die Wende gerade noch zu schaffen.[37]

Mit anderen Worten: Die Gegenwart, die wir erleben (müssen), erfordert eine spezifische Lebenskunst: die Fähigkeit, positive Zukunftsbilder zu entwerfen, die stark genug sind, um Kraft zu geben, die realistischen, negativen Gegenwartsbilder auszuhalten, um nicht mutlos zu werden und um handlungsfähig zu bleiben und Schritte in eine simulierte, gute Zukunft zu setzen.

In einer Ankündigung zu einem Vortrag des Schriftstellers Ilja Trojanow mit dem Titel »Geschichten, die verwandeln« stand: »Wie erzählt man eine Utopie so, dass alle sofort in sie auswandern wollen?« Über die wichtigsten Eigenschaften einer besseren Welt sind sich die meisten Menschen einig, sagt Trojanow. Die Schwierigkeit ist, von dieser Welt »be-geisternd« zu erzählen. Wir haben kein inhaltliches, wir haben ein Kommunikationsproblem.[38]

Wie sieht Ihre begeisternde Zukunftsvision aus?

Zukunftsbilder für eine Minderheit

Warum soll ich mein kleines bisschen Müll sorgsam trennen, wenn rundherum auf der Welt ständig jemand Dreck in die Atmosphäre schießt, wenn rundherum ohnehin die Welt zugrunde geht? Und selbst wenn ich heute beginne, mein Verhalten zu verändern, reicht das nicht aus, weil es die Mehrheit ohnehin nicht kümmert, was rund um sie passiert. Also wird es nie eine Veränderung geben.

Aber braucht es wirklich eine Mehrheit, um die Gesellschaft zu verändern? Nein. Eine »committed minority«, eine überzeugte Minderheit reicht aus, um ganze Gesellschaften zu verändern, meint die Soziologin Ilona Otto im Gespräch mit dem Podcast »untangled«. Sie ist Professorin für Gesellschaftliche Auswirkungen des Klimawandels am Wegener Center für Klima und Globalen Wandel an der Universität Graz. Zwar würden diese Pionierinnen und Pioniere, die den anderen vorzeigen, dass man Dinge anders machen kann, anfangs als verrückt angesehen, meint sie. Aber irgendwann würde der Rest der Gesellschaft merken, dass die Ideen derer, die einen Veränderungsprozess anstoßen wollen, gar nicht so verrückt sind. »Man braucht gar nicht so viele Menschen, wie man denkt«, sagt Otto.

In Verhaltensexperimenten reiche bereits, wenn man 20 bis 25 Prozent der Beteiligten auf seine Seite zieht. Sobald sich diese

Größe bewusst für einen anderen Lebensstil entscheidet, würden die anderen mitziehen. Historische Beispiele dafür, wie ein konsequentes Eintreten einer Minderheit zu einer gesellschaftlichen Veränderung führt, sind zum Beispiel das *Civil Rights Movement* in den USA oder die Anti-Apartheidbewegung in Südafrika.[39]

Bilder und ihre Gefühle

Visionäre Menschen haben die Fähigkeit, positive Vorstellungen über die Zukunft zu entwerfen und diese Bilder durch viele Widerstände aufrechtzuerhalten. Sie nehmen die Imaginationskraft im Menschen als ihr eigenes Potenzial wahr.

Wie kann ein positives Zukunftsbild zu Handlungen anleiten? Dies ist nur dann möglich, wenn es im Imaginationsraum, den jede Person besitzt, einen wichtigen Stellenplatz einnimmt. Dazu muss das Bild einer positiven Zukunft in der inneren Vorstellung nahe und vor der Person platziert werden. Diese Person »sieht« innerlich ein großes Zukunftsbild vor sich, zumindest manchmal, aber oft und immer wieder. Egal, was kommt und wie schwer die Gegenwart auch sein mag: Dieses Bild wird aufrechterhalten. Fast alle Eltern praktizieren dies mit ihren Babys, ohne darüber groß nachzudenken. Egal, was die kleine Prinzessin oder der kleine Prinz anstellt, die Eltern widmen ihrem Liebling ungemein viel Zeit und Energie – auch in der Hoffnung, dass aus dem kleinen Geschöpf eine erwachsene Person wird, die die Fähigkeit besitzt, ein gutes Leben zu führen. Ohne positive Zukunftsbilder würden sich die meisten Eltern nicht bewusst für ein Kind entscheiden.

Aber zugleich soll ja die bedrückende gesellschaftliche Gegenwart nicht ausgeblendet werden. Halten wir kurz inne und rufen uns einige Fakten in Erinnerung. Wir leben bereits in einem Klimanotstand, das haben über 13 000 Wissenschaftlerinnen und Wissenschaftler aus 153 Ländern bekräftigt.[40] Schon jetzt sind die Erderwärmung und die durch sie ausgelösten Wetterextreme zentrale Ursachen für Hunger und Armut auf der Welt. Und wir stehen erst am Beginn dieser Entwicklung. In Ländern wie Bangladesch oder Vietnam kommt es bereits zu häufigeren Überschwemmungen mit Meereswasser, wodurch die Ackerflächen zerstört werden. Bis zum Jahr 2050 könnte laut Schätzung der Weltbank die Zahl der Umweltflüchtlinge auf bis zu 150 Millionen steigen.

Schon heute steigt die Wüstenfläche pro Jahr um etwa 70 000 Quadratkilometer, was in etwa der Größe Bayerns entspricht. Diese Wüsten entstehen nicht nur weit weg von uns, sondern auch in Europa. Die Provinz Murcia im Südosten Spaniens droht zur Wüstenregion zu werden. Schuld an dieser Entwicklung ist die Agrarindustrie, die in dieser ohnehin recht kargen Gegend die Landwirtschaft stark veränderte. Dort, wo früher ressourcenschonend Trockenfeldbau mit Wein, Oliven und Mandeln betrieben wurde, sind jetzt riesige Plantagen, auf denen Salat, Paprika, Brokkoli oder Zitrusfrüchte angebaut werden, also Pflanzen, die viel mehr Wasser benötigen, als es in der Region gibt. Damit wir im Norden auch im tiefsten Winter im Supermarkt zu frischem Salat oder Tomaten greifen können, entstehen am anderen Ende des Kontinents Wüsten.

Informationen dieser Art wirken in zwei entgegengesetzte Richtungen. Sie sind zum einen notwendig, um ein Handeln auszulösen. Ohne sie gibt es keine Veranlassung, etwas zu verändern. Auf der anderen Seite lösen sie Angst aus.»In einem Zustand der Angst ist es unwahrscheinlich, dass Menschen sich an Veränderungsprozessen beteiligen«, meint die Soziologin Otto.

Wie soll man mit solchen Informationen umgehen? Sie lösen innerlich Bilder aus. Soll man diese Bilder intensiv betrachten oder weit von sich wegschieben?

Die US-Sozialpsychologin Reneé Lertzman hat sich lange damit beschäftigt, wie Menschen mit verstörenden Zukunftsbildern so umgehen können, dass daraus ein produktives Verhalten entsteht. In einem TED Talk meint sie, es sei verständlich, dass sich Menschen von den Nachrichten der Umwelt und den vielen Katastrophen ringsum überwältigt, hilflos, schwach und ärgerlich fühlen.[41] Gefühle dieser Art machen Sinn. Sie können zwei Wirkungen hervorrufen, die massenhaft zu beobachten sind. Auf der einen Seite sind sie geeignet, einen »Kollaps« hervorzurufen: Menschen können deprimiert und zutiefst verzweifelt werden. Auf der anderen Seite können Menschen – in einer rigideren Antwort auf diese Überforderung – die Probleme vollkommen ausblenden und ihre Wichtigkeit schlichtweg leugnen.

Ein Großteil der politischen und wirtschaftlichen Eliten nimmt diesen Pol immer noch ein. Sie erkennen schlichtweg nicht den Ernst der Lage. Die *Science Based Target Initiative*, ein Zusammenschluss von UN-Organisationen und Umweltforschungsinstituten, hat im Juni 2021 berechnet, welche offiziellen Ziele sich die börsenstärksten Firmen in den reichen G7-Staaten gesetzt haben und wie sich die Erderwärmung entsprechend dieser Ziele entwickeln würde. Keiner der großen G7-Aktienindizes befindet sich derzeit auf einem 2°C-Pfad, geschweige denn auf dem so dringend benötigten 1,5°C-Pfad. Die dürftigen Anstrengungen, die bisher unternommen werden, würden einen Anstieg der Welttemperatur um fast 3 Grad Celsius bis zum Ende des Jahrhunderts beinhalten. In einem solchen Horrorszenario sind große Teile der Welt unbewohnbar geworden.[42]

Beide Reaktionen, Verzweiflung und Leugnung, führen zu Passivität und Resignation. Man braucht nichts zu unternehmen, weil es kein Problem gibt (zweiter Pol), beziehungsweise man kann nichts unternehmen, weil man sich angesichts der Größe der Probleme zu schwach fühlt (erster Pol). Werden diese Reaktionen als die einzigen erachtet, dann entsteht eine lähmende Doppelbindung (*double bind*). Wem soll ich trauen und was soll ich tun? Soll ich depressiv werden oder soll ich die Probleme in eine ferne Zukunft schieben, die mich nichts mehr angeht? Noch mehr Horrormeldungen und noch mehr Berichte über die Fakten können dieses Dilemma vertiefen.

Zwischen diesen beiden Reaktionen ist nach Lertzman ein »Toleranzfenster« angesiedelt, das es einzunehmen gilt. Diese Position entsteht im lebendigen Kontakt mit den eigenen Gefühlen und in ernsthaften Gesprächen mit unseren Mitmenschen. Wichtig ist es, Gefühle und Impulse ernst zu nehmen. Denn es geht um die Frage: Wie viel Stress können wir integriert, in Kontakt mit unseren Gefühlen, aushalten und zugleich handlungsfähig bleiben? Entscheidend ist nach Lertzman das Gespräch mit anderen, mit denen man offen und ehrlich reden kann. Denn geteilte Gefühle werten auf. Es entsteht eine Bindung zu anderen, wir fühlen uns akzeptiert. Das kann Kraft geben. In diesem Zustand kann man sich der Trauer, der Liebe für die nächste Generation, für die bedrohte Natur, für die verschwindenden Tiere und vielleicht sogar für die ganze Menschheit bewusst werden. Und in diesem Fenster fühlen sich Menschen verpflichtet, etwas zu tun und daraus Stärke zu beziehen.

Ein neuer, kultureller Aufbruch für einen besseren Umgang mit der Natur braucht auch eine neue Kultur, nämlich eine Kultur von Mit-Gefühlen und eine neue Kultur des Sprechens über unsere Gefühle. Vielleicht gelingt es auf diesem Wege, alte und eingefahrene Gewohnheiten zu verändern.

Denn rational ist eine Verhaltensänderung unmittelbar einsichtig. Die Krise der Umwelt stellt den Lebensstil in den reichen Ländern in Frage. Wir können fragen: Was ist Gewinn und was ist Verzicht – wenn es weitergeht wie bisher oder wenn wir Gewohnheiten verändern? Gewinnen wir nicht im Gegenteil viel mehr, wenn wir morgens nicht mehr vom Lärm des Pendler-Stop-and-go-Verkehrs an der Ampel vor unserem Schlafzimmer geweckt werden? Wenn tagsüber nicht alle paar Sekunden Flugzeuge mit Karacho über unsere Köpfe donnern? »In San Francisco hörte man das Meeresrauschen. Auf dem Marsfeld in Paris vor dem Eiffelturm, wo sonst Heerscharen von Touristen giggeln und mit Selfiesticks bewaffnet herumkreischen, hörte man den Kirchturm läuten. Und in der Betonwüste von Manhattan hörte man plötzlich wieder Vögel zwitschern«, schrieb die österreichische Tageszeitung *Der Standard* im Oktober 2020 über die neue Ruhe während des Corona-Lockdowns.[43]

Lärm macht krank, das ist keine neue Erkenntnis, sondern in zahlreichen Studien wissenschaftlich belegt. Menschen, die regelmäßig einem zu hohen Geräuschpegel ausgesetzt sind, haben ein erhöhtes Risiko, an Stress, Depressionen oder Herz-Kreislauf-Erkrankungen bis hin zum Herzinfarkt zu erkranken. Können Sie sich noch an die Stille in der Corona-Lockdownzeit erinnern? Wäre es wirklich so schlecht, wenn die Welt wieder ein bisschen ruhiger würde? Nicht, weil ein Virus die Menschheit in die Knie zwingt. Sondern weil wir ein besseres, gesünderes Leben wollen.

Nahe Bilder, ferne Bilder

Ob Menschen die Fähigkeit haben, die aktuellen Probleme der Umwelt/Mitwelt in ein verantwortungsvolles Handeln umzusetzen, hängt auch von ihrer Fähigkeit ab, innerlich Bilder von Gefahren und Bedrohungen sowie von Möglichkeiten und positiven Visionen manchmal nah und manchmal fern »sehen« zu können.

Dass es bei Missständen, deren Beendigung einer Veränderung des Lebensstils bedarf, auch um Nähe und Distanz geht, konnten Forscherinnen und Forscher der University of New England in Australien in einem Experiment nachweisen. Sie teilten 330 australische Bürgerinnen und Bürger in zwei Gruppen. Einer Gruppe wurde das Thema Erderwärmung so vermittelt, dass die psychologische Distanz sich erhöhte. Bei der zweiten Gruppe wurde die psychologische Distanz zum Thema bewusst reduziert. Während die erste Gruppe wenig Bereitschaft zeigt, ihr Verhalten zu verändern und sich öffentlich für Klimaschutz zu engagieren, war es bei der zweiten Gruppe genau umgekehrt.

In einem Artikel für den britischen *Guardian* nennen die beiden Autoren der Studie ein konkretes Beispiel, wie psychologische Distanz bewusst erzeugt wird.[44] So hatte die australische Regierung interveniert, damit in einem UNESCO-Bericht Informationen über die Zerstörung des Great-Barrier-Riffs vor Australien, die durch die Erwärmung der Meere verursacht wird, entfernt werden.[45] Die Intervention war erfolgreich, das Great-Barrier-Riff wurde im Bericht nicht genannt. Dadurch vergrößerte sich die räumliche Distanz, denn im UNESCO-Bericht stand nun lediglich, dass die Erderwärmung eine Gefahr für Korallenriffe darstellen könne, jedoch nicht, dass dies bereits vor Australiens Haustüre passiert. Auch die zeitliche Distanz wurde erhöht, indem man das Problem allgemein schilderte und so den Eindruck vermittelte, dies würde irgendwann in der Zukunft passieren, obwohl es bereits stattfindet.

Ein produktiver Umgang mit Zukunftsbildern erfordert die Kunst, gute und schlechte Zukunftsbilder in Nähe und in Ferne zu »sehen« und in Balance zu halten. Zum einen geht es darum, die Gefahren der Gegenwart und die vielen bedrückenden Zukunftsbilder, die heute viele Wissenschaftlerinnen und Wissenschaftler vermitteln, zumindest eine Zeit lang nah genug zu »sehen«. Nur so können sie als aktuelle Bedrohung erkannt und als Fakten ernst genommen werden – ohne zu resignieren (Pol 1 im Modell von Lertzman) oder ohne Fakten und mögliche Trends zu leugnen (Pol 2).

Um die Horrorbilder über den Zustand der Welt und ihren aktuellen Trend zu bewältigen, benötigen wir die Pflege eines »Toleranzfensters«, in Kontakt mit den eigenen Gefühlen (auch mit der Trauer zum Beispiel über den Verlust von Natur) – und vor allem in Gemeinschaft und Unterstützung mit und durch andere. Erst aus dieser Position, die geschult werden muss, kann sich eine positive Imaginationskraft entfalten und erst von hier können positive Zukunftsentwürfe entwickelt und mit anderen ausgetauscht werden. Freilich geht es nicht um Imagination als solche, sondern um eine produktive Imagination, die zu Resultaten führt. Dazu müssen Zukunftsbilder immer wieder angepasst und jene in den Vordergrund geschoben werden, die als nächster Schritt in eine bessere Zukunft als möglich erachtet werden. Diese Bilder sollten innerlich als große Bilder präsent und auch im Alltag oft verfügbar sein. Und zwar nahe bei uns, groß, leuchtend und begeisternd.

5 Zurück zu einer solidarischen Zukunft in Bildern

Träumen

Blicken wir zurück zu den Träumerinnen und Träumern früherer Zeiten, die sich noch trauten, von einer besseren Zukunft für alle zu träumen. »I have a dream«, ich habe einen Traum, sagte der große Kämpfer für Gleichberechtigung, Martin Luther King. So zuversichtlich klang sein politischer Traum von einer besseren Zukunft am 28. August 1963 in Washington, umringt von 250 000 Unterstützerinnen und Unterstützern, in voller Länge:

> »Ich habe einen Traum, dass eines Tages in den roten Hügeln Georgias die Söhne ehemaliger Sklaven und die Söhne ehemaliger Sklavenhalter in der Lage sein werden, sich gemeinsam an den Tisch der Brüderlichkeit zu setzen.
>
> Ich habe einen Traum, dass eines Tages sogar der Staat Mississippi, ein Staat, in dem die Hitze der Unterdrückung schwelt, in eine Oase der Freiheit und Gerechtigkeit verwandelt wird.
>
> Ich habe einen Traum, dass meine vier kleinen Kinder eines Tages in einer Nation leben werden, in der sie nicht nach der Farbe ihrer Haut, sondern nach ihrem Charakter beurteilt werden.
>
> Ich habe heute einen Traum.
>
> Ich habe einen Traum, dass eines Tages unten in Alabama, mit seinen bösartigen Rassisten, mit seinem Gouverneur, dessen Lippen von den Worten der Intervention und der Annullierung triefen; dass eines Tages unten in Alabama kleine schwarze Jungen und schwarze Mädchen in der Lage sein werden, sich mit kleinen weißen Jungen und weißen Mädchen als Schwestern und Brüder die Hände zu reichen.
>
> Ich habe heute einen Traum.«[1]

Martin Luther King war nicht der Einzige, der Träume hatte, der sich eine bessere Zukunft vorstellen und dafür kämpfen konnte. »Imagine all the people living life in peace«, sagte John Lennon im Jahr 1971 – stellt euch vor, wie schön eine Welt ohne Krieg wäre. Können uns diese Worte inspirieren? Die Geschichte ist voller Beispiele von Männern und Frauen, die sich eine bessere, gerechtere Zukunft nicht nur erträumten, sondern sich auch dafür engagierten, diese Zukunftsbilder mit Realität zu füllen. Im Jahr 1791, als Olympe de Gauges in Frankreich ihre »Erklärung der Rechte der Frau und Bürgerin« veröffentlichte, in der sie in Artikel 1 schrieb: »Die Frau ist dem Mann an Rechten und Pflichten gleich«, schien dieses Ziel noch unerreichbar. Aber Generationen an Frauen und Mädchen (und solidarischen Männern und Jungs) konnten schließlich das im Jahr 1791 noch nicht vorstellbare Recht auf Bildung für Mädchen, das Wahlrecht für Frauen, ein fortschrittliches Scheidungsrecht, das Recht auf Schwangerschaftsabbruch und vieles mehr durchsetzen.

Auch die berühmte Pazifistin Bertha von Suttner hatte einen Traum, als sie 1889 schrieb: »Wie müsste die Welt aufatmen, wenn es allenthalben hieße: die Waffen nieder – auf immer nieder!« Dieser Satz begründete eine weltweite Bewegung aller, die sich eine Welt erträumten, in der Konflikte nicht auf dem Schlachtfeld ausgetragen werden, sondern am Verhandlungstisch. In der nicht für Profite gemordet wird, sondern die Menschen friedlich und solidarisch zusammenleben. Später entstand eine Friedensbewegung, die dazu beitrug, dass die USA im Vietnamkrieg kapitulieren und das Land verlassen mussten. Und die in weiterer Konsequenz zur sogenannten 1968er-Bewegung führte, die unsere Gesellschaft in manchen Bereichen bis heute nachhaltig prägt. Die 1968er waren eine kapitalismuskritische, internationalistische Bewegung, die sich mit den Ausgebeuteten und Unterdrückten in der Welt solidarisierten und mit der Arbeiterin und dem Arbeiter im eigenen Land. Sie veränderten die Gesellschaft nachhaltig. Die 68er verabschiedeten sich von der prüden Sexualmoral der 1950er-Jahre, waren die Initialzündung für eine zweite Welle der Frauenbewegung nach dem Zweiten Weltkrieg, trugen zur Emanzipation homosexueller

Menschen bei, brachen das Schweigen über die Verbrechen der Nazizeit, leiteten eine Demokratisierung im Bildungswesen ein und veränderten das Verhältnis zwischen Eltern und Kindern weg von einer schwarzen Pädagogik hin zu einer gewaltfreien Erziehung. Die 68er-Bewegung stellte Autoritäten und Dogmen der damaligen Zeit offen und radikal in Frage und zwang Institutionen dazu, sich zu öffnen.

Diese Bewegung hatte durchaus ihre Schattenseiten, so kam es zu einer Radikalisierung eines Teiles dieser Bewegung, die zu Terrorismus führte. Die 68er konnten ihre eigenen Ansprüche von Befreiung nur teilweise umsetzen, auch innerhalb dieser Bewegung kam es zu Unterdrückung bis hin zu pädophilen Übergriffen. Das sollte man nicht unter den Tisch fallen lassen. Die 68er sind aber ein Beispiel dafür, dass es durchaus möglich ist und war, dass soziale Bewegungen massiven Einfluss auf die Gesellschaften auf unserem Planeten haben und diese zum Positiven verändern können.

Auch die Umweltbewegung war zuerst nur ein Appell Einzelner, die sich um die Zukunft des Planeten sorgten. Im Jahr 1962 veröffentlichte die amerikanische Biologin Rachel Carlson ihr Buch *Silent Spring*, auf Deutsch *Der stumme Frühling*, die erste große öffentliche Warnung vor der Zerstörung von Flora und Fauna durch Pestizide. Auch heute kämpfen umweltbewegte Menschen gegen den massiven Einsatz von Pestiziden in der modernen Landwirtschaft. Aber mit diesem ersten Aufschrei wurde in den 1960er-Jahren eine Umweltbewegung ins Leben gerufen, die ihre Ursprünge in Form von Naturschutz bereits im beginnenden 20. Jahrhundert hatte. Umweltzerstörung wurde zu einem zentralen Thema der 1970er- und 1980er-Jahre. Es entstanden Umweltschutzorganisationen wie *Greenpeace* oder *Friends of the Earth* und aus der Umweltbewegung sogar eine neue politische Kraft in Form der Grünen, die 1983 erstmals in Deutschland als Bündnis 90/Die Grünen in den Bundestag einzogen und 1986 auch in das österreichische Parlament.

Die Bewegung konnte auch konkrete Erfolge erzielen: Im Jahr 1986 stellten britische Wissenschaftlerinnen und Wissenschaftler fest, dass in der schützenden Ozonschicht der Erde oberhalb der

Antarktis Löcher entstanden waren. Ursache waren Fluorchlorkohlenwasserstoffe (FCKW), die damals in Spraydosen und Kühlschränken verwendet wurde. Der Umweltbewegung der 1980er-Jahre gelang es, diese Gefahr zu einem öffentlichen Thema zu machen und ein Verbot von FCKW durchzusetzen. Die Ausweitung des Ozonlochs konnte verhindert werden. Zuletzt waren es die Aktivistinnen und Aktivisten von *Fridays for Future*, die quer über den Globus vor allem junge Menschen von der Idee einer vor dem Klimakollaps geretteten Erde begeisterten und zu Millionen auf die Straßen brachten. Sie inspirierten eine Zukunftsorientierung in vielen anderen Lebensbereichen. So gründeten sich etwa die *Lawyers for Future, Architects for Future, Scientists for Future, Psychologists for Future, Engineers for Future, Economists for Future, Parents for Future* und viele mehr.

All das war nur möglich, weil Menschen in der Lage waren, sich eine Zukunft zu imaginieren, die ihren Vorstellungen einer besseren Welt viel näher kam. Sie konnten über diese Zukunftsbilder diskutieren, sie schärfen und ausbauen und sich so auch einen Weg imaginieren, auf dem sie sich dieser Vorstellung nähern können. Und sie konnten aus diesen Bildern einer besseren Zukunft Kraft schöpfen für die Veränderung.

Die Rückkehr der Solidarität

Als das Coronavirus den Menschen in Italien im Frühjahr 2020 immer bedrohlicher näher rückte, baumelten in der italienischen Stadt Neapel plötzlich Brotkörbe von zahlreichen Balkonen. Darin lagen Milch, Gebäck, Konserven, Obst. Es war eine Geste der Solidarität inmitten der Katastrophe. Die Botschaft war klar: Wer hat, soll geben. Wer braucht, soll sich nehmen.

Der Mensch, und das zeigte sich nicht zuletzt in den ersten Wochen der Coronapandemie, aber auch danach, ist ein solidarisches Wesen. »Gerade bei Naturkatastrophen oder in Kriegen kommt es geradezu zu einer Explosion des Altruismus und des Einanderhelfens«, meint der Historiker Rutger Bregman in seinem Buch *Der*

Mensch ist gut.[2] Denn evolutionsbiologisch sind die Menschen als einzige Spezies in der Lage, ihre Gefühle und ihr Handeln klar zu reflektieren und Entscheidungen aus sozialer Verantwortung und aus einem Gefühl der Gerechtigkeit zu treffen. Menschen gibt es seit gut 300 000 Jahren. 290 000 Jahre lang lebten die Menschen als Wildbeuterinnen und Wildbeuter in kleinen Gruppen, die ihre Lager wechselten, wenn die Nahrung knapp wurde. In diesen Kulturen gab es kaum Ungleichheit. Es gab nach den Erkenntnissen der modernen Anthropologie Älteste oder Eingeweihte, aber keine Häuptlinge. Niemand hatte die Macht anderen zu sagen, was sie zu tun hatten. Wichtige Entscheidungen wurden gemeinschaftlich getroffen. Dass man teilen musste, war selbstverständlich. Weit verbreitetes Teilen und Entscheidungsfindung im Konsens stehen nicht im Widerspruch zur »menschlichen Natur«, was immer das auch sein mag.[3]

Wie sehr das Teilen und Einanderhelfen zentrale Elemente unseres Selbst sind, zeigte sich auch während der Pandemie. Corona gab der und dem Einzelnen ganz überraschend die Möglichkeit, seinen oder ihren »sozialen Kompass neu auszurichten«: Braucht der bettlägerige Nachbar nebenan etwas aus dem Supermarkt? Können wir uns in der Straße zusammentun, um Dinge des täglichen Alltags gemeinsam zu organisieren und einander zu unterstützen?

Es ist eine Vielzahl an Geschichten, die zusammengesetzt ein anderes, solidarisches Bild von unserer Gesellschaft ergeben. Hier eine kleine Auswahl:

- Weil etwa bei den »Tafeln«, die Menschen mit geringem Einkommen mit Lebensmittelspenden unterstützen, aufgrund des Corona-Infektionsrisikos ältere ehrenamtliche Tätige zu Hause bleiben mussten, sprangen wie selbstverständlich Studierende ein und verteilten statt ihnen die Lebensmittel.
- Weil die Kneipe »Bei Oma Kleinmann« in Köln im ersten Corona-Lockdown schließen musste und ums Überleben kämpfte, ließ man sich den »Deckel 2.0« einfallen. So wie zuvor die Stammgäste bei ihren Lieblingswirten auf dem Bierdeckel anschreiben

durften, gaben nun die Gäste ihrer Lieblingskneipe einen Finanzkredit, damit diese nach Corona wieder öffnet und die Gäste nicht auf ihr zweites Wohnzimmer verzichten müssen. Zusätzlich ließen sich die Gäste einen eigenen Soli-Schnaps für ihre Lieblingskneipe einfallen.[4]

- Weil die Flugzeuge im Frühjahr 2020 auf dem Boden blieben, arbeiteten Lufthansa-Angestellte in Kurzarbeit ehrenamtlich in Spitälern, um dort das Personal zu entlasten: »Im früheren Arbeitsleben sind sie einmal Arzt, Pfleger oder Sanitäter gewesen und nicht selten auch in Notsituationen auf einem Flug in der Kabine gefordert. Deshalb können sie in diesen Tagen wertvolle Dienste in überfüllten Krankenhäusern bei der Bekämpfung der Corona-Krankheit leisten«, berichtete die *Frankfurter Allgemeine Zeitung* im April 2020. Die Fluggesellschaft hatte ihren Mitarbeiterinnen und Mitarbeitern mit medizinischer Ausbildung freigestellt, sich in der Gesundheitsversorgung zu engagieren.

- Im österreichischen Bundesland Vorarlberg traten Mitglieder der Militärmusikkapelle vor zahlreichen Alten- und Pflegeheimen auf. Sie wollten den alten Menschen, die coronabedingt gar keine Besuche empfangen durften, mit diesem Zeichen der Solidarität vermitteln, dass sie nicht alleine sind und nicht vergessen werden.

- In zahlreichen Dörfern und Städten gingen Bürgerinnen und Bürger ehrenamtlich für ältere Bewohnerinnen und Bewohner einkaufen, damit diese vor einer Corona-Infektion geschützt blieben. Auch kostenlose Gassi-Geh-Dienste für Menschen mit Hunden, die als Angehörige der Corona-Risikogruppen nicht nach draußen konnten, wurden organisiert.

- In der französischen Stadt Bordeaux musizierten und tanzten Musikerinnen und Musiker und Tänzerinnen und Tänzer im Garten eines Spitals für die Covid-Erkrankten.

- Weil in Wien im ersten Lockdown die berühmten Fiaker-Kutschen aufgrund ausbleibender Touristen keine Arbeit hatten, lieferten die Pferdekutschen in Zusammenarbeit mit einem großen Hotel täglich Mahlzeiten an hilfsbedürftige Menschen aus.

Die Solidarität beschränkte sich nicht auf das Individuum. Auch auf politischer Ebene kam es zu neuen, zukunftsweisenden Kooperationen. So landete etwa am 22. März 2020, von den Bürgerinnen und Bürgern mit Applaus begrüßt, ein Team von Intensivmedizinerinnen und -medizinern aus Kuba in der von der ersten Covid-Welle besonders stark betroffenen italienischen Provinz Lombardei, um dort Leben zu retten. EU-weit und auch international unterstützten Staaten einander in der Bekämpfung der Pandemie. Sie nahmen Schwerstkranke aus anderen Ländern auf ihren Intensivstationen auf, teilten Schutzanzüge, medizinisches Equipment und Schutzmasken, die speziell in der ersten Welle der Covid-19-Pandemie ein rares Gut waren. So schickten etwa Deutschland, Frankreich und Österreich vier Millionen Masken und zehntausende Schutzanzüge nach Italien. Aber auch China, das zuvor 17 Tonnen medizinische Güter von Frankreich nach Wuhan bekommen hatte, revanchierte sich, indem es Frankreich, als dieses von der Covid-19-Pandemie besonders stark betroffen war, Millionen medizinische Masken zur Verfügung stellte.[5]

Nun sollte man diese Solidarität in den ersten Wochen der Pandemie nicht idealisieren. Es gab und gibt auch bedrückende Entwicklungen in die genau entgegengesetzte Richtung: Zum Schutz der eigenen Bevölkerung erließen Staaten Exportverbote und schnappten einander ziemlich unsolidarisch auf dem Weltmarkt Schutzmasken, Beatmungsgeräte und Coronatests vor der Nase weg. Und für manche gab es in dieser Zeit massive Profite, vor allem für die großen IT-Konzerne. Amazon hat 2020 mehr Gewinn erzielt als in den Jahren 2017 bis 2019 zusammen. Allein im ersten Quartal 2021 hat sich der Nettoumsatz im Vergleich zum ersten Quartal ein Jahr früher um satte 44 Prozent erhöht.[6] Und auch auf individueller Ebene stellte sich das »Ich« in vielen Fällen vor das »Wir«. Nicht zuletzt in den Diskussionen um die sogenannten Impf-Vordränglerinnen und Vordrängler zeigte sich, dass vielen in unserer Gesellschaft das eigene Hemd näher ist als alles andere. Wobei dazu gesagt werden muss: Die überwiegende Mehrheit der Bürgerinnen und Bürger drängelte nicht, sondern wartete geduldig auf seinen oder ihren Impftermin.

Wirklich bitter wird es, was die Impfsolidarität betrifft, auf der globalen Ebene. Im April 2021 kritisierte Tedros Adhanonom Ghebreyesus, Chef der Weltgesundheitsorganisation, dass, obwohl weltweit bereits 700 Millionen Impfdosen ausgeliefert worden waren, sich die reicheren Länder 87 Prozent dieser Impfdosen geschnappt hatten und für Länder mit niedrigen Einkommen blieben nur 0,2 Prozent übrig.[7] Wie kurzfristig eine solche Sichtweise ist, sollte die Ausbreitung des Virus Anfang 2020 gezeigt haben. Die Welt ist zum Dorf geworden. Jeder Ort der Welt liegt von den anderen nur einige Flugstunden entfernt. Der Ausbruch einer Seuche irgendwo bedroht potenziell alle auf der Welt.

Auch Papst Franziskus mahnte bei seiner Ansprache am Ostersonntag 2021: »Im Sinne eines ›Internationalismus der Impfstoffe‹ fordere ich daher die gesamte internationale Gemeinschaft auf, in gemeinsamer Anstrengung die Verzögerungen bei der Impfstoffversorgung zu überwinden und eine solidarische Verteilung, speziell mit den ärmsten Ländern, zu fördern.«[8]

Wird die Welt wieder als gestaltbar gedacht?

Die Covid-19-Pandemie hat für viele ihr Bild von der Welt verändert. Wo vorher in Grenzen gedacht wurde, entstand plötzlich ein gemeinsamer Raum, in dem Menschen, egal auf welchem Kontinent, egal mit welcher Hautfarbe, egal mit welchem Reisepass, vor demselben Problem standen. Einem Problem, das die Menschheit nur mit grenzüberschreitender Kooperation und Austausch lösen kann. Plötzlich konnten viele spüren, dass die Menschheit im selben Boot sitzt und das, was in weit entfernten Ländern wie China oder Indien passiert, direkte Auswirkungen auf unser Leben hat, wie auch unsere Lebensart das Leben der Menschen dort beeinflusst.

Corona zeigte auch auf, dass die Welt gestaltbar und damit veränderbar ist. Wer hätte sich vor Corona vorstellen können, dass die Politik einen derartigen Einfluss auf unsere Wirtschaft und unser aller Leben nehmen kann? Viel zu lange wurde uns suggeriert, dass die Welt eben so sein muss, wie sie ist, dass es keine Alternativen gibt. Aber diese Alternativen gibt es – und sie können gestaltet werden. Das ist, wenn auch ein vergessenes, kein neues Gefühl. Vor mehr als einem Jahrhundert, im Jahr 1863, dichtete der Deutsche Georg Herwegh ein Lied mit der Zeile »Alle Räder stehen still, wenn dein starker Arm es will«. Die Botschaft dieser Zeile des »Bundeslieds des deutschen Arbeitervereins«, einem Verein aus dem später die SPD hervorging, lautete: »Du, einfacher Arbeiter, bist die Veränderung, die Du Dir wünscht.« Das kann man mögen oder nicht. Aber besungen wurde darin eine gestaltende Kraft und nicht ein kleines, unbedeutendes, austauschbares Rädchen, das keinen Einfluss hat.

Wie gestaltbar die Welt ist, zeigte sich schon in den ersten Tagen des März 2020, als Corona über Europa und die westliche Welt hereinbrach. Plötzlich verschwanden die Flugzeuge vom Himmel. Die Autos blieben stehen. Die Straßen und die Büros waren leer. Die Menschen blieben zu Hause.

Auch auf einer persönlichen, individuellen Ebene entstand bei vielen Menschen das Gefühl, sich durch solidarisches Handeln in der Krise selbst zu ermächtigen, selbst aktiv gestaltende statt passiv konsumierende Person zu sein. Ich tue, also bin ich. Und ich tue Gutes, weil ich will, dass die Welt aus der Krise kommt und sich in eine gute Richtung verändert.

Mit Corona kam auch die Erkenntnis – oder, abgeschwächt, sie könnte kommen, wenn man sie zulässt –, dass ein anderes Leben möglich ist. »Don't dream it – be it«, lautet der berühmte Slogan der Rocky Horror Picture Show aus dem Jahr 1975. Träume es nicht, sei es. Sei selbst die Veränderung, die du dir für die Gesellschaft wünschst.

Die Covid-19-Pandemie zeigt uns wieder einmal, wie politisch das Private ist. Und gibt jeder und jedem Einzelnen die Möglichkeit, sich zu entscheiden. Jeden Tag aufs Neue. »Das Private ist politisch«, seit den frühen 1970er-Jahren ein zentraler Slogan der Frauenbewegung, galt auch in der Coronapandemie: Wer drängelte sich vor im Supermarkt, um mit einer Palette Toilettenpapier nach

Hause stolzieren zu können, während andere das Nachsehen hatten? Wer teilte mit seinen Nachbarn das letzte Kilogramm Mehl, während andere wie die Hamster ihre Habseligkeiten horteten, um ja nicht teilen zu müssen? Ähnlich auch die Frage nach der Impfung: Sind wir so solidarisch, dass wir jenen, für die das Virus mehr Gefahr bedeutet, den Vortritt geben? Oder handeln wir wie jene beiden jungen Frauen im US-Bundesstaat Florida, die sich im Februar 2021 als Großmütter verkleidet und mit gefälschten Ausweisen vor dem Impfzentrum anstellten, um sich so eine frühere Impfung zu erschleichen?

Das ist das Gegenteil von solidarischem Handeln: Dieses zeichnet sich dadurch aus, dass man von seinen Eigeninteressen absieht, auf eine Belohnung verzichtet und auch eventuelle Nachteile in Kauf nimmt. Wer etwas Gutes tut in der Sicherheit, dadurch auch einen eigenen Vorteil zu erzielen, handelt vielleicht auch gut und richtig, dieses Handeln ist aber kalkuliert und somit nicht solidarisch. Denn solidarisches Handeln passiert ohne den Fokus auf einen erwartbaren Nutzen. Allerdings sei solidarisches Handeln deshalb nicht unbedingt ein altruistisches Konzept, sagt der Soziologe Sighard Neckel: »Zu einer Hilfeleistung unter Inkaufnahme eigener Nachteile ist man meist nur bereit, wenn man erwarten kann, dass man dieselbe Unterstützung erfahren wird, wenn man selbst auf Andere angewiesen ist. Solidarisches Handeln, das vom Eigennutz absieht, basiert also auf Vertrauen – dem Vertrauen auf Wechselseitigkeit.«[9]

Wie kann man eine solidarische Zukunft in Bildern vorstellbar machen?

Schließen wir kurz die Augen und beamen uns gedanklich zurück ins Frühjahr 2020. Können Sie sich noch erinnern, wie sich das Leben angefühlt hat im ersten Lockdown? Der Himmel war blau und so ruhig wie noch nie, alle Flieger waren auf den Flughäfen geparkt. Straßen und Plätze waren leer, Theatersäle, Kinos, Diskotheken,

Restaurants, Geschäfte geschlossen. Es hatte etwas sehr Unwirkliches. Was kurz zuvor noch völlig unvorstellbar war, war über Nacht unsere neue Realität.

Viele haben sich in dieser Zeit auch neue Fragen gestellt, haben Zusammenhänge gesehen, die sie kurz zuvor vielleicht noch nicht so klar erkannten:

- Wie kann es sein, dass ein Virus, von einer Fledermaus auf den Menschen übergesprungen, einen ganzen Globus in einen Ausnahmezustand versetzt?
- Wieso kommen Mensch und Wildtier viel näher in Kontakt als früher? Wie viel Naturraum haben wir Menschen unseren tierischen Mitgeschöpfen bereits zerstört und welche Pandemien warten dann noch auf uns?
- War es vernünftig, den Gesundheitssektor über Jahrzehnte auf Leistung und Rentabilität zu trimmen, wenn dies bedeutet, dass wir in einer Pandemie Gefahr laufen, nicht genügend Intensivbetten, Beatmungsgeräte und Personal zu haben?
- Wer sind denn wirklich die Systemerhalterinnen und Systemerhalter unserer Gesellschaft und was ist uns deren Arbeit wert?
- Was bedeutet die viel zu schwach politisch regulierte Globalisierung unseres Wirtschaftssystems in einer Krise?

Bei all dem Furchtbaren, das dieses Virus auf der Welt anrichtet, gab es im Lockdown doch auch eine spannende Botschaft, die wir in die Nach-Corona-Zeit retten sollten: Ja, die Politik kann gestalten. Die Politik hat die Macht, Dinge zu verändern. Sie muss es nur tun.

Der öffentliche Verkehr der Zukunft

Stellen Sie sich vor, Sie gehen aus dem Haus und steigen in eine beliebige Straßenbahn, einen Bus oder Zug und fahren los, einfach so ganz ohne Fahrschein. Ein Traum? In Luxemburg ist das seit dem Frühjahr 2020 Realität. Das Land hat seinen gesamten öffentlichen

Verkehr kostenfrei gemacht. Einzige Ausnahme: Wer erste Klasse reisen möchte, muss weiterhin zahlen. Zusätzlich steckte das Land Milliarden in die Infrastruktur des öffentlichen Nahverkehrs.

Zugegeben, Luxemburg ist als zweitkleinstes Land der EU mit nur 620 000 Einwohnerinnen und Einwohnern definitiv kein Riese. Aber es ist eines von vielen, vielen Beispielen, wie sich überall auf der Welt bereits jetzt ein Blick in eine positivere Zukunft eröffnet – man muss nur genau hinsehen.

Vorreiter im kostenlosen Nahverkehr war die estnische Hauptstadt Tallin, die seit 2013 den kostenfreien öffentlichen Personennahverkehr anbietet. Damals aber nicht aus Klimaschutzgründen, sondern weil sich immer weniger Menschen in der damaligen Wirtschaftskrise die Tickets leisten konnten. Im Gegenzug hob die estnische Hauptstadt die Parkgebühren an. Das Angebot kam so gut an, dass weitere Teile des Landes mitzogen. Seit Juli 2018 dürfen deshalb in ganz Estland die Überlandbusse der staatlich mitfinanzierten Verkehrsträger gratis benutzt werden.

In Deutschland gibt es ebenfalls erste Städte, die ihre Bürgerinnen und Bürger kostenfrei in die Busse steigen lassen. Zum Beispiel in Monheim am Rhein, wo die Stadt ihren etwa 43 000 Bewohnerinnen und Bewohnern nicht nur kostenfreie öffentliche Verkehrsmittel zur Verfügung stellt, sondern wo auch bereits die ersten autonom fahrenden Busse unterwegs sind.

Der Verkehrsbereich ist nur einer von unglaublich vielen Sektoren, die derzeit im Umbruch sind. Wir leben in einer Zeit der großen Transformationen. Wie wir künftig leben werden, wie wir arbeiten werden, wie wir uns ernähren werden, wie wir wohnen werden, wie sich unsere Mobilität verändert – all das steht schon jetzt und in den kommenden Jahren in Frage. Letztendlich liegt es an uns allen, ob wir staunend zusehen, wie uns diese Entwicklungen, die sich schon jetzt in Ansätzen zeigen, überrollen. Oder ob wir bewusst über unsere Zukunft mitentscheiden, wie wir in naher Zukunft unsere Arbeitswelt gestalten wollen, wie unsere Energieversorgung der Zukunft und solidarisches Wirtschaften aussehen sollen, das den Planeten schützt, anstatt ihn zugrunde zu richten und wie wir

Bildung sowie demokratische Teilhabe gerechter gestalten können und Armut gemeinsam besiegen.

Immerhin haben wir die Zeit auf unserer Seite. Die Coronapandemie hat nicht nur einem massiven Digitalisierungsschub ausgelöst. Seit März 2020 ist viel mehr vorstellbar, was für einen Großteil der Menschen bis dahin undenkbar war. »Das Wichtige an der Pandemieerfahrung ist, dass die Idee implodiert ist, dass es nicht anders geht, als wir es bisher machen«, sagt auch die Politökonomin Maja Göpel.[10] Alles geht – wir müssen nur wollen und, das ist besonders wichtig, es uns zutrauen. Nur so können wir vom Träumen ins Tun kommen.

Unternehmen als Verbündete?

Gerade Unternehmen gelten weitläufig eher als Problemverursacher als als Problemlöser. In Umweltfragen kann vermutlich jeder großen internationalen Firma ein Fehlverhalten vorgeworfen werden. Solches Fehlverhalten scheint der Gewinnlogik des Kapitalismus innezuwohnen, in der es nur um Zahlen und nicht um Ethiken oder gesamtgesellschaftliche Ziele geht.

Diese Analyse ist das eine, das andere ist eine pragmatische Vorgangsweise. Dazu kann es hilfreich sein, diese Widersprüche nicht als absolut anzusehen. Ein solcher Absolutismus verhindert neue Bündnisse. Das Bild des bösen Unternehmers oder der bösen Unternehmerin, der oder die bewusst die Umwelt zerstört und die Arbeitskraft seiner Belegschaft ausbeutet, um ausschließlich den eigenen Profit zu maximieren, ist keines, das auf alle Wirtschaftsbetriebe zutrifft. Ja, es gibt Entscheidungsträgerinnen und Entscheidungsträger in der Wirtschaft, denen Umwelt und Menschenrechte nichts wert sind (vor allem bei den großen Konzernen), die nur darauf achten, dass ihr Geldhaufen rasch wächst. Es gibt die Managerinnen und Manager, die wie Heuschrecken von einem multinationalen Konzern zum nächsten hüpfen und in kurzer Zeit möglichst viel Dividende aus dem Unternehmen pressen, um dann mit viel Geld an die Spitze des nächstens Konzerns zu springen und dabei nichts als verbrannte Erde hinterlassen.

»Was ist ein Einbruch in eine Bank gegen die Gründung einer Bank?«[11], meinte der kommunistische Dichter Bertold Brecht und spielte darauf an, wie Banken mit immer höheren Zinsen die Menschen in den Bankrott zwangen. Auch die Wirtschaftskrise 2008 war ein Werk gieriger Banker, die eine riesige Immobilien- und Wertpapierblase erschufen, deren Platzen und die darauffolgende Rettung des Bankensektors die Allgemeinheit viele, viele Milliarden Euro kosteten.

Wenn wir den Kapitalismus als Machtsystem begreifen, wenn wir an die ungeheuren Finanzmittel denken, zum Beispiel an die großen Fonds, mit denen das Geld der Reichen gesammelt wird, wenn wir daran denken, wer sie kontrolliert und wie sie immer noch eingesetzt werden, dann kommen wir zu einem negativen Strukturbild, das seine empirische Berechtigung hat.

Es geht aber darum, bestehende Strukturen schrittweise aufzubrechen. Dazu braucht es neue Verbündete. Diese finden sich auch im Bereich der Wirtschaft, man muss nur differenziert hinsehen.

Auch hier hilft die historische Betrachtungsweise. Im Übergang von der keynesianischen zu der neoliberalen Periode in der Wirtschaftspolitik ging es für die Neoliberalen auch darum, das Denken der Personen in der Wirtschaft zu verändern, Thatcher zum Beispiel kam aus dem *Centre for Policy Studies*, einem Think Tank, der sich genau diesen Wandel zum Ziel gesetzt hat. Denn am Höhepunkt des Keynesianismus hatten auch viele in der Wirtschaft keynesianisch gedacht. Sie haben zum Beispiel das Ziel einer Vollbeschäftigung als richtig erachtet und die Politik hier unterstützt.

Dem Neoliberalismus ist es gelungen, große Teile der Wirtschaft unter der Ideologie »des Marktes« zusammenzuschweißen. Eine Folge war die Finanzkrise 2008, unter der auch die kleinen und mittelständischen Unternehmerinnen und Unternehmer zu leiden hatten. Sie hatten diese Krise nicht verursacht und waren an den Finanzgeschäften, die diese Krise ausgelöst hatten, nicht beteiligt. Wie viele andere waren sie Opfer der Krise, keine Verursacher. Das

Paradoxe ist, dass die Spitzengremien der Wirtschaft diese Lektion nicht gelernt haben und in vielen Fällen immer noch das Credo »des Marktes« verkünden und wirksame Umweltmaßnahmen verhindern. Aber die ökologische Krise ist zu ernst, um an diesen überholten Denkweisen festzuhalten. Es gilt darum, jene Teile der Wirtschaft zu stärken und mit ihnen Bündnisse zu schmieden, die den Ernst der Lage erkannt haben, die sich selbst als moralisch verantwortlich begreifen und die bereit sind, neue Wege einzuschlagen.

Positive Beispiele

Kenne Sie die *Triodos*-Bank? Im Jahr 1980 in den Niederlanden gegründet, hat diese Bank heute etwa 720 000 Kundinnen und Kunden. Das Besondere an *Triodos*: Dieses Bankhaus verwendet das eingelegte Geld seiner Sparerinnen und Sparer, »um damit die Welt zu verändern. Einfach indem wir dem sozialen, ökologischen und kulturellen Wandel Kredit geben«, steht auf der Homepage des Bankinstituts. Die *Triodos*-Bank gibt Kredite an Unternehmen und Initiativen, die unsere Welt ökologisch nachhaltiger gestalten wollen, finanziert Fair Trade-Produkte, erneuerbare Energie und Sozialprojekte. Als »ethische Bank« lehnt *Triodos* jegliche Spekulation mit Grundnahrungsmitteln, Investitionen in Kriegs- und Rüstungsindustrie, Tierversuche, gentechnisch manipulierte Lebensmittel, Kohle- und Atomenergie ab und legt ihren Kundinnen und Kunden Kreditvergaben und Investitionen offen. Was hätte Bertold Brecht wohl zu so einer Bank gesagt?

Triodos ist ein Beispiel von vielen, das zeigt, welches Umdenken auch in der Wirtschaft derzeit stattfindet – zu einem großen Teil, weil die Konsumentinnen und Konsumenten dies verlangen und kaum eine Firma es sich heute noch leisten kann, als Umweltverschmutzer oder Menschenrechtsverletzer in der Öffentlichkeit dazustehen.

Es gibt aber auch viele Unternehmen, die sich aus innerer Überzeugung und nicht aufgrund von externem Druck verändern. Der

Hersteller von Outdoorkleidung *Patagonia* mit Sitz in Kalifornien hat Niederlassungen auf allen Kontinenten und erwirtschaftet mit 1 500 Mitarbeiterinnen und Mitarbeitern einen jährlichen Umsatz von einer Milliarde US-Dollar. Also das, was man sich so landläufig unter einem Multi in der Textilbranche vorstellt.

Gleichzeitig macht *Patagonia* vor, wie große Konzerne Verantwortung übernehmen können und dass Erfolg und Nachhaltigkeit kein Widerspruch sein müssen. Seit 1985 spendet *Patagonia* ein Prozent des Umsatzes oder zehn Prozent des Gewinns für Umweltinitiativen. Im Jahr 2002 war *Patagonia* Mitinitiator der Allianz *One Percent for the Planet*, in der sich weitere Unternehmen zusammenschlossen, die sich alle verpflichten, jedes Jahr ein Prozent ihres Gewinns Umweltschutzorganisationen zur Verfügung zu stellen. Seit 2011 setzt sich *Patagonia* intensiv für Recycling und Reparatur ihrer eigenen Produkte ein. So verwendet das Unternehmen für seine Produkte Recycling-Daunenfedern und bietet einen Reparaturservice für die getragenen Patagonia-Kleidungsstücke an. 2015 startete *Patagonia* in den USA eine *Worn Wear Tour*, bei der Kundinnen und Kunden ihre getragenen Kleidungsstücke kostenlos reparieren lassen können. Seit 2018 geht das Unternehmen auch in Europa jedes Jahr auf Reparaturtour.

Patagonia ist als Unternehmen auch politisch aktiv. 2017 verklagte sie den damaligen US-Präsidenten Trump, um die »National Monuments«, die Naturdenkmäler der USA, zu schützen. Im US-Präsidentschaftswahlkampf 2020 platzierte Patagonia eine klare politische Botschaft auf den Etiketten einer Outdoor-Hose: »Vote the assholes out«, auf Deutsch »Wählt die Arschlöcher raus«. Politiker, die die menschgemachte Erderwärmung leugnen, sollen im Weißen Haus nichts mehr zu suchen haben.

Ein weiteres Beispiel für eine neue, bessere Form des Wirtschaftens ist das Unternehmen *Share* mit Sitz in Berlin, das sich dem »sozialen Konsum« verschrieben hat. *Share* vertreibt Hygieneprodukte, in Flaschen abgefülltes Wasser und Schokoriegel in Supermärkten und Drogeriemärkten nach dem 1 + 1-Prinzip: Jede gekaufte Wasserflasche finanziert Zugang zu Wasser für Menschen in Krisenregionen, etwa indem ein Brunnen errichtet wird. Jedes verkaufte Duschgel ermöglicht ein kostenloses Hygieneprodukt für einen Menschen in einem Flüchtlingslager, in einer Obdachlosenunterkunft oder einer ähnlich schwierigen Situation. Und jedes verkaufte Lebensmittel von *Share* finanziert eine warme Mahlzeit für einen Menschen in Not irgendwo auf der Welt. Für die Verteilung arbeitet *Share* eng mit dem *World Food Programm* der Vereinten Nationen, mit der Welthungerhilfe und ähnlichen anerkannten Hilfsinstitutionen zusammen. Via Tracking-ID können die Konsumentinnen und Konsumenten nachsehen, wo genau ihre gespendete Seife, das Duschgel oder die Mahlzeit ankommt.

Die *Share*-Produkte sind zu marktüblichen Preisen erhältlich, das zweite, gespendete Stück finanziert *Share*, indem das Unternehmen auf einen Großteil der üblichen Werbung verzichtet. Dass *Share* Produkte wie Müsliriegel, Seifen, Duschgel, Toilettenpapier, Bambuszahnbürsten und Mineralwasser anbietet, ist kein Zufall. »Zugang zu sauberem Trinkwasser, Ernährungssicherheit und Hygieneartikel sind das, was man in der humanitären Hilfe ein ›essential package‹ nennt«, sagt Unternehmensgründer Sebastian Stricker. Er hatte zuvor bereits die App *Share the Meal* entwickelt: Über diese App kann man mit nur einem Klick seine Mahlzeit teilen und per App mit einer Spende von 70 Cent einem Kind irgendwo auf der Welt Essen für einen Tag finanzieren.[12] Etwa 110 Millionen Mahlzeiten wurden so bereits für Menschen, die hungern, finanziert. Mit dieser App soll ein Beitrag geleistet werden, den Hunger auf der Welt zu besiegen.

Die ökologischen und sozialen Innovationen in der Wirtschaft reichen quer durch alle Bereiche – bis hin zum Toilettenpapier. Im Conorajahr 2020 spendete das australische Unternehmen *Who Gives a Crap* (auf Deutsch *Wen interessiert das schon?*) umgerechnet 3,7 Millionen Euro für Projekte für die Errichtung von Sanitäranlagen. Weltweit haben etwa zwei Milliarden Menschen keinen Zugang zu Toilettenanlagen. Etwa 700 Kinder sterben jeden Tag auf der Welt von Durchfallserkrankungen, die aufgrund von verschmutzem Wasser oder unzureichenden Toilettanlagen verursacht wurden.

2012 startete ein Trio von Produktionsdesignern eine ganz neu-artige Toilettenpapiermarke. Sie produzierten nicht nur nachhaltiges WC-Papier aus Recyclingmaterial und aus Bambus. Sie verpflichteten sich auch, dass 50 Prozent des Gewinns aus dem Toilettenpapierverkauf in die Errichtung von Sanitäranlagen und in Hygiene-Schulungen in die ärmsten Teilen der Welt fließt. Das macht das WC-Papier natürlich teurer als jenes, das im Supermarkt zu kaufen ist. Aber wer kann schon behaupten, Gutes zu tun, indem er oder sie sich den Po abwischt? »Wir machen ein Produkt, das jeder Mensch benötigt und verwenden es, um Menschen in Not zu helfen«, sagte Simon Griffiths, einer der Gründer von *Who Gives a Crap* im Youtube-Werbevideo anlässlich des Starts des Unternehmens 2012. Damals setzte sich Griffits so lange mit Social-Media-Begeitung auf ein WC, bis die 50 000 australische Dollar Startkapital zusammenkamen – nach nur 50 Stunden konnte er sich seine Hose wieder anziehen.

Wie könnten Bündnisse für die Zukunft funktionieren?

Interessanterweise sind wir als Gesellschaft durchaus in der Lage, zumindest temporär über Grenzen hinweg funktionierende Bündnisse zu schließen. Als in Frankreich im April 2002 der Rechtsextremist Jean-Marie Le Pen, der Vater der heutigen *Rassemblement National*-Anführerin Marine Le Pen, bei der Präsidentschaftswahl mit der Vorgängerpartei des *Rassemblement*, dem *Front National*, überraschend in die Stichwahl gelangte, entstand ein breites Bündnis, das gemeinsam einen Erfolg von Le Pen in der Stichwahl im Mai 2002 verhinderte. Denn über politische Ansichten und Parteigrenzen hinweg war eine klare Mehrheit der Konservativen wie auch der Sozialdemokratinnen und Sozialdemokraten, der Grünen, Kommunistinnen und Kommunisten, der Liberalen und vielen mehr eines klar: Einen rechtsextremen Präsidenten hat sich das Land nicht verdient. Wer auf der Seite von Grundrechten, Demokratie und Menschenrechten stand, verhinderte gemeinsam den Einzug eines offen ausländer- und islamfeindlichen Politikers in den Élysée-Palast, den Sitz des französischen Präsidenten.[13]

Ähnlich verhielt es sich bei der Bundespräsidentschaftswahl im Jahr 2016 in Österreich. Laut der österreichischen Verfassung wird der Präsident oder die Präsidentin von den Wählerinnen und Wählern direkt gewählt. Damals scheiterten die Kandidaten der beiden damaligen Regierungsparteien, der Sozialdemokratischen Partei Österreich (SPÖ) und der konservativen Volkspartei (ÖVP), im ersten Wahlgang.

Stattdessen gelangten zwei Kandidaten, denen nur Außenseiterchancen zugerechnet worden waren, in die Stichwahl: Alexander Van der Bellen, der frühere Chef der österreichischen Grünen, und Norbert Hofer, damals stellvertretender Parteiobmann und Kandidat der rechtspopulistischen Freiheitlichen Partei Österreich (FPÖ).

Wie zuvor in Frankreich entstand auch in Österreich rasch ein breites Bündnis, um einen Bundespräsidenten aus den Reihen der FPÖ zu verhindern. Es war ein Schulterschluss von Menschen, die zuvor wenig bis gar keine Gemeinsamkeiten sahen, die sich aber in grundsätzlichen Fragen einig waren: dass Demokratie und Rechtsstaat wesentliche und zu schützende Elemente unseres Zusammenlebens sein müssen und dass es dem Land und seinen politischen Institutionen nicht guttun würde, wenn ein Vertreter einer rechtspopulistischen Partei der erste Mann im Staat wird.

Auch diesem Bündnis aus Konservativen, Christlich-Sozialen, Vertreterinnen und Vertretern verschiedener Religionsgemeinschaften, von Gewerkschaften, der Industrie bis hin zu Personen, die politisch ganz weit links stehen, gelang es, den Gegenkandidaten zum FPÖ-Politiker Hofer in das Präsidentenamt zu wählen. Am 4. Dezember 2016 wurde Alexander Van der Bellen von 53,8 Prozent der österreichischen Wählerinnen und Wähler zum Bundespräsidenten gewählt.

Wenn es um die temporäre Abwehr einer Gefahr geht, scheinen Bündnisse von Demokratinnen und Demokraten über ideologische Gräben und Parteigrenzen hinweg zu funktionieren. Wieso gelingt es uns dann nicht, mit Blick in eine bessere Zukunft einen tragfähigen Schulterschluss all jener zu erreichen, die die Umwelt auf diesem Planeten retten und Menschen- und Sozialrechte global umgesetzt haben wollen?

Auch hier können und wollen wir nur Denkanstöße liefern, die zum Nachdenken anregen und keine endgültigen Antworten liefern sollen. Jeder und jede muss in sich selbst hören, um herauszufinden, welche Antwort am ehesten zum eigenen Leben passen könnte:

- Wir definieren uns zu stark in der Abgrenzung, statt uns auf die gemeinsamen Stärken zu konzentrieren. Wir verwenden zu viel Energie darauf, uns auf das zu fokussieren, was trennt, als uns – bei aller Unterschiedlichkeit in den Herangehensweisen – auf das Verbindende zu besinnen. Worin liegt der Unterschied zwischen einer Person, die sich für die Umwelt engagiert, weil ihr eine intakte Tier- und Pflanzenwelt als Lebensgrundlage der Menschheit ein persönliches Anliegen ist, und einer anderen Person, die im Umweltschutz aktiv ist, weil sie die Schöpfung bewahren möchte? Das bedeutet nicht, dass es keine Widersprüche gibt. Es macht einen großen Unterschied, ob eine Person an eine göttliche Macht glaubt oder Atheist ist. Aber wenn das gemeinsame Ziel lautet, den drohenden Klima-Kollaps zu verhindern, wäre es da nicht vernünftiger, die Debatte darüber, ob Gott existiert oder nicht, auf nach der Rettung der Welt zu verschieben?
- Wir schauen viel zu sehr mit Scheuklappen auf die Welt. Dabei hängt so viel miteinander zusammen. Manche Menschen sind im Tierschutz aktiv, andere sammeln in Parks den Müll ein, andere gehen für Menschenrechte auf die Straße, wieder andere helfen Kindern, die zu Hause wenig Unterstützung beim Lernen bekommen, ehrenamtlich bei den Schulaufgaben, damit diese Kinder bessere Bildungschancen erhalten. Wieder andere unterstützen Menschen mit körperlichen oder kognitiven Beeinträchtigungen, halten kostenlose Deutschkurse für Asylbewerberinnen und Asylbewerber oder gehen für ältere Menschen im Nachbarhaus, die nicht mehr mobil sind, einkaufen.

Jede einzelne dieser Tätigkeiten trägt zu einem besseren Zusammenleben aller bei. Genau dieses Besinnen auf das Gesamtbild hilft, sich in seinem oder ihrem eigenen Engagement weniger einsam zu fühlen. Nur weil sie nicht dauernd die Lautesten sind in den sozialen Medien, es gibt sie, die vielen, vielen hunderttausenden Menschen überall auf der Welt, die dasselbe Ziel mit anderen sozial- und umweltbewegten Menschen teilen. Selbst unsere Herzen schlagen oft unbemerkt im selben Takt – egal, ob wir einander kennen oder nicht. Eine Studie des Instituts für experimentelle Psychologie an der *University College of London* (UCL) ergab, dass bei Zuseherinnen und Zusehern eines Live-Theaterstücks sich die Herzfrequenzen angleichen und die Pulse der Personen sich im gleichen Rhythmus beschleunigten oder verlangsamten, ungeachtet dessen, ob diese Menschen einander schon einmal begegnet waren oder nicht.»Dies zeigt deutlich, dass die während der Aufführung beobachtete physiologische Synchronie stark genug war, um soziale Gruppenunterschiede zu überwinden und das Publikum als Ganzes einzubeziehen«, sagte Joseph Delvin, einer der Studienautoren.[14]

- Viele hinterfragen ihre eigenen Vorurteile zu wenig. Das eigene Weltbild ist ein bequemes Polster. Provokant formuliert: Je nachdem, wo man sich selbst politisch verortet, ist der Unternehmer oder die Unternehmerin ein böser Kapitalist oder eine böse Kapitalistin, Arbeitslose genießen ihr Lotterleben in der sozialen Hängematte und so weiter. Wer nicht bereit ist, seine oder ihre Vorurteile zu hinterfragen, verpasst viel: Ohne Reflexion ist die Welt nur schwarz und weiß und wer sich für die Welt abseits der eigenen vorgefassten Meinung nicht öffnet, kann sich zwar täglich auf die eigene Schulter klopfen, weil sich die eigene Meinung stets bestätigt, verpasst aber viele positive Überraschungen und das gute Gefühl, dazugelernt zu haben.

- Derzeit können viele Menschen noch viel zu gut verdrängen, welche großen Herausforderungen direkt vor uns liegen. Wie weiter oben beschrieben, war bei der Abwehr eines Präsidenten der extremen Rechten die Bedrohung nahe und dadurch spürbar. Aber jetzt, wo sich die Welt gleichzeitig auf so vielen verschiedenen Ebenen und zum Teil lebensgefährlich verändert, spüren viele zwar ein gewisses Unwohlsein. Sie wissen, dass die Erderwärmung eine Bedrohung sein wird, sie wissen, dass die Arbeitswelt durch die Digitalisierung und durch künstliche Intelligenz vor großen Umbrüchen steht. Trotzdem gelingt es noch, dieses Gefühl von Unwohlsein in die Zukunft zu verdrängen. Noch geht es vielen immer noch nicht nahe. Erst wenn die Dramatik von Phänomenen wie Erderwärmung bewusst wird, steigt die Bereitschaft, neue Bündnisse einzugehen.

Aber warum warten? Die Pandemie ließ – sofern wir es zugelassen haben – ein neues Bild von dieser Welt in unseren Köpfen entstehen. Es hat nur wenige Wochen gebraucht, bis ein winzig kleines Virus seine Reise quer durch die Welt vollbracht hatte. Plötzlich interessierte viele, was in China, Brasilien, Indien passiert – weil klar war, dass das Infektionsgeschehen dort Auswirkungen auf unser Leben hat. Plötzlich haben viele zum ersten Mal den Planeten als eine einzige Welt erlebt.

Das Virus hat der Menschheit klar gezeigt, dass Grenzen kein Hindernis sind und wir uns als Menschen, egal auf welchem Kontinent wir leben und welche Farbe unsere Haut hat, alle diesen Globus teilen. Wir können diesen Planeten gemeinsam und friedlich gestalten oder Kriege gegeneinander führen. Es ist unsere Entscheidung. Weder Krieg noch Hunger noch Umweltzerstörung sind Naturgesetze.

Dieses globale Bild benötigen wir, um auch aktuelle Herausforderungen gemeinsam überwinden zu können. Der emanzipatorische Kampf gegen die Klimakrise wird nur dann eine Chance haben, wenn für viele Menschen neben dem Erhalt der natürlichen Lebensgrundlagen auch bessere Lebensverhältnisse für alle Menschen auf dieser Welt denkbar werden. Aber was meinen wir mit besser? »Besser« bedeutet dabei gerade nicht »immer mehr«. »Die Auseinandersetzung um Klimagerechtigkeit auf der Welt muss deshalb auch an

Erfahrungen und Gefühlen von Ungerechtigkeit und Ausbeutung anknüpfen. Und diese müssen in einem demokratischen Diskurs im Lokalen, aber auch über die nationalstaatlichen Grenzen hinweg in veränderte gesellschaftliche Rahmenbedingungen übersetzt werden«, schreibt der Politologe Ulrich Brand.[15]

Exkurs: Die bessere Zukunft im Kleinen

Oft ist es die kommunale Ebene, auf der Transformationen vielfach von einer größeren Öffentlichkeit unbemerkt, aber dafür umso effizienter und zukunftsgerichteter stattfinden. Ein gutes Beispiel dafür ist die Kleinstadt Traiskirchen, eine knapp 20000 Einwohner-Gemeinde etwa 20 Kilometer südlich von Wien. Die Weinbauernstadt Traiskirchen ist nicht nur für ihre sonnigen Weinhänge bekannt, sondern österreichweit vor allem als Hotspot in der Asyldebatte. In Traiskirchen steht seit Jahrzehnten Österreichs größtes Asylzentrum. In Hochzeiten wie etwa dem Jahr 2015, als hunderttausende Menschen von Syrien, dem Irak, Afghanistan und weiteren Krisen- und Konfliktländern nach Europa flüchteten, waren in der Kleinstadt bis zu 4000 Asylbewerberinnen und Asylbewerber in einem Großlager und in Zelten untergebracht. Auch in weniger turbulenten Zeiten ist Traiskirchen meist die allererste Station für Geflüchtete, die nach Österreich kommen.

Doch obwohl die Bürgerinnen und Bürger von Traiskirchen das Konfliktthema Asyl jeden Tag hautnah vor ihrer eigenen Tür erleben, gelang es den Rechtspopulistinnen und Rechtspopulisten der Freiheitlichen Partei (FPÖ) in Österreich, dem Pendant zur deutschen AfD, nie so richtig, in der Kleinstadt Fuß zu fassen. Und das, obwohl der früheren Arbeiterstadt Traiskirchen in den vergangenen Jahrzehnten auch die Industrie abhandengekommen ist. Das im Jahr 1867 in Traiskirchen eröffnete Werk des Reifenproduzenten Semperit, einst großer Stolz der Stadt, wurde 2002 geschlossen, weil das Unternehmen seine Reifen damals im Nachbarland Tschechien billiger produzieren konnte. »Im Zuge der Neustrukturierung des Reifen-Multis soll die Hälfte der Produktion in Billiglohnländer verlegt werden«, schrieb die österreichische Wochenzeitung *Falter* damals.[16] Die Schließung dieser Fabrik kostete Traiskirchen mehr als tausend Arbeitsplätze. Trotzdem gelang es der Stadt durch geschickte Transformation, Lösungen zu finden.

Das liegt nicht zuletzt an der Kommunalpolitik in der Stadt, die sich noch traut, in Utopien zu denken und sich Schritt für Schritt so zu verändern, dass den Bewohnerinnen und Bewohnern ein besseres Leben ermöglicht wird. Sein Ziel sei, Traiskirchen als Sozialstadt, als Kinderstadt und als Ökologiestadt zu positionieren, erklärt Traiskirchens Bürgermeister Andreas Babler. Sehr viel von dem, was sich die Politikerinnen und Politiker zur Transformation ihrer Kommune in eine Stadt der Zukunft ausdenken, kommt schon jetzt direkt bei den Bürgerinnen und Bürgern an. Hier einige Beispiele aus Traiskirchen:

Für Familien

▪ In Traiskirchen bekommen Eltern für ihr Baby zur Geburt einen Rucksack mit Erstlingsausstattung als Geschenk zur Geburt, den Vertreterinnen oder Vertreter der Gemeinde persönlich vorbeibringen.

▪ Jedes Jahr im Oktober wird in jedem der fünf Stadtteile jeweils ein Baum als »Lebensbaum« für die in diesem Jahr neugeborenen Traiskirchnerinnen und Traiskirchner gepflanzt.

▪ Traiskirchen hat einen »Kinderstadtplan« erarbeitet, mit dem Kinder die Stadt selbst entdecken können. Darin sind alle Spielplätze, die wichtigsten Einrichtungen der Stadt eingezeichnet und für Kinder erklärt, aber auch die besten Plätze zum Plantschen am Wasser, zum Drachensteigen und die besten Radrouten für Kinder.

▪ In den Semester- und Osterferien gibt es eine stark vergünstigte »Ferien zu Hause«-Aktion, bei der Kinder zwischen 5 und 11 Jahren in von der Stadt organisierten Feriencamps betreut werden.

▪ In den Sommerferien bietet die Stadt Ferienprogramme für Kinder von 5 bis 13 Jahre an, bei denen die Kinder betreut werden, damit die Eltern auch in der schulfreien Zeit arbeiten gehen können, ohne die Kinder für teure Ferienkurse anmelden zu müssen.

- Gleich zu Beginn der Coronapandemie beschloss Traiskirchen Maßnahmen, um die Sicherheit der Kinder in Kindergärten und Schulen sowie auch der Pädagoginnen und Pädagogen zu gewährleisten: Schon im März 2020 begann die Stadt, Freiluftklassen für Schulen zu bauen. Mittlerweile sind alle Grundschulen in Traiskirchen mit aus Massivholz gebauten Outdoor-Klassenzimmern ausgestattet.
- Traiskirchner Schulkinder erhalten nicht nur die Schulbücher, sondern auch sämtliche Schulhefte kostenlos.
- Für die Kinder der Stadt gibt es nun eigene naturnahe Spielplätze. Dafür finden im Kindergarten Wahlen statt. Die Wahlkarten sind Bauklötzchen, mit denen die Kinder abstimmen, welche Spielgeräte auf die Spielplätze kommen.
- Junge Menschen, die Präsenzdienst, Zivildienst oder ein freiwilliges soziales Jahr absolvieren, erhalten von der Gemeinde einen Anerkennungsbeitrag von 100 Euro.

Soziales und Integration
- In Traiskirchen gibt es einen Sozialmarkt, in dem Einwohnerinnen und Einwohner, die arbeitslos sind und nur sehr wenig verdienen oder eine Mindestpension erhalten, stark vergünstigte Lebensmittel einkaufen können. Anderswo sind solche Sozialmärkte oft in ehemaligen Fabrikhallen, dunklen Kellergeschäften oder anderen wenig ansprechenden Orten und die Lebensmittel sind in Kisten gestapelt. In Traiskirchen ist der Sozialmarkt ein fröhlicher Ort mit hellem Holz und sieht so schick aus, dass er mit jedem makrobiotischen Soja-Latte-Shop im schicken Berliner Prenzlauer Berg leicht mithalten kann. Direkt an den Sozialmarkt, der in Traiskirchen der *Gute Laden* heißt, ist ein kleines Café angeschlossen. Dort plaudern ältere Damen bei Kaffee und Biskuitroulade. So gelingt es der Stadt, dass der Gang in den Sozialmarkt nicht stigmatisierend ist. Man geht in den *Guten Laden*, um etwas zu trinken oder eine Mehlspeise zu essen. Und

manch einer der Besucher schnappt sich eben einen Einkaufs-
korb und kauft sich von seinem oder ihrem niedrigen Einkommen
eben extra vergünstigte Waren. Zusätzlich bekommen die Ein-
käuferinnen und Einkäufer auch kostenlos Biogemüse, das in
der Stadt angebaut wurde. Die Botschaft des *Guten Ladens* im
Zentrum von Traiskirchen ist klar: Wer arm ist, soll sich dafür
nicht schämen müssen.

■ Das frische Biogemüse für den Sozialmarkt kommt vom *Garten
der Begegnung* gleich hinter dem großen Flüchtlingslager mitten in der Stadt. Dort hat die Kommune der Öffentlichkeit einen Hektar Land zur Verfügung gestellt, auf dem seit einigen
Jahren Asylbewerberinnen und Asylbewerber gemeinsam mit der
Traiskirchner Bevölkerung Obst und Gemüse anbauen können.
Anfangs reagierten die Traiskirchnerinnen und Traiskirchner
ziemlich skeptisch auf dieses Projekt mit Geflüchteten. Deshalb
führten die Initiatorinnen und Initiatoren einen »Orientalischen
Brunch« ein, der jeden Samstag im Garten stattfindet. Dieses
samstägliche Frühstück ist mittlerweile so begehrt, dass man sich
seine Plätze reservieren muss. Zwei Mal pro Woche können sich
die Traiskirchnerinnen und Traiskirchner am »Markttag« das Bio-
Obst und -Gemüse gegen eine freie Spende im Garten kaufen.
Der Rest geht, zum Teil eingekocht, an den *Guten Laden*.

■ Neben den Asylwerberinnen und Asylbewerbern haben auch
Traiskirchner Kindergärten, Schulklassen sowie Demenzerkrankte
im *Garten der Begegnung* ihre Gemüsebeete. Die Kinder lernen
so den Kreislauf der Natur kennen und erleben hautnah, wie
ökologischer Landbau funktioniert. Für die Menschen, die an
Demenz erkrankt sind, ist der Kontakt mit der Natur eine wichtige Unterstützung in der Therapie. Seit einigen Jahren zieht der
Garten der Begegnung gemeinsam mit Jugendlichen aus einem
sozialökologischen Projekt zur Integration in den Arbeitsmarkt
tausende Gemüsepflänzchen, die an die Traiskirchnerinnen und
Traiskirchner zu Beginn der Gartensaison verkauft werden. Und in

einer eigenen Nähwerkstatt des Gartens können Asylbewerberinnen mit Unterstützung ihre oft aus Spenden bestehende Kleidung
ihren persönlichen Bedürfnissen anpassen oder sich selbst ein
neues Teil nähen.

- Zu Beginn der Pandemie verschenkte die Kommune kostenlose
Masken an alle Bewohnerinnen und Bewohner der Gemeinde.
Genäht wurden diese Masken von Asylbewerberinnen und Asylbe-
werbern vor Ort.

- Ein eigenes *Ehrenamtsteam* ist für jene Menschen in der Stadt
da, die Unterstützung benötigen, sei es als Begleitung zu Arzt-
besuchen, Spaziergängen oder Amtsgeschäften oder auch einfach als Gesellschaft beim Mensch-ärgere-dich-nicht-Spielen, als
Vorlesende. Das Ehrenamtsteam bietet auch monatlich ein *Aktiv-
Café* mit wechselnden Thementagen für die ältere Generation in
der Stadt an.

- Um während des ersten Corona-Lockdowns die Einsamkeit der älteren, alleinstehenden Bewohnerinnen und Bewohner zu lindern,
entstand in Traiskirchen ein Freiwilligennetz, das regelmäßig
Telefonkontakte zu den Älteren hielt und mit etwas Plauderei die
Einsamkeit erträglicher machte. Manche dieser »Telefonfreund-
schaften« hielten auch nach dem Ende der Lockdowns weiter.

Ökologie und Umweltschutz

- Die ehemalige Industriestadt, in der früher die Semperit-Reifen
vom Fließband rollten, hat vor einigen Jahren mit der Universität
für Bodenkultur ein Landschaftsentwicklungskonzept erstellt.
Seitdem werden im gesamten Stadtgebiet alte Obstsorten gepflanzt, für die Bürger eine Patenschaft übernehmen können. So
können sich die Traiskirchnerinnen und Traiskirchner selbst mit
frischem Obst versorgen und tragen dazu bei, dass alte, beinahe
ausgestorbene Obstsorten wieder ihren Platz finden. Die Kondito-
rei neben dem Hauptplatz, hat gleich zehn Obstbäume gepachtet
und verwendet die Früchte für ihre Kuchen.

- Unter wissenschaftlicher Begleitung renaturierte die Stadt verschiedene Flussgewässer, die an Traiskirchen vorbeiführen, wodurch seltene Tiere und Pflanzen, wie die Mandarinente, Smaragdeidechse und auch Feuchtwiesen-Prachtnelke oder das Sumpf-Blaugras wieder einen natürlichen Lebensraum haben.
- Seit dem Jahr 2014 verzichtet Traiskirchen ganz bewusst auf den Einsatz von Glyphosat bei der Unkrautbekämpfung in Parks und im Stadtgebiet.
- Um die ursprünglichen Heidelandschaften zu rekultivieren, hat die Gemeinde einen eigenen Stadtschäfer engagiert. Dessen Kamerunschafe werden als natürliche Rasenmäher eingesetzt.
- Die Stadt kümmert sich selbst um ihre etwa 3 000 Blumenbeete und Grünstreifen. Dafür hat Traiskirchen zusätzlich eine Gärtnerei gekauft. Dadurch, dass sie nun die Setzlinge für die Blumenbeete selbst im Glashaus ziehen, werden Kosten gespart und Arbeitsplätze geschaffen.

Exkurs: Die bessere Zukunft in der Vergangenheit

Was man heute von der Wohnungspolitik des Roten Wien lernen kann

»Die Menschen, die in unseren neuen Häusern wohnen, sind neue Menschen, leben und atmen nicht nur in neuen Räumen, sondern fühlen und denken auch anders«
(Julius Tandler, Arzt und sozialdemokratischer Politiker, 1869–1936)

In der österreichischen Hauptstadt Wien lässt es sich im Metropolenvergleich immer noch recht günstig leben. Obwohl die Stadt mit ihren knapp unter zwei Millionen Einwohnerinnen und Einwohnern regelmäßig in internationalen Rankings auf den vordersten Plätzen landet, ist Wohnraum deutlich erschwinglicher als in Städten wie London, Paris oder auch München.

Der Grund dafür hat seinen Ursprung vor fast genau hundert Jahren.

Durch die Industrialisierung war die Stadt zwischen 1840 und 1918 von 440000 Einwohnerinnen und Einwohnern auf fast zwei Millionen angewachsen. Auch aus den damaligen Kronländern zog es zahlreiche Gastarbeiter ins Zentrum der Habsburgermonarchie. Bezahlbarer Wohnraum war knapp, etwa 90000 Obdachlose und um die 170000 Bettgeher, auch als Schlafgänger bekannt, die sich keine eigene Unterkunft, sondern bloß stundenweise ein Bett zur Miete leisten konnten, zählte Wien damals. Mehr als jede oder jeder Zweite aus der Arbeiterinnen- und Arbeiterschaft hatte damals kein eigenes Bett.

In den winzigen, überbelegten Zimmer-Kabinett-Wohnungen, deren Fenster nur in enge Lichthöfe führten, verbreitete sich die Tuberkulose unter der ärmeren Bevölkerung derart rasant, dass sie auch als »Wiener Krankheit« bekannt wurde. Im Jahr 1919, kurz nach Ende des Ersten Weltkriegs, gewann die sozialdemokratische Partei die Wahlen in Wien und startete ein ambitioniertes Wohnraumbeschaffungsprogramm. Bis zum Jahr 1934 errichtete das »Rote Wien« 65 Gemeindebauten mit insgesamt etwa 65000 Wohnungen.

Finanziert wurde diese Wohnbauoffensive zuerst durch eine im Jahr 1923 eigens eingeführte zweckgebundene Wohnbausteuer. Diese Steuer mussten all jene entrichten, die Räume vermieteten, wobei die Steuer so gestaffelt wurde, dass diejenigen, die die teuersten 0,5 Prozent der Objekte vermieteten, 44,5 Prozent des Gesamtsteueraufkommens zahlten. Ab dem Jahr 1923 wurde eine »Steuer auf Luxus und besonderen Aufwand« auf nicht unbedingt erforderliche Güter und Dienstleistungen eingehoben, etwa auf Autos, Pferde, Hauspersonal, Genussmittel wie Sekt und Vergnügungen wie Besuche von Nachtlokalen, Bars, Bordellen oder Pferderennen. Mit diesen neuen Einnahmen wurde der soziale Wohnraum finanziert.

»Licht, Luft und Sonne« waren die drei Prinzipien, nach denen die Sozialdemokratie ihre Volkspaläste konzipierte. Die Bauten sollten nicht nur der armen Bevölkerung gesunden Wohnraum schaffen. In den in Wien in Windeseile errichteten Gemeindewohnungen gab es in jeder Wohnung fließend Wasser und direktes Licht, ein wahrer Luxus, wenn man bedenkt, dass zur damaligen Zeit fast 90 Prozent der Wiener Wohnungen keinen Wasseranschluss hatten.

Die weitläufigen, begrünten Innenhöfe luden zur Erholung ein und jeder Gemeindebau verfügte über eine Vielzahl an Gemeinschaftsräumen, von der Waschküche über den Kindergarten, Mütterberatungsstellenbis hin zu Kinderausspeisungen und vieles mehr. In den Geschäftslokalen, die in die Gemeindebauten integriert waren, konnten Dinge des täglichen Lebens erworben werden und in vielen Gemeindebauten wurden sogar Kinderfreibäder integriert. Weil die sozialdemokratisch regierte Stadt nicht auf Gewinn orientiert war, kostete eine Gemeindebauwohnung durchschnittlich zwischen fünf und zehn Prozent des Lohns einer Arbeiterin oder eines Arbeiters.

Die damaligen Politikerinnen und Politiker des Roten Wien hatten die Vision, dass Menschen, die in einer lebenswerten, sauberen, hellen, freundlichen und auch solidarischen Umgebung leben können, sich auch zu besseren Menschen entwickeln werden und sich die Gesellschaft dadurch einer besseren Welt nähern könne.

»Von der passiven zur aktiven Wohnungspolitik« nannte der damals für den Wohnbau zuständige sozialdemokratische Wohnbaustadtrat Hugo Breitner sein Vorgehen in seiner programmatischen Selbstdarstellung im ersten Band von *Das Neue Wien*. Statt einer »passiver Politik«, also der Hoffnung, die unsichtbare Hand des Marktes werde die Probleme schon lösen, setzte Wien aktiv Schritte zur Beendigung des Wohnungselends und finanzierte diese Politik durch eine Umverteilung von den allerreichsten Bewohnerinnen und Bewohnern hin zu den ärmsten, den Arbeiterinnnen und Arbeitern.

Doch die damalige konservative Bundesregierung engte den finanziellen Spielraum des Roten Wien ab dem Jahr 1929 ein. So wurde der Verteilungsschlüssel für Steuergelder zwischen dem konservativen Bund und den Ländern dergestalt verändert, dass die Konservativen dem sozialdemokratisch regierten Wien den Geldhahn zudrehten und der Stadt viel weniger Geld für den Wohnbau zur Verfügung stand. Breitner trat 1932 zurück und ein Jahr später übernahm der Austrofaschist Engelbert Dollfuß nach der Ausschaltung des Parlaments in Österreich diktatorisch die Macht im Land. 1934 wurden die Sozialdemokratische Partei wie auch die Kommunistische Partei in Österreich verboten, zwischen 1938 und 1945 war Österreich Teil der nationalsozialistischen Diktatur.

Nach Ende des Zweiten Weltkriegs waren in Wien etwa 20 Prozent der Wohnhäuser durch die Bombenangriffe schwer beschädigt oder ganz zerstört. Etwa 35 000 Menschen waren obdachlos.

Die nach dem Jahr 1945 wieder von der Sozialdemokratie regierte Stadt begann ein Wiederaufbauprogramm, bei dem unter anderem der Ziegelschutt als neues Baumaterial verwendet und zum Teil Großbauprojekte mit 1 000 Wohnungen gebaut wurden, zum Teil wurden in kriegsbedingte Baulücken neue Gemeindebauten errichtet.

Heute ist die Stadt Eigentümerin von etwa 220 000 Wohnungen. Während in anderen Städten wie etwa Berlin im neoliberalen Sog der kommunale Wohnbau privatisiert wurde, behielt Wien seine Wohnungen und begann nach 15 Jahren Pause im Jahr 2019 wieder, neue Gemeindebauten in der Stadt zu errichten. Weil 60 Prozent der Wienerinnen und Wiener im geförderten oder kommunalen Wohnbau (also in Gemeindebauten oder Genossenschaften) leben, sind die Mieten im europäischen Vergleich immer noch um vieles günstiger.

6 Wie positive Zukunftsbilder schon heute umgesetzt werden

111 Beispiele

1. In den Niederlanden bekommen Angestellte, die mit dem Fahrrad in die Arbeit fahren, Geld. Pro geradeltem Kilometer erhalten sie 19 Cent. So sollen die Menschen motiviert werden, für den Weg in die Arbeit auf das Auto zu verzichten. Auch die italienische Stadt Bari startete 2019 ein Experiment: Sie belohnte ihre radelnden Bürgerinnen und Bürger mit bis zu 25 Euro pro Monat.

2. In Irland schreiben Bürgerinnen und Bürger seit 2012 an Gesetzen mit. Zwischen 2012 und 2014 richtete das Land einen Verfassungskonvent ein, in dem 66 zufällig ausgewählte Bürgerinnen und Bürger gemeinsam mit 33 Abgeordneten zu verfassungsrelevanten Fragen arbeiteten. Der Verfassungskonvent schlug die Zulassung gleichgeschlechtlicher Ehen vor, weshalb eine Volksabstimmung durchgeführt wurde, bei der sich 62 Prozent für diese Form der Ehe aussprachen und Irland so zum weltweit ersten Land wurde, das homosexuelle Paare aufgrund einer Volksbefragung rechtlich gleichstellte. Als Folge des Verfassungskonvents entstanden 2016 sogenannte *Citizens Assemblies*, also Bürgerinnen- und Bürgerräte, in denen durch ein Losverfahren ausgewählte Bürgerinnen und Bürger Empfehlungen zum politischen Umgang mit wesentlichen Themen wie etwa der Klimakrise, aber auch der Herabsetzung des Wahlalters ausarbeiten. Die teilnehmenden

Bürgerinnen und Bürger stellen einen repräsentativen Querschnitt der Bevölkerung dar und treffen einander regelmäßig an Wochenenden, um wichtige politische Fragen zu diskutieren und Empfehlungen auszuarbeiten. Die Protokolle und die Abstimmungsergebnisse werden online veröffentlicht. 2017 wurde ein Bürgerinnen- und Bürgerrat zum Thema Abtreibung einberufen, der sich nach wochenlanger intensiver Debatte für eine Volksabstimmung entschied, mit der die damals europaweit strengsten Abtreibungsgesetze liberalisiert wurden. Die irischen Bürgerinnen- und Bürgerräte widerlegen die These der angeblichen politischen Unmündigkeit der Wählerinnen und Wähler, bekämpfen Politikverdrossenheit und zeigen, wie produktiv es sein kann, wenn Menschen mit unterschiedlichen Weltbildern einen respektvollen Dialog auf Augenhöhe führen. Das irische Bürgerbeteiligungskonzept wurde mittlerweile unter anderem von Frankreich übernommen, wo ein Klimaschutz-Bürgerinnen- und Bürgerrat installiert wurde, und von Deutschland, wo die Initiative *Mehr Demokratie* im Herbst 2019 den ersten Bürgerinnen- und Bürgerrat organisierte.

3. Als im Jahr 1986 in Tschernobyl der Super-GAU im Atomkraftwerk passierte und eine giftige Wolke quer durch Europa zog, war Michael und Ursula Sladek eines klar: Deutschland muss raus aus der gefährlichen Atomenergie. Gemeinsam mit anderen besorgten Bürgerinnen und Bürgern in ihrer Gemeinde Schönau im Schwarzwald gründeten sie eine Initiative für Ökostrom, boten Stromsparberatungen an, reaktivierten kleine Wasserkraftwerke und hatten schließlich einen großen Plan: das lokale Stromnetz kaufen und selbst umweltfreundliche Energie für die Gemeinde zu produzieren. Aber woher das Geld nehmen, um ein ganzes Stromnetz zu kaufen? 1994 gründete die Initiative die *Elektrizitätswerke Schönau GmbH* (EWS), ein Jahr später erhielt die EWS eine Konzession zum Betreiben eines Stromnetzes. Aber woher das Stromnetz nehmen? Mit Unterstützung einiger deutscher Werbeagenturen starteten sie die

bundesweite Spendenkampagne »Ich bin ein Störfall« und konnten so genügend Geld auftreiben, um dem alten Netzbetreiber das Stromnetz abzukaufen. Seit 1997 produziert die aus einer Bürgerinnen- und Bürgerbewegung hervorgegangene EWS ökologischen Strom, der unter anderem mit Solarpaneelen auf dem Dach der evangelischen Kirchen von Schönau gewonnen wird. Aber auch in mehr als 3 100 Bürgerinnen- und Bürgerkraftwerken, die von den Schönauer Stromrebellinnen und Stromrebellen unterstützt wurden. Hatte die EWS zu Beginn nur 1 700 Kundinnen und Kunden, so sind es mittlerweile etwa 210 000.

4. Spanien setzte im Frühjahr 2021 Tempo 30 als Höchstgeschwindigkeit in allen Städten durch. In schmalen Gassen mit nur einem Fahrstreifen pro Richtung gilt sogar Tempo 20. Lediglich auf Stadtstraßen mit mehr als einem Fahrstreifen pro Richtung darf noch 50 km/h gefahren werden. Dadurch soll die Zahl der innerstädtischen Verkehrstoten massiv gesenkt werden.

5. Die litauische Hauptstadt Vilnius hat seit 2017 eines der innovativsten Verkehrskonzepte. Eine eigene App namens *Trafi* macht den privaten PKW überflüssig. Die App stimmt auf Knopfdruck alle Verkehrsmittel von öffentlichen Verkehrsmitteln, Car-Sharing-Autos, Citybikes aufeinander ab und zeigt so den Bewohnerinnen und Bewohnern den schnellsten und bequemsten Weg durch die Stadt an. Zusätzlich zeigt *Trafi* seinen Benutzerinnen und Benutzern auch die aktuelle Position von Verkehrsmitteln sowie Baustellen und Staus in der Stadt. Ähnlich funktioniert auch die App *Jelbi*, die Anfang 2019 in Berlin eingeführt wurde.

6. Die Pariser Innenstadt soll bis 2022 zur verkehrsberuhigten Zone werden. Dort, wo derzeit noch 180 000 Autos pro Tag durchbrausen, sollen bald Fußgängerinnen und Fußgänger, Radfahrerinnen und Radfahrer Vorrang haben. Nur Anwohnerinnen und Anwohner, Busse, Taxis und Handwerkerinnen und Handwerker sollen dann noch mit dem Auto in diese Innen-

stadtzone fahren dürfen. Schon jetzt sind in Paris prominente Orte wie etwa das rechte Ufer der Seine für den Autoverkehr gesperrt. Auch die belgische Hauptstadt Brüssel plant die rasche Umsetzung einer autofreien Innenstadt.

7. Die italienische Kleinstadt Capannori begann bereits im Jahr 2007, ihren Müll massiv zu reduzieren, und war damals die erste Zero-Waste-Stadt der Welt. Gestartet wurde die Initiative von einem Grundschullehrer, der gegen eine geplante Müllverbrennungsanlage kämpfte. Er entwickelte ein Projekt, bei dem eine eigene Tür-zu-Tür-Müllabfuhr aufgebaut wurde und die Haushalte spezielle Müllsäcke erhalten, bei denen per Mikrochip gemessen wird, wie viel Müll jeder einzelne Haushalt produziert. Die Kosten für die Entsorgung richten sich nach dem Gewicht, wodurch es einen großen Anreiz zur Müllvermeidung gibt. Um das Mülltrennen leichter zu machen, wurden alle etwa 37 000 Einwohnerinnen und Einwohner von der Kommune mit kostenlosem Mülltrennungssystemen versorgt . Freiwillige Helferinnen und Helfer lieferten den Haushalten Informationen zu Mülltrennung. Mittlerweile kompostieren auch die Kantinen der Kommune und Privathaushalte, die ihren organischen Müll selbst kompostieren, erhalten zehn Prozent Rabatt auf die Müllentsorgung. Die Kommune fördert außerdem wiederverwendbare Stoffwindeln für Jungfamilien, startete eine Kampagne für Trinkwasser aus der Leitung, verteilte kostenlose Stofftaschen für die Einkäufe, errichtete zwei Milch-Befüllstationen, bei denen die Bauern der Region die Milch direkt liefern. Und sie eröffnete ein *Reuse-Center*, in dem gebrauchte Gegenstände repariert und günstig verkauft werden und die Besucherinnen und Besuchern in Kursen lernen können, wie man Dinge selbst repariert. Mittlerweile werden in der Region Capannori mehr als 80 Prozent des Mülls wiederverwertet.

8. Es war ein sehr ungewöhnlicher Brief, den die 83 »Millionäre für Menschlichkeit« während der Coronapandemie an die Regierungen der Welt schrieben:»Während Covid-19 die Welt

heimsucht, haben Millionäre wie wir eine entscheidende Rolle bei der Heilung unserer Welt zu spielen. Nein, wir sind nicht diejenigen, die sich um die Kranken in den Intensivstationen kümmern. Wir fahren nicht die Krankenwagen, die die Kranken in die Krankenhäuser bringen. Wir füllen nicht die Regale in den Lebensmittelgeschäften auf oder liefern Lebensmittel von Tür zu Tür. Aber wir haben Geld, sehr viel Geld. Geld, das jetzt dringend benötigt wird und auch in den kommenden Jahren benötigt werden wird, wenn sich unsere Welt von dieser Krise erholt. Heute bitten wir, die unterzeichnenden Millionäre, unsere Regierungen, die Steuern für Menschen wie uns zu erhöhen.«

9. Im Kampf gegen den Auto-Durchzugsverkehr setzt die spanische Küstenstadt Barcelona seit 2016 auf sogenannte *Superilles*, dem katalanischen Ausdruck für Superblocks: Hier werden bis zu neun Häuserblocks zusammengefasst, innerhalb derer Fußgängerinnen und Fußgänger und alle, die mit dem Fahrrad unterwegs sind, Vorrang haben. Bei zweispurigen Straßen wird den Autos eine Spur weggenommen. Dafür können auf dieser neu eroberten Freifläche Anrainerinnen und Anrainer Kaffee trinken und Kinder spielen. Innerhalb der Superblocks hat die Kommune Tische und Hochbeete aufstellen lassen sowie Bäume gepflanzt. Autos sind innerhalb der Superblocks entweder gar nicht erlaubt, oder dürfen – etwa zu Lieferzwecken – nur mit einer Geschwindigkeit von zehn bis höchstens 20 km/h fahren. Durch diese Superblocks ist die Lärmbelastung der Anrainerinnen und Anrainer reduziert, es gibt mehr Freiflächen im Grünen, die Luftqualität hat sich verbessert und speziell für Kinder ist die Gefahr eines Autounfalls gesunken.

10. Der österreichische Schuh- und Möbelproduzent Gea mit Sitz in der knapp 6 000 Einwohnerinnen- und Einwohner-Kommune Schrems nahe der tschechischen Grenze hat sich zum Ziel gesetzt, aus »Stehzeugen« Fahrzeuge zu machen. Das Unternehmen hat einen eigenen Fuhrpark eingerichtet, den nicht nur die Mitarbeiterinnen und Mitarbeiter zu günstigen

Preisen nutzen können, sondern auch die Bewohnerinnen und Bewohner der Kleinstadt. Angeboten werden E-Bikes, E-Autos, dieselbetriebene PKWs, ein Klein-LKW sowie eine Mitfahrbörse.

11. Seit 2020 entsteht mit *Nordic Havest* bei Kopenhagen eine der weltweit größten vertikalen Farmen, in der Salate und Kräuter angebaut werden. Auf 14 Etagen wachsen in einem Industriegebiet etwa 20 Kilometer westlich der dänischen Hauptstadt Minze, Basilikum, Rucola, junger Spinat sowie zahlreiche Salate. Diese Vertikalfarm verbraucht um 95 Prozent weniger Wasser als die herkömmliche Landwirtschaft und kommt ohne Pestizide und künstlichen Dünger aus. Im Vollausbau plant *Nordic Harvest*, jährlich tausend Tonnen Lebensmittel zu produzieren.

12. In der kolumbianischen Hauptstadt Bogotá sind seit 1999 zentrale Straßen an Sonn- und Feiertagen autofrei. Insgesamt 127 Straßenkilometer stehen damit an 70 Tagen im Jahr Fußgängerinnen und Fußgängern sowie Radfahrerinnen und Radfahrern exklusiv zur Verfügung.

13. Speziell kleine Einzelhandelsunternehmen gerieten während der Coronapandemie massiv unter Druck. Sie mussten in den Lockdowns schließen, zahlreiche Konsumentinnen und Konsumenten kauften bei den globalen Onlinehandelsunternehmen. Zur Unterstützung ihrer kleinen Geschäfte in der Stadt startete Würzburg mit *WüLivery* ein besonders innovatives Lieferservice. Wer in den Innenstadtgeschäften bestellt, bekommt die Ware noch am selben Tag emissionsfrei per Fahrradbotin oder Fahrradboten nach Hause geliefert. Das Angebot gilt für Produkte, die im Laden gekauft wurden, damit die Kundinnen und Kunden das Gekaufte nicht selbst nach Hause schleppen müssen, sowie für lokales Online-Shopping. Dieser Service zur Unterstützung der lokalen Geschäfte wird von der Stadt finanziell unterstützt.

14. Kinder, die nicht mit den besten Startbedingungen zur Welt kommen, deren Eltern wenig Geld haben und auch nicht viel

Erfahrung mit dem Bildungssystem, genau diese Kinder verdienen die allerbesten Lehrerinnen und Lehrer. Das dachte sich im Jahr 1989 Wendy Koop, eine damals erst 22-jährige Absolventin der amerikanischen Elite-Universität Princeton. Sie startete das Programm *Teach for America*, das die allerbesten College-Absolventinnen und -Absolventen für zwei Jahre als Lehrerinnen und Lehrer in sogenannte Brennpunktschulen schickt. Dort sorgen diese ungewöhnlichen Lehrkräfte dafür, dass arme Kinder motiviert sind, zu lernen, und jene Unterstützung erhalten, die ihnen zu Hause fehlt. Weil die bestgebildeten Uni-Absolventinnen und -Absolventen sich freiwillig für den Lehrberuf auf Zeit entscheiden und bewusst in Kauf nehmen, dass sie weniger verdienen als bei einem Job in der Wirtschaft, sind es die am meisten motivierten und sozial eingestellten jungen Menschen, die sozial benachteiligte Kinder unterstützen, weil ihnen Bildungsgerechtigkeit ein Anliegen ist. Mittlerweile wurde aus *Teach for America* das globale Netzwerk *Teach for All*, das in zahlreichen Ländern von Afghanistan über Großbritannien, Portugal, Schweden bis Zimbabwe tätig ist. In Österreich zeigte eine Studie im Februar 2021, dass zehn Jahre nach Start des österreichischen *Teach for Austria*-Programms jede dritte hochqualifizierte *Teach for Austria*-Quereinsteigerin und jeder dritte Quereinsteiger auch nach Ablauf des auf zwei Jahre angelegten Programms dem Lehrbetrieb erhalten bleibt und als Lehrkraft weiter sozial benachteiligte Kinder unterstützt.

15. Die norwegische Hauptstadt Oslo hat seit 2016 ein eigenes Klimabudget. In diesem Budget wird eine jährliche Grenze festgeschrieben, wie viel Kohlendioxid emittiert wurde. Die Stadt muss sich bei jedem Beschluss an dieses Budget halten. Damit das Ziel von niedrigen CO_2-Emissionen erreicht werden kann, führte die Stadt eine Citymaut ein, baute Fahrradwege aus und stellte die Fahrzeuge im Eigentum der Stadt auf elektrischen Betrieb um. Mittlerweile fährt die Hälfte der Neuwagen in Oslo elektrisch.

16. Im Großraum London plaudern Frisörinnen und Frisöre über Organspenden, während sie Haare schneiden. *Hair2Debate* ist der Name dieser ungewöhnlichen Initiative mit ernstem Hintergrund: Wer einer ethnischen Minderheit angehört, wartet in Großbritannien länger auf eine lebensrettende Organspende als weiße Patientinnen und Patienten. Grund sind fehlende Informationen innerhalb der Communitys, warum Blutspenden und Organspenden so wichtig sind, aber auch das mangelnde Vertrauen in das britische Gesundheitswesen. Weil der Frisörsalon ein Ort ist, an dem gerne geplaudert wird, begann die Nichtregierungsorganisation *Action On Blood* vor einigen Jahren, gezielt Frisörinnen und Frisöre aus Migrantencommunitys in Gesundheitsfragen zu schulen und sie so auszubilden, dass sie mit ihren Kundinnen und Kunden über die Bedeutung von Blut- und Organspenden diskutieren können.

17. Frankreich zahlt Bürgerinnen und Bürgern, die ihr altes Auto gegen ein E-Bike tauschen, eine Prämie von 2 500 Euro. So sollen mehr Menschen auf ökologische Mobilität umsteigen.

18. Am Ende ihres Lebens sind Zigaretten vor allem eines: gefährlicher Müll voll Blei, Arsen, Teer und vielen anderen Giftstoffen. Trotzdem werden Zigarettenkippen viel zu oft achtlos in die Natur geworfen. Laut Weltgesundheitsorganisation (WHO) verschmutzen pro Jahr etwa 4,5 Billionen Kippenstummel unseren Planeten. Es dauert 10 bis 15 Jahre, bis Zigarettenkippen verrotten. In dieser Zeit landen die Gifte, die sich in den kleinen Zigarettenstummeln angesammelt haben, in unserem Grundwasser. In der 42 000 Einwohnerinnen- und Einwohnerstadt Amberg sind die »Kippenjäger« unterwegs. Die Initiative ging von einer engagierten Rentnerin aus, mittlerweile sind in der ganzen Stadt Kippensammelbehälter an öffentlichen Orten montiert. Die Zigarettenreste werden gesammelt und einem Recycling-Prozess zugeführt. Nicht nur die Kippenjäger sammeln, auch zahlreiche Restaurants und auch die örtliche Polizeistation hat sich dem Projekt angeschlossen. Allein von Februar bis Ende April sammelte die Initiative etwa 20 000 Kippen.

Die Initiative »Tobacycle« macht aus den Zigarettenstummeln ein spritzfähiges Granulat, aus dem wiederum Sammelbehälter für Zigarettenkippen erzeugt werden.

19. Weltweit benötigen laut Weltgesundheitsorganisation WHO etwa 950 Millionen Menschen eine Brille, können sich eine Sehhilfe aber nicht leisten. Deshalb hat der ehemalige Realschullehrer Martin Aufmuth in seiner Kellerwerkstatt die »Ein Dollar Brille« erfunden: Das Konzept beruht auf einer patentierten Biegemaschine, mit deren Hilfe sich in wenigen Minuten Federstahldrähte zu einem passgenauen Brillengestell formen lassen. Diese Brillen sind sehr leicht, trotzdem extrem robust und die Materialkosten liegen bei nur etwa einem Dollar. Die Brille kann sehr einfach und ohne Strom hergestellt werden. Parallel zu den Brillen bildet seine Nichtregierungsorganisation auch optische Fachkräfte aus, die Sehtests durchführen und die Brillen gut anpassen können. Die Brillen werden in armen Ländern für 2 bis 2,50 Euro verkauft, um dadurch auch den optischen Fachkräften vor Ort ein Einkommen zu sichern und so neue Arbeitsplätze zu schaffen. Bisher hat diese Initiative mehr als 300 000 Menschen in acht armen Ländern der Welt zu einer Brille verholfen.

20. Jedes fünfte Kind weltweit hat laut UN-Kinderhilfswerk UNICEF nicht genug Wasser, um den täglichen Bedarf zu decken. Im östlichen und südlichen Afrika haben sogar 58 Prozent der Kinder Schwierigkeiten, täglich Zugang zu ausreichend Wasser zu bekommen. Nach einem Trainingslager auf der Karibikinsel Kuba und einem Urlaub in Jamaika, wo er mit der Armut der Menschen dort konfrontiert war, gründete der damalige FC St. Pauli-Fußballer Benjamin Adrion die Initiative *Viva con Agua*, ein Social Business, das den Zugang zu sicherem Trinkwasser für alle zum Ziel hat. Es begann mit einer Solidaritäts-Partyreihe mit dem Titel *Dance for Water* in Hamburg, mittlerweile stehen die *Viva con Agua*-Aktivistinnen und Aktivisten auf zahlreichen Musikfestivals und werden von vielen Künstlerinnen und Künstlern unterstützt. *Viva con Aqua* produziert Trinkwas-

ser in Flaschen, die in der Gastronomie, in Hotels, Clubs und Getränkemärkten verkauft werden. Die Wasserflaschen dienen als Flyer, um den Menschen in Deutschland das Thema fehlende Trinkwasserversorgung näherzubringen. Mit dem Erlös werden Sanitär- und Hygieneprojekte in Ländern wie Äthiopien, Südafrika oder Uganda ermöglicht. Mit *Goldeimer* hat *Viva con Aqua* auch eine Schwesternorganisation bekommen. Das norddeutsche Start-up setzt Kompostklos auf Festivals ein und produziert recyclebares Toilettenpapier und seit kurzem auch Seife, mit deren Erlös Sanitäranlagen in ärmeren Ländern finanziert werden.

21. Im Frühjahr 2000 hatten vier Menschen in Dänemark eine gemeinsame Idee: Wie sehr würde es helfen, Vorurteile abzubauen, wenn die Leute die Gelegenheit hätten, diejenigen, vor denen sie sich fürchten oder über die sie schlecht denken, einmal auf Augenhöhe kennen zu lernen? Das war die Geburtsstunde von *Menneskebiblioteket*, einer menschlichen Bibliothek, in der man, statt Geschichten in Büchern zu lesen, die Geschichten von Menschen mit ungewöhnlichen Biographien direkt erzählt bekommt, seien es geflüchtete Menschen, Transgender-Personen, Menschen, die unter Alkohol- oder einer anderen Drogensucht leiden, die obdachlos sind, die polyamorös leben und viele mehr. In einem sicheren, respektvollen Raum kommen in diesen »menschlichen Bibliotheken« Menschen ins Gespräch, die sonst nie miteinander reden würden. Und können offen und ohne einander zu verurteilen diskutieren und durch diesen direkten Kontakt Vorurteile abbauen und ein Verständnis für Menschen, die anders sind, entwickeln. Mittlerweile gibt es diese ganz besonderen Bibliotheken in 85 verschiedenen Ländern der Welt.

22. Bis jetzt ging die Preisschlacht zwischen Zug und Billigflieger regelmäßig zugunsten des Flugzeugs aus. Wer kann bei Dumpingpreisen wie zehn Euro für einen Flug schon mithalten? Die französische Billigzugschiene *OUIGO* ist nun in dieses Match eingestiegen: In Spanien bietet eine Zuglinie eine Fahrt Ma-

drid – Barcelona mit dem sonst so teuren Hochgeschwindigkeitszug im Mai 2021 erstmals ab 9 Euro an. Auch Spaniens Zuggesellschaft steigt nun mit einer eigenen Billiglinie namens AVLO ins Geschäft ein. So sollen all jene, die bisher nur mit dem Flugzeug unterwegs waren, zum Zugfahren verlockt werden. Denn der Expresszug benötigt für die 620 Kilometer weite Strecke nur zwei Stunden und dreißig Minuten. Diese Low-Cost-Hochgeschwindigkeitszüge funktionieren ähnlich wie die Billigflieger: Das Ticket ist extrem günstig, wer Gepäck mitnehmen, einen Sitzplatz reservieren oder WLAN benutzen will, muss aufzahlen.

23. Im Januar 2021 war Norwegen das erste Land der Welt, das bei den Neuzulassungen mehr Autos mit Elektromotor hatte als mit Verbrennungsmotoren. 54,3 Prozent aller neu angemeldeten Pkws hatten einen elektrischen oder einen Hybrid-Antrieb. Ausgelöst wurde diese Verkehrswende durch die Politik: In Norwegen sind E-Autos fast komplett von der Steuer befreit und können deshalb bei den Kosten mit Diesel-Autos und Benzinern mithalten. Der Strom, den diese Autos verbrauchen, wird in Norwegen fast ausschließlich mit Wasserkraft produziert. Bis zum Jahr 2025 möchte Norwegen erreichen, dass ausschließlich E-Autos gekauft werden.

24. Die Müllerstraße im Zentrum von München zählt zu den teuersten Adressen der Stadt. Dort, wo die Stadt noch vor wenigen Jahren alte Häuser, die leer standen, abreißen lassen wollte, steht heute ein ganz besonderes Haus: das *Bellevue di Monaco*, ein Kultur- und Integrationszentrum für alle, die in München leben. Denn vielen in München war es gar nicht recht, dass die alten Häuser abgerissen werden sollten. Sie protestierten so lange, bis der Stadtrat dem Willkommenshaus für Geflüchtete zustimmte. Im Bellevue finden diese Menschen eine neue Bleibe und die Chance, mit Münchnerinnen und Münchnern in Kontakt zu kommen. Als »Ort des Willkommens im Zentrum der Stadt« bezeichnen die Organisatorinnen und Organisatoren ihr Projekt. Neben Asyl- und Migrationsberatung und den

Unterkünften gibt es hier auch ein Lerncafé, Sprachkurse, interkulturelle Konfliktberatung, es werden Sprachpatenschaften vermittelt, es gibt ein offenes Kunstatelier, regelmäßige Möbelworkshops, eine Fahrradwerkstatt, die kostenlos genutzt werden kann, eine Laufgruppe, Boxtraining, einen Chor und vieles mehr. Herzstück des Projekts ist ein trendiges Café, das von Einheimischen und Geflüchteten gemeinsam betrieben wird und in dem regelmäßig Diskussionen, Vernissagen, Konzerte und Feste stattfinden.

25. Es sind ganz besondere Engel, die beim britischen Radiosender *Angel FM* für die Musik sorgen. Diese Radiostation, die 1993 als Piratensender in der Stadt Havant im Süden Englands begann, ist der weltweit erste Sender von Oldies für Oldies. Hier machen nur Seniorinnen und Senioren Programm. Der Großteil der etwa 300 ehrenamtlichen Radiomacherinnen und Radiomacher ist älter als 60 Jahre. Bei http://angelradio.co.uk/ können auch ältere Menschen aktiv bleiben, ihre Erinnerungen teilen und ihr Programm gestalten. Ähnlich funktioniert auch das deutsche *Radio Ginseng*, ein von älteren Menschen produziertes »Radio der Erinnerungen«, das im März 2021 startete. So können sich auch ältere Menschen kreativ einbringen und bleiben aktive Teile der Gesellschaft.

26. Die Tatsache, dass im nordenglischen Preston noch immer ein Busbahnhof steht, das haben die Bewohnerinnnen und Bewohner der nordenglischen Stadt internationalen Konzernen zu verdanken. Denn eigentlich sollte dort längst ein modernes Einkaufszentrum gebaut worden sein. Doch im Zuge der 2008 ausgebrochenen Weltwirtschaftskrise zogen sich 2011 auch in Preston jene internationalen Konzerne, die das Einkaufszentrum errichten sollten, aus der Stadt zurück. Gleichzeitig kürzte die Regierung in London den Kommunen die Budgets. Dann entschied sich die Stadt, nicht mehr großen Konzernen nachzulaufen. Stattdessen überlegte sie, wie es gelingen könnte, lokal zu investieren und so langfristig Arbeitsplätze und Wohlstand in der Gemeinde zu halten. So legte etwa der

Pensionsfonds der Stadt sein Geld nicht am internationalen Kapitalmarkt an, sondern investierte in ein ehemaliges Hotel, das in bezahlbare Apartments für Studierende umgebaut wurde. Und in den Schulküchen wird nun Gemüse verkocht, das aus Bauernhöfen der Umgebung stammt. Die Stadt formulierte ihre Ausschreibungen so, dass ökologische und soziale Kriterien eine Rolle spielen. Größere Projekte wie etwa die Sanierung der Markthalle im Zentrum der Stadt wurden in mehrere, kleine Aufträge unterteilt, damit auch kleinere lokale Unternehmen sich bewerben. Und bei den Ausschreibungen wurden Kriterien wie etwa die Länge der Transportwege, ob das Unternehmen Lehrlinge ausbildet und die Unternehmen ordentliche Löhne bezahlen, berücksichtigt. So gelang es der Stadt, die lokale Wirtschaft zu stärken und neue Arbeitsplätze zu schaffen. Auch in die neu sanierte Markthalle zogen keine riesigen Handelsketten, sondern lokale Betriebe ein.

27. Die US-Stadt San Francisco stimmte 2018 für *Proposition C*: ein neues Steuergesetz, bei dem die größten Unternehmen der Stadt, die einen Jahresumsatz von mehr als 50 Millionen Dollar (43 Millionen Euro) erwirtschaften, eine zusätzliche Steuer zahlen müssen, mit der die Obdachlosenhilfe finanziert wird. Durch die neue Steuer können wohnungslose Menschen mit zusätzlichen 300 Millionen Dollar pro Jahr unterstützt werden.

28. Im September 2005 begannen Menschen in San Francisco, an einem Tag den Autos Konkurrenz zu machen. An diesen »Parking Day« wandelten sie Parkplätze in Flaniermeilen und Spielstraßen um. Statt zugeparkten Straßen gab es einen Tag lang Freiraum für die Bürgerinnen und Bürger. Denn ein Autoparkplatz benötigt zumindest zehn Quadratmeter, ein Kinderzimmer in Deutschland ist oft kleiner. Meist stehen die Autos 23 Stunden am Tag und werden nur eine Stunde bewegt. Mittlerweile verwandeln zahlreiche Städte der Welt am dritten Freitag im September die Parkplätze zu Frühstückstafeln oder öffentlichen Schachbrettern, Spielplätzen, kleinen Parks oder Freiluft-Bibliotheken.

29. Seit 2012 wird in allen Schulkantinen der 10 000 Einwohnerinnen- und Einwohner-Stadt Mouans-Sartoux in der französischen Provence ausschließlich biologisch gekocht. Um den Umstieg von konventionellen Produkten auf Bioküche kostenneutral gestalten zu können, erwarb die Stadt sechs Hektar Land, auf denen nun jährlich fast 25 Tonnen Gemüse produziert werden. Zusätzlich fördert Mouans-Sartoux Rückkehrer in die Landwirtschaft, die nach biologischen Kriterien arbeiten. Um die Überschüsse aus Sommer und Herbst haltbar zu machen, wurde eine eigene »Verarbeitungswerkstatt« eingerichtet und in den Schulküchen achten die Mitarbeiterinnen und Mitarbeiter darauf, saisonal zu kochen, wodurch sich die Kosten reduzieren. In den vergangenen Jahren ist es der Gemeinde außerdem gelungen, Lebensmittelabfälle um achtzig Prozent zu reduzieren. Da helfen bereits die Kleinsten mit: Nach dem Mittagessen sortieren die Schülerinnen und Schüler ihre Essensreste selbst in Kübel und bekommen so ein Gefühl dafür, wie viel Essen sie wegwerfen. In eigenen Schulgärten bauen die Schülerinnen und Schüler selbst Obst und Gemüse an und in Kochworkshops lernen sie, wie sie sich selbst gesunde Gerichte zubereiten können.

30. Fatou Jeng und ihre Mitstreiterinnen und Mitstreiter haben bereits 5 000 Kokospalmen gepflanzt, 3 000 sollen noch folgen. Mit diesem Aufforstungsplan möchten sie mithelfen, dass Banjul, die Hauptstadt des afrikanischen Kleinstaates Gambia, nicht im Meer versinkt. Denn wenn der Meeresspiegel nur einen Meter steigt, verschwindet die 30 000 Einwohnerstadt, die zwischen Küste und Gambiafluss liegt. Die NGO *Clean Earth Gambia* setzt im Kampf gegen die Erderwärmung Bäume, reinigt die Meeresstrände und leistet Aufklärungsarbeit in der Bevölkerung des afrikanischen Staates.

31. In Marienrachdorf in Rheinland-Pfalz steht ein ganz besonderes Seniorenheim. Dort können alte Menschen ihre letzten Lebensjahre noch als Hobbybäuerinnen und -bauern verbringen, können bei den Rindern, Ponys und Alpakas, bei den Gänsen

und Hühnern aushelfen. Auf diesem barrierefreien Pflegebau-ernhof können sich die Bewohnerinnen und Bewohner je nach ihren Möglichkeiten einbringen, können etwa beim Einsam-meln der Eier oder bei einem Spaziergang mit dem Alpaka ak-tiv bleiben und haben eine Aufgabe.

32. *Hisbe* nennt sich der Supermarkt im britischen Brighton, der auf den ersten Blick gar nicht so anders aussieht, aber doch ganz anders ist als ein konventionelles Lebensmittelgeschäft. Hier gibt es nur Produkte zu kaufen, die fair zu Landwirten, Lieferanten, Tieren, dem Planeten und den Verbrauchern sind. Von jedem britischen Pfund, das Hisbe einnimmt, gehen 67 Pence direkt an die Lieferantinnen und Lieferanten. Der Name *Hisbe* steht übrigens für »How It Should Be«, wie es sein sollte.

33. Mangrovenwälder speichern vier bis fünf Mal mehr Kohlenstoff als herkömmliche Wälder. Doch zahlreiche Mangrovenwälder wurden in den vergangenen Jahrzehnten zerstört, um auf die-sen Flächen Ackerland zu machen und Teiche für Aquakultur zu errichten. In Kenia engagiert sich die Initiative *Mikoko Pa-moja* für die Rückkehr der verlorenen Mangrovenwälder. Die Initiative hat in der Küstenregion Kenias 117 Hektar Mangro-ven unter Schutz gestellt und zwei Hektar Wald wiederaufge-forstet.

34. Essen ohne Müll, das gibt es seit Jahren im britischen Brighton. Dort eröffnete Koch Douglas McMaster 2017 sein *Silo*, ein Zero-Waste-Restaurant. Sämtliche Lebensmittel werden unverpackt oder in recycelbaren Papiersäcken und Glasflaschen geliefert. Das, was nicht ohne Plastik gekauft werden kann wie etwa Creme Fraiche, stellt der Koch in seinem Restaurant selbst her. Essensreste werden im riesigen Bio-Komposter zu feinstem Kompost verarbeitet. Das ganze Lokal setzt auf Recycling, vom Speiseteller über die Tische und Stühle bis hin zu den Karotten, die der Koch in kompostierten Zitronenabfällen gart. Mittler-weile hat das *Silo* in anderen Ländern Nachahmer gefunden: So wird unter anderem im Sternerestaurant *Amass* in Kopenha-

gen, in der *Rhodora Wine Bar* in Brooklyn/New York oder im veganen Restaurant *Frea* in Berlin nachhaltig und nach dem Zero-Waste-Prinzip gekocht.

35. Italiens Bildungsminister erklärte 2019 Klimawandel zum neuen Schulfach. Eine Unterrichtseinheit pro Woche soll sich mit Umweltschutz und den Folgen der Erderwärmung beschäftigen, und das von der Grundschule bis zum Schulabschluss.

36. Der afrikanische Staat Ruanda hat bereits 2008 als weltweit erstes Land ein Plastiktütenverbot eingeführt. Seitdem dürfen Plastiktüten und Plastikverpackungen weder importiert noch verkauft oder verwendet werden. Außerdem ist in Ruanda jeden letzten Samstag im Monat *Umuganda*, auf Deutsch bedeutet das gemeinschaftlicher Kehrtag. An diesem Tag machen die Bewohnerinnen und Bewohner gemeinsam ihre Straßen und Parks sauber.

37. In der Schweizer Gemeinde Fläsch geht jede Nacht das Licht aus. Zwischen Mitternacht und vier Uhr früh ist das etwa 500-Personen-Dorf stockfinster, auch darüber hinaus wird die Straßenbeleuchtung mit Bewegungssensoren gesteuert, um unnötige Lichtverschmutzung zu verhindern. Als die alten Quecksilberhochdrucklampen 2018 erneuert werden mussten, entschied man sich im Dorf für weniger Licht, das in besonders schonendem Gelbton strahlt. Jeder Lichtmast ist mit einem Bewegungssensor und eine Internetverbindung ausgestattet. Alle Laternen kommunizieren miteinander. Ist auf der Straße nichts los, schaltet sich das Straßenlicht bereits vor Mitternacht ab. Kommt ein Fußgänger oder Radfahrer, werden die Lampen nacheinander in Fahrtrichtung hell. Von diesen Maßnahmen profitieren nicht nur die Bewohnerinnen und Bewohner, sondern auch Insekten und nachtaktive Tiere. Zum Schutz der seltenen Mausohr-Fledermäuse, die zwischen Frühling und Herbst ihre Tage im Kirchturm des Ortes verbringen, sind die Leuchten am Kirchturm massiv reduziert. Interessierte können sich die Fledermäuse per Livekamera am Bildschirm ansehen.

38. Das *Kartoffelkombinat* in München versorgt etwa 1 800 Haushalte jede Woche mit frischem, regionalem Gemüse in Bioqualität. Gestartet wurde das Projekt im Jahr 2012 als solidarische Landwirtschaft: Die teilnehmenden Haushalte zahlen einen einmaligen Genossenschaftsbeitrag und dann pro Monat einen fixen Betrag für die Gemüsekisten, die sie jede Woche an fixen Verteilstationen abholen können. Bei diesem Projekt gehe es um mehr als nur gutes Gemüse, erklärt einer der Gründer:»Wir wollen, dass die Leute anfangen, über ihren Lebensstil nachzudenken und bewusster durch die Welt zu gehen.« Das Projekt ist so erfolgreich, dass das Kombinat mittlerweile seine eigenen Gärtnerinnen und Gärtner angestellt hat und diese fair bezahlen kann.

39. Die Bio-Brauerei Lammsbräu im bayrischen Neumarkt produziert und verkauft nur so viel Bier, wie die Region an Rohstoffen zur Verfügung stellt. Die Menge an regional nachhaltig angebautem Hopfen bestimmt die Biermenge, die gebraut werden kann.

40. In zahlreichen Supermarktprodukten versteckt sich Palmöl. Es ist billig, gibt speziell Fertigprodukten eine gute Konsistenz – und trägt immens zur Zerstörung der Regenwälder bei. Denn Palmöl wird meist in riesigen Plantagen in abgeholzten Regenwäldern als Monokultur angebaut. Der Inselstaat Sri Lanka hat im April 2021 den Anbau und den Import von Palmöl verboten. Jährlich sollen zehn Prozent der insgesamt 11 000 Hektar Palmölplantagen auf umweltfreundlichere Pflanzen ersetzt werden.

41. Nacht für Nacht leuchten Milliarden Laternen rund um den Globus – ihr Licht ist bis zu hundert Mal heller als der Vollmond. Die Lichtverschmutzung unseres Planeten nimmt pro Jahr um bis zu sechs Prozent zu. Die Kanareninsel La Palma zählt zu den ersten Orten auf der Welt, die dagegen vorgehen. Bereits 1988 erließ die Insel ein eigenes Gesetz zum Schutz des Nachthimmels. So ist zum Beispiel eine spezielle, dunklere Straßenbeleuchtung vorgeschrieben, Leuchtreklame wird

streng reglementiert und kontrolliert, auch Autos dürfen ihr Fernlicht nur in Notfällen verwenden. 2012 wurde die Insel von der UNESCO zum ersten *Starlight Reserve* der Welt ernannt. Der Kampf gegen die Lichtverschmutzung hat für La Palma auch wichtige ökonomische Folgen: Weil man in der dunklen Nacht die Sterne am Himmel mit freiem Auge sehen kann, forschen nicht nur Astronominnen und Astronomen aus aller Welt auf der Insel. Sie ist auch beliebtes Reiseziel von Hobby-Sternenfans.

42. Mit 17 000 Mitgliedern ist die *Park Slope Food Coop* in Brooklyn/New York einer der größten Supermärkte, der als Genossenschaft organisiert ist. Hier arbeiten die Mitglieder alle ein paar Stunden pro Monat mit, sitzen an der Kasse oder räumen die Regale ein. Und sie entscheiden basisdemokratisch, welche Produkte in ihrem Supermarkt verkauft werden. So gibt es hier vorwiegend Produkte in Bioqualität und aus regionaler Produktion. Weil die Mitglieder dieses kooperativen Supermarktes im Verkauf mitarbeiten und der Supermarkt keine Werbung machen muss, sind die Produkte günstiger als im herkömmlichen Lebensmittelhandel. 1973 gegründet, verkauft die *Park Slope Food Coop* mittlerweile Waren im Wert von 47 Millionen US-Dollar pro Jahr.

43. Wie wäre es, wenn wir so wie im Kaffeehaus der Kellnerin oder dem Kellner auch jenen Menschen ein Trinkgeld geben könnten, die am anderen Ende der Welt unsere Jeans nähen oder unsere Schuhe produzieren? Dieser Gedanke kam Jonathan Funke, als er auf einer Demonstration gegen den Textil-Multi Primark war. Es sei ihm einfach falsch vorgekommen, »dass ein T-Shirt weniger kostet als ein Kaffee«, sagte er der Frankfurter Neuen Presse. Der Gedanke hinter Funkes Sozialunternehmen *Tip Me* ist simpel: Würden alle Konsumentinnen und Konsumenten nur wenige Cent direkt an die Näherinnen und Näher ihrer Textilien senden können, dann würde dies deren Leben nachhaltig verändern. Partner von *Tip Me* ist unter anderem die Turnschuhmarke *Ethletic*, die nachhaltige Fairtrade-Schuhe

herstellt, oder die in Vietnam produzieren Fairtrade-Jeans von Dawn. Bei *Tip Me* dürfen auch nur Produzentinnen und Produzenten mitmachen, die nachweislich keine Kinder beschäftigen, ordentliche Löhne zahlen und Versammlungsfreiheit garantieren.

44. In Bosnien-Herzegowina finden sich einige der letzten unberührten Wildflüsse Europas. Doch 2017 rollten in der zentralbosnischen Gemeinde Kruščica die Baufahrzeuge an. Im Kruščica-Fluss, nach dem das Dorf benannt ist, sollte eine Staustufe für eine Mini-Wasserkraftwerk gebaut werden, und das, obwohl der Fluss in einem Naturschutzgebiet liegt und der Fluss fast 150 000 Menschen in der Region mit Trinkwasser versorgt. Daraufhin blockierten etwa 300 Bewohnerinnen und Bewohner die Brücke und stoppten so die Baufahrzeuge. Es waren vor allem Frauen, die an diesem Protest teilnahmen und die Brücke insgesamt 504 Tage besetzt hielten. Parallel dazu gründete der Ort die Organisation *Eko Bistro Citizens Association*, die juristisch gegen den Kraftwerksbau vorging. Die Frauen ließen sich auch von den Behörden nicht von ihrer Brücke vertreiben und erreichten schließlich, dass ein Gericht sämtliche Bewilligungen für den Kraftwerksbau für ungültig erklärte. Seitdem wird diese Brücke in Kruščica auch »Brücke der mutigen Frauen« genannt.

45. Ihren Ursprung haben die *Empresas recuperadas* in der Wirtschaftskrise 2001, die Argentinien besonders schwer traf. Damals meldeten fast 3 000 Unternehmen Insolvenz an und die Arbeitslosigkeit stieg massiv. Damals begannen Arbeitnehmerinnen und Arbeitnehmer, ihre ehemaligen Arbeitsplätze zu besetzen, und verwandelten die Unternehmen in *empresas recuperadas*, also reaktivierte Unternehmen. Diese Firmen gehören den Angestellten, die Beschäftigten treffen alle wichtigen Entscheidungen basisdemokratisch in Mitgliederversammlungen. In den vergangenen 20 Jahren entstanden in Argentinien etwa 350 derartige Kooperativen, die etwa 30 000 Menschen beschäftigen. Eine dieser *fabricas recuperadas* mit dem Namen

Farmacoop stellte in der Coronapandemie Covid-Schnelltests und Desinfektionsmittel her, berichtete die deutsche Tageszeitung *taz* im Mai 2021, und möchte als nächsten Schritt auch Medikamente produzieren.

46. »Das Gute bewahren«, das ist die Übersetzung für das südkoreanische Wort *Hansalim*. Und so nennt sich auch die weltweit größte Genossenschaft für Bioprodukte, die 1986 in der südkoreanischen Stadt Goesan gegründet wurde. Heute versorgt *Hansalim* etwa 644 000 Haushalte in Korea mit biologischen Lebensmitteln, etwa 2 300 landwirtschaftliche Betriebe beliefern die Genossenschaft, die mittlerweile Ableger in ganz Südkorea hat. Weil es keine Zwischenhändlerinnen und Zwischenhändler gab, erhalten die Landwirtschaftsbetriebe einen guten Lohn und die Konsumentinnen und Konsumenten können sich über Bioqualität zu günstigen Preisen freuen.

47. Eine Schublade klemmt, die Glühbirne muss ausgetauscht werden oder die Waschmaschine bockt, weil das Flusensieb gereinigt werden muss. Alles Arbeiten, die zu klein sind, um einen Handwerksbetrieb zu beschäftigen. Die aber speziell alte und gebrechliche Menschen vor große Probleme stellen. Hier hilft der Verein *AntiRost* aus dem deutschen Münster. Rüstige Seniorinnen und Senioren springen hier als Helferinnen und Helfer ein, übernehmen kleine Hilfsleistungen – also all das, was sonst Familie oder Freundeskreis übernommen hätte, was aber in der Anonymität der Stadt nicht immer möglich ist. Die Mitglieder von *Antirost* arbeiten ehrenamtlich. Für jeden Hilfseinsatz werden fünf Euro plus Materialkosten berechnet.

48. Auf dem Großmarkt von Marseille wurden bis jetzt an die 2 400 Tonnen an Lebensmitteln pro Jahr entsorgt, obwohl die Waren noch genießbar waren. Seit Anfang 2021 ist es mit dieser Lebensmittelverschwendung vorbei. Seitdem sammelt die *Association Fruits et Légumes Solidarité*, eine gemeinnützige Obst- und Gemüseküche auf dem Gelände, die Lebensmittel ein und bereitet daraus Suppen, Marmeladen, Eintöpfe und mehr zu. Die Lebensmittel werden eingekocht, an Menschen in

Not verteilt und zum Teil auch verkauft. Auch die Gemüse-
händlerinnen und -händler profitieren: Sie können sich 60 Prozent des Gegenwerts der gespendeten Produkte bei der Steuer
gutschreiben lassen.

49. Wer nicht mehr fit genug ist, um in die Pedale zu treten, hat
trotzdem das Recht, zu fühlen, wie beim Radfahren der Wind
in den Haaren weht. Aus diesem Gedanken entstand 2013 in
Kopenhagen die Initiative *Cycling without Age*. Freiwillige führen Bewohnerinnen und Bewohner von Alten- und Pflegeheimen in Fahrrad-Rickschas auf Ausflüge, sorgen so für Abwechs-
lung und bauen neue Beziehungen zwischen Jung und Alt auf.
Mittlerweile gibt es dieses ehrenamtliche Fahrrad ohne Alter-
Angebote an mehr als 2 500 Orten rund um die Welt.

50. Lahti, eine Stadt mit 120 000 Einwohnerinnen und Einwohnern
in Finnland, wird schon 2024 klimaneutral sein – mehr als
25 Jahre früher, als es der Green Deal der Europäischen Union
vorschreibt. 2019 wurde das letzte Kohlekraftwerk eingestellt,
seitdem setzt die Stadt auf zwei Bioenergieanlagen. Neunzig
Prozent der Gebäude werden mit Fernwärme geheizt. Eine eigene App, mit der die Bewohnerinnen und Bewohner ihren
CO_2-Verbrauch überprüfen können, befindet sich in der Test-
phase. Neben emissionsarmen Stadtbussen, Fahrrad und zu
Fuß gehen gibt es auch überall in der Stadt Langlaufski-Leih-
stationen, bei denen man sich die Ski kostenlos ausborgen und
auf dem etwa 200 Kilometer langen Loipennetz der Stadt unterwegs sein kann.

51. Im niederländischen Utrecht steht seit 2019 eines der größten
Fahrrad-Parkhäuser der Welt. 12 500 Fahrräder haben dort
Platz. In der niederländischen Stadt werden etwa 60 Prozent
aller Alltagswege mit dem Fahrrad zurückgelegt.

52. Maricá heißt die Stadt, nur 60 Kilometer vom brasilianischen
Rio de Janeiro entfernt, in der arme Menschen ihr bedingungs-
loses Grundeinkommen erhalten und dazu auch noch öffentliche Verkehrsmittel zum Nulltarif sowie eine kostenlose Gesundheitsversorgung für alle Bürgerinnen und Bürger. Um

dieses Grundeinkommen beziehen zu können, reiche der Nachweis, dass man zumindest drei Jahre in der Stadt wohnt und nicht mehr als das Dreifache des Mindestlohns verdient, berichtete das Nachrichtenmagazin *Der Spiegel* im Mai 2021. 42 000 der insgesamt 160 000 Bewohnerinnen und Bewohner der Stadt beziehen dieses Grundeinkommen. Finanziert wird dieses Projekt durch ein riesiges Erdölvorkommen vor der Küste von Maricà. Die Lizenzeinnahmen, die die Küstengemeinde erhält, legt die Kommune in einem Fonds an. Damit nicht nur ärmere Menschen, sondern auch die Stadt von dem Projekt profitiert, zahlt sie das Grundeinkommen in einer Digitalwährung aus, die an den brasilianischen Riad gekoppelt ist. Etwa 9 400 Unternehmen in Maricá akzeptieren die Bezahlung mit der Digitalwährung. Dadurch kurbelt das Grundeinkommen auch die lokale Wirtschaft an.

53. In der österreichischen Bundeshauptstadt Wien landet täglich so viel Brot auf dem Müll, wie in Linz, der zweitgrößten Stadt Österreichs, täglich gegessen wird. Was tun mit all dem alten Brot? Eine kleine, innovative Brauerei hat eine Lösung gefunden: Unter dem Namen *Wasted* produziert das Unternehmen Bio-Bier, bei dem der Gerstenanteil durch altes Gebäck ersetzt wird.

54. Schuld ist wahrscheinlich ein Aquariumsbesitzer. Er hatte wohl irgendwann genug vom roten amerikanischen Sumpfkrebs und setzte seine Tierchen einfach in Berlin aus. Dort fühlte sich der Neuankömmling pudelwohl und verbreitet sich seitdem wie eine Plage. Das bringt die heimische Tierwelt unter Druck. Invasive Arten sind ein weltweites Problem, sie zählen zu den fünf maßgeblichen Faktoren für eine global rasant sinkende Biodiversität. Im Frühjahr 2019 bekam der Krebs aus Amerika einen Fressfeind: Das Berliner Start-up *Holycrab* hat sich zum Ziel gesetzt, aus Schädlingen Gourmet-Essen zu machen und dadurch invasive Tier- und Pflanzenarten zu bekämpfen.

55. Schon in den 2000er-Jahren, damals war das Städtchen Todmorden im britischen Yorkshire noch ein grauer Ex-Industrie-

fleck, begannen Bewohnerinnen und Bewohner, ihre Stadt essbar zu machen. *Incredible edible Todmorden* (unglaublich essbares Todmorden) nannte sich das Projekt, das mittlerweile weltweit Nachahmung fand: die essbare Stadt. Da wurden Kartoffelbeete auf Bahnhofsdächer gepflanzt, Obstbäume auf Supermärkten eingegraben und frisches Obst und Gemüse am Schulgelände angebaut, die dann auch gleich in der Schulkantine verkocht wurden. Ausgelöst wurde dieser Begrünungshype von einer älteren Bewohnerin der Kleinstadt, die 2008 ihre Gemüsebeete öffentlich zugänglich machte und so einen Boom auslöste. Bald wuchsen überall in der Stadt Obst und Gemüse auf öffentlichen Flächen und jeder und jede, die wollte, durfte sich bedienen.

56. Jede Schokolade ist ein neuer Baum: So funktioniert das Geschäftskonzept des Schokoladenherstellers *Original Beans*. Das soziale Unternehmen produziert Schokolade aus den feinsten Kakaobohnen der Welt und pflanzt für jede verkaufte Tafel einen Baum, um so den Regenwald zu retten. Der Kakao wird von Kleinbauern und von indigenen Völkern im Regenwald angebaut, die fair bezahlt werden. Durch die Kakao-Mischkultur wird eine Alternative zu jenen Brandrodungen geschaffen, die den Regenwald zerstören. Die feine Schokolade wird schon seit Jahren nur in einer plastikfreien und kompostierbaren Verpackung verkauft. So konnten in den vergangenen Jahren bereits zwei Millionen Regenwaldbäume nachgepflanzt werden.

57. Ein Ort für ganz besondere Kosmopoliten: In der deutschen Stadt Augsburg gibt es ein eigenes Hotel für Geflüchtete und Gereiste. Im *Grandhotel Cosmopolis* leben Asylbewerberinnen und Asylbewerber mit Touristinnen und Touristen unter einem Dach. In dem ehemals leerstehenden Altenheim wurde im Oktober 2013 »das außergewöhnlichste Hotel Deutschlands«, wie die *Süddeutsche Zeitung* es nannte, eröffnet. Neben den Unterkünften für Asylbewerberinnen und -bewerber gibt es 16 Hotelzimmer, die von Künstlerinnen und Künstlern gestaltet wur-

den. Und dazu ein Restaurant und Café, in dem Reisende mit und ohne Asyl einander kennenlernen können.

58. Kung Fu, Basketball, Schauspiel, Yoga, Fußball und noch mehr – Kinder haben viele Interessen. Aber was, wenn sich ihre Eltern die Kursgebühren nicht leisten können? Die *Hobby Lobby* in Wien bietet ein breites Feld an Kursen für jene Kinder an, deren Eltern sich ein kostenpflichtiges Nachmittagsangebot nicht leisten können. Das Angebot reicht von Kickboxen über zahlreiche Ballsportarten bis zu Schauspiel oder Experimente und Forschen. Seit der Gründung im Jahr 2018 bekamen mehr als tausend Kinder und Jugendliche so die Chance, ihre Talente zu entfalten und neue Kompetenzen zu entwickeln.

59. Bäume sind wichtig, Bäume kühlen eine Stadt, aber Stadtbäume leiden ganz besonders unter dem Klimawandel und den damit einhergehenden Dürreperioden. Dieser Trockenstress macht die Bäume anfälliger für Krankheiten und Parasiten. Die Aktion *LEIPZIG GIESST* hilft den Stadtbäumen bei heißen Temperaturen. Eine eigene Gieß-App zeigt an, wo in der Nähe ein Baum ist, der dringend Wasser benötigt, und auch, wo der nächste öffentliche Brunnen ist, von dem man Wasser holen kann. Zusätzlich unterstützt die Aktion Eigentümerinnen und Eigentümer sowie Mieterinnen und Mieter von Wohnungen mit kostenlosen Wasserspendern.

60. Der deutsche Fußball-Schiedsrichter Karl-Heinz Speuser zeigt, wie sehr Inklusion auch auf dem Fußballplatz möglich ist. Der Schiedsrichter pfeift seine Freundschaftsspiele regelmäßig mit zwei behinderten Fußballkennern, die als Linienrichter im Einsatz sind und so beweisen, dass auch Menschen mit Handycap am Fußballplatz wichtige Einsätze leisten können.

61. Seit dem gescheiterten Putsch in der Türkei wurden mehrere tausend Wissenschaftlerinnen und Wissenschaftler aus politischen Gründen aus dem Staatsdienst entlassen – sehr viele davon waren Unterzeichnerinnen und Unterzeichner eines Friedensappells zur Beendigung des Kriegs in den kurdischen Regionen der Türkei. Viele gekündigte Lehrkräfte können die

Türkei nämlich nicht verlassen, weil ihnen der Staat den Reisepass abnahm. Als Reaktion gründete eine Gruppe Wissenschaftlerinnen und Wissenschaftler die Off University. Die Off University unterstützt Wissenschaftlerinnen und Wissenschaftler, die im Exil leben oder in ihrem Land unter Repression leiden. Die virtuelle Hochschule gibt ihnen die Möglichkeit, weiter zu unterrichten, indem sie ihre Lehrveranstaltungen digital auf einer sicheren Onlineplattform abhalten können, und sie erhalten dafür eine Bezahlung. Für die Studierenden ist das Lehrangebot kostenlos und sie können sich die Lehrveranstaltungen für ihr Studium anrechnen lassen, weil für jedes Seminar eine deutsche oder amerikanische Universität als Gasteinrichtung auftritt. Die meisten Lehrenden an der *Off-University* kommen aus der Türkei, mittlerweile gibt es aber auch Anfragen von Wissenschaftlerinnen und Wissenschaftlern aus Ägypten, Ungarn, Belarus, Polen und Venezuela, berichtete der Deutschlandfunk im Mai 2021.

62. »C'est qui le Patron?«, wer ist hier der Chef?, fragte sich eine französische Initiative im Jahr 2016 und begann, selbst zu entscheiden, welche Produkte zu welchen Preisen in den Supermarktregalen stehen sollen. Das erste Produkt war Milch zu einem fairen Preis, von dem auch die Bäuerinnen und Bauern leben können. Mittlerweile umfasst die Initiative 30 verschiedene Produkte von über 3 000 Erzeugerinnen und Erzeugern, vom Masthuhn über Apfelmus bis zum Joghurt. Mehr als 10 000 Mitglieder stimmen regelmäßig ab, welche Produkte neu aufgenommen werden sollen und zu welchen Bedingungen. So zählte etwa bei der Milch nicht nur die faire Bezahlung, sondern auch, dass die Kühe genug Zeit auf der Weide verbringen können und das Futter regional angebaut wird. Zu kaufen sind diese Produkte mit fairen Herstellungsbedingungen in französischen Supermärkten. 2019 schwappte die Initiative nach Deutschland über. Unter der Bezeichnung *Du bist hier der Chef* kann seit 2020 auch hier Milch zu einem fairen Preis gekauft werden, als Nächstes sollen Kartoffel, Eier und Butter folgen.

63. Das deutsche Bierlabel *Quartiermeister* spendet pro verkauftem Liter Bier zehn Cent an soziale Projekte in der Nachbarschaft, etwa an Initiativen für eine grünere Stadt oder für obdachlose Menschen.

64. Bereits seit den 1970er-Jahren arbeitet die 200 000 Einwohner-Stadt Oulu in Finnland mit Erfolg daran, ihre Bürgerinnen und Bürger auf das Fahrrad zu locken. In der nördlichsten Stadt Europas wird auch im Winter geradelt. Denn das Radwegenetz umfasst etwa 845 Kilometer und im schneereichen Winter rücken die Räumfahrzeuge bei Bedarf rund um die Uhr aus, damit die Radwege bis sieben Uhr früh gut präpariert sind. Die Radwege sind meist vom Autoverkehr getrennt und so breit, dass im Winter der Schnee auf die Grünstreifen geschaufelt werden kann und die Winterradlerinnen und -radler auch bei Schneewetter sicher unterwegs sein können.

65. Wie können Wohnanlagen so gestaltet werden, dass auch Frauen sich darin sicher und wohl fühlen? Eine Antwort auf diese Frage findet sich in Wien, wo bereits in den 1990er-Jahren die *Frauen-Werk-Stadt* errichtet wurde, ein Wohnkomplex mit 357 Wohneinheiten, die alle ausschließlich von Architektinnen geplant wurden. In der *Frauen-Werk-Stadt* wurde nach den Bedürfnissen von Frauen geplant. So entstanden zahlreiche Freiräume und Orte zum sozialen Austausch wie etwa Gartenhöfe oder gemeinsam genutzte Dachterrassen. Die Architektinnen achteten gezielt darauf, das Entstehen von Angsträumen, in denen sich Frauen unwohl fühlen, möglichst zu verhindern. Die Tiefgarage wurde so geplant, dass Teile davon natürlich belichtet werden und der Weg zum Aufzug nicht weit ist. Verglaste Stiegenhäuser und breite, gut beleuchtete und übersichtliche Durchgänge und Eingangsbereichen geben ebenfalls ein Gefühl von Sicherheit. Die Siedlung ist autofrei, die Wohn- und Spielstraßen sind so gestaltet, dass Kinder aller Altersstufen genügend Freiraum haben und auch junge Mädchen, die sich sonst oft sehr früh aus den Parks zurückziehen, Orte finden, die ihren Interessen entsprechen. Bei den Grund-

zügen der Wohnungen wurde versucht, diese so zu gestalten, dass sie flexibel genutzt werden können. Im Jahr 1997 zogen die ersten Bewohnerinnen und Bewohner in die 2,3 Hektar große *Frauen-Werk-Stadt* ein.

66. Hohe Randsteinkanten, Restaurants, die nur über Stufen erreichbar sind, keine passenden Toilettenanlagen: Menschen mit eingeschränkter Mobilität sind häufig mit Barrieren konfrontiert. Um Menschen im Rollstuhl oder mit Gehhilfe die Planung ihres Alltags zu erleichtern, erstellte der Berliner Verein Sozialhelden 2010 die kostenfreie *Wheelmap*, eine Landkarte der barrierefreien Orte. Dort sind mehr als 2,3 Millionen Orte wie Kaffeehäuser, Restaurants, Schwimmbäder, Bibliotheken und vieles mehr eingetragen und werden von den Benutzerinnen und Benutzern auf ihre Barrierefreiheit beurteilt. *Wheelmap* ist in zahlreichen verschiedenen Sprachen abrufbar. Um das Angebot von *Wheelmap* zu verbessern, ruft der Verein *Sozialhelden* zu »Map My Nachbarschaft«-Events auf, bei denen Bürgerinnen und Bürger ihre Nachbarschaft auf Barrierefreiheit vermessen und auf der Landkarte eintragen können.

67. Wie schön wäre eine Welt, in der alle alles verstehen könnten. In Österreich, Deutschland und der Schweiz können insgesamt 24 Millionen Menschen nicht richtig lesen. Für viele Menschen sind Texte, wie sie etwa in Qualitätszeitungen stehen, zu komplex. Das Social Franchise-Unternehmen *Capito* mit Sitz in der österreichischen Stadt Graz kommt dieser Vision ein Stück näher. In ihrer vorigen Arbeit mit Menschen mit Lernschwierigkeiten sei ihr klar geworden, »diese Menschen könnten viel mehr selbst entscheiden und sie könnten viel mehr verstehen, wenn nicht alles so kompliziert geschrieben wäre«. Aus den Erfahrungen, die es damals bereits in den USA und in nordischen Ländern Europas gab, wurde *Capito* gegründet. Das Unternehmen übersetzt Texte in eine leicht verständliche Sprache, seien es Informationen aus dem österreichischen Parlament, die aktuellen Nachrichten oder auch Informationen von Behörden oder Unternehmen. *Capito* hat auch eine eigene App erstellt,

bei der die Benutzerinnen und Benutzer selbst entscheiden können, auf welchem sprachlichen Niveau sie die Texte lesen möchten. Dieses Angebot hilft Menschen mit Lernschwierigkeiten sowie auch all jenen, die eine Sprache noch nicht so gut können.

68. Im Winter 2014 veränderte ein trauriges Erlebnis das Leben des niederländischen Designers Bas Timmer. Der Vater eines Freundes lebte als Obdachloser auf der Straße und verstarb dort an Unterkühlung. Der Modedesigner Timmer entwarf daraufhin den *Sheltersuit*: Eine wasser- und winddichte Kapuzenjacke, die sich völlig unkompliziert im Handumdrehen in einen Schlafsack umwandeln lassen kann und so vor dem Erfrieren schützt. Mittlerweile sind die Sheltersuits in zahlreichen Ländern im Einsatz, zum Schutz für Obdachlose, aber auch für Menschen auf der Flucht. Zusätzlich entwarf Timmer auch *Shelterbag*, ein transportierbares Bett, das sich zu einer Tasche einrollen lässt. Es ist eine Mischung aus Bett und Zelt, die wohnungslose Menschen Schutz vor Witterung bietet. Die *Sheltersuit Foundation* kooperiert mit zahlreichen Nichtregierungsorganisationen in vielen Ländern. Die Sheltersuits werden klimaschonend aus Stoffresten genäht und mittlerweile sind zahlreiche ehemalige Obdachlose und Geflüchtete in der sozialen Werkstatt von *Sheltersuit* angestellt.

69. Etwa ein Drittel aller Lebensmittel auf der Welt landet im Müll. Die kostenlose App *Too Good to Go* zeigt an, in welchen Supermärkten, Bäckereien und Restaurants Lebensmittel zu günstigen Preisen zu haben sind, die noch genießbar sind, aber weggeworfen würden. Die ursprünglich aus Dänemark stammende App ist mittlerweile in 15 Ländern im Einsatz.

70. Der Stadtteil Marxloh in der deutschen Stadt Duisburg gilt als sozialer Brennpunkt. Etwa drei Viertel der Einwohnerinnen und Einwohner haben Migrationshintergrund, 30 Prozent der Kinder sprechen bei der Einschulung kein Deutsch und jede und jeder Zweite in diesem Arbeiterinnen- und Arbeiterbezirk besitzt keinen deutschen Reisepass. Das ist die eine Seite. Auf

der anderen Seite gibt es zahlreiche Studierende, die sich ihr WG-Zimmer nur schwer leisten können. Oder junge Menschen, die gerade das Abitur gemacht haben, aber noch nicht wissen, was sie mit ihrem Leben machen wollen. Die Tauschbar in Duisburg bringt beide zusammen. Bei *Tausche Bildung für wohnen* helfen junge Menschen vormittags Kindern in den umliegenden Schulen und geben ihnen am Nachmittag in Kleingruppen Nachhilfe. Insgesamt helfen sie acht Stunden pro Woche und organisieren auch ein Freizeitprogramm für ihre Lerngruppe. Dafür können die jungen Menschen ein Jahr lang kostenlos in der vereinseigenen Wohngemeinschaft der Tauschbar in Marxloh leben.

71. Der gebürtige Österreicher Ewald Biemans träumte schon als Jugendlicher von einem umweltfreundlichen Hotel. Im Jahr 1987 war es dann so weit. Da eröffnete Biemans auf der Karibikinsel Aruba das *Bucuti & Tara Beach Resort*, ein kleines Ökohotel mit 60 Zimmern. Mittlerweile ist das *Bucuti* das führende nachhaltige Hotel der Welt. Im Jahr 2016 war es das erste und einzige CO_2-neutrale Hotel der Karibik, vier Jahre später wurde es von den Vereinten Nationen zum umweltfreundlichsten Hotel der Welt nominiert. Im *Bucuti* wurden schon in den 1980er-Jahren sämtliches Einwegplastik, Styropor und Aluminiumdosen aus Restaurants und Zimmern verbannt. Alle Gäste erhalten bei der Ankunft eine wieder befüllbare Trinkflasche. Eine riesige Solaranlage heizt den Pool und sorgt für Strom, selbst wenn Gäste im Fitnesscenter auf dem Laufband rennen oder in die Pedale treten, wird so Strom für das Hotel gewonnen. Schmutzwasser wird wieder aufbereitet, alle neuen Matratzen sind aus nachhaltigen Stoffen und aus Recyclingmaterial, in den Zimmern sorgen Bewegungssensoren dafür, dass möglichst wenig Energie verschwendet wird. Ein Mal pro Monate wird der Strand gemeinsam durchgeharkt und gesäubert. Die Gäste sind eingeladen, freiwillig an diesem großen Saubermachen teilzunehmen, die Mitarbeiterinnen und Mitarbeiter bis hin zum Hotelchef sind verpflichtet, anzupacken. Auch in den

Hotelrestaurants wird Nachhaltigkeit großgeschrieben: Es wird auf regionale Produkte geachtet und organischer Abfall landet nicht im Müll, sondern wird an Schweinebauern gespendet. Das umweltfreundliche Karibikhotel hat bereits ein nächstes Ziel: Es möchte nicht nur CO_2-neutal sein, sondern arbeitet daran, CO_2-negativ zu werden.

72. Es sind nur eine Handvoll Saatgutkonzerne, die den Weltmarkt bestimmen und Bäuerinnen und Bauern in die Abhängigkeit treiben. Denn im Gegensatz zu samenfesten Sorten, wie sie über Jahrtausende in der Landwirtschaft verwendet wurden, muss bei hybridem Saatgut jährlich nachgekauft werden. Denn bei hybriden Sorten lassen sich die Samen nicht im nächsten Jahr neu verwenden. Das sichert den Big Playern der Agroindustrie fette Gewinne. Eine Gegenbewegung zu dieser Entwicklung sind die *Saatgutbibliotheken*, in denen Benutzerinnen und Benutzer samenfestes Saatgut kostenlos »ausleihen« können und nach der Ernte die eigenen Samen anderen zur Verfügung stellen. Ihren Ursprung haben diese Saatgutbibliotheken im Jahr 1999 in den USA, als am *Berkely Ecology Center* die erste Saatguttauschbörse eröffnet wurde. Mittlerweile gibt es an zahlreichen Bibliotheken auch in Europa Saatgutbibliotheken, die mithelfen, dass alte Nutzpflanzen nicht verschwinden.

73. Die Initiative *Das Geld hängt an den Bäumen* ist ein ganz besonderer Saftladen. Hier sammeln Menschen mit intellektuellen Beeinträchtigungen Äpfel von Streuobstwiesen in Hamburg und Umgebung sowie aus Privatgärten und produzieren so regionalen und biologischen Apfelsaft in bester Qualität. So wird ein Beitrag gegen Lebensmittelverschwendung geleistet und es werden Jobs für Menschen mit Behinderungen geschaffen.

74. Die Saisonarbeiterinnen und Saisonarbeiter, die auf den Tomatenplantagen jene hochreifen rote Früchte einsammeln, die wir später als Tomatensauce in unseren Küchen verwenden, müssen oft unter unmenschlichen Bedingungen schuften und das ohne soziale Absicherung. 2011 gründete ein ehemaliger Landarbeiter in Italien die Initiative *No Cap*, die sich nicht nur für

humane Arbeitsbedingungen auf den Feldern einsetzt, sondern auch das *No Cap*-Gütesiegel ins Leben gerufen hat, mit dem Tomatensaucen und Sugos, die nicht auf Sklavenarbeit beruhen, ausgezeichnet werden.

75. Begonnen hat alles mit einem Schulkind, das gerne mit einer Mitschülerin spielen wollte, aber frustriert war, weil es ihre Sprache nicht konnte. Das Mädchen sprach Gebärdensprache. Und wenn man immer nur über eine Gebärdensprachendolmetscherin oder einen -dolmetscher miteinander reden kann, macht das Spielen auch weniger Spaß, fand der Bub in der Gemeinschaftsgrundschule Hebborn in Bergisch-Gladbach. Auf Initiative der Eltern und mit Unterstützung des Schul-Fördervereins lernen nun alle Kinder der Klasse die Gebärdensprache, um besser gemeinsam spielen zu können. Das habe auch den Alltag in der Schule verändert, sagte der Schulleiter im Gespräch mit dem Deutschlandfunk:»Das Mädchen hat sich, seitdem sie hier ist, sehr verändert. Sie war zuerst sehr zurückhaltend, jetzt ist sie sehr offen geworden. Und man merkt auch, dass sie in ihrer ganzen Körpersprache viel lebendiger geworden ist.«

76. In der belgischen Stadt Antwerpen sind die Neugiernasen unterwegs. *Curieuze Neuzen*, neugierige Nasen, nennt sich das Projekt des Klimaforschers Filip Meysman, bei dem Bürgerinnen und Bürger in die Forschung zum Klimawandel eingebunden werden. Gemeinsam mit 5 000 Freiwilligen aus der Region sammelt der Experte Klimadaten des Gebietes Flandern. Die Freiwilligen stellen dazu unter anderem Messboxen in ihren Gärten auf. Die Aktion bringt der Wissenschaft wertvolle Daten und führt gleichzeitig zu einer Demokratisierung der Diskussion um die Erderwärmung. Die Daten werden an der Universität von Antwerpen ausgewertet und als Klimakarten öffentlich zugänglich gemacht. Dieser Citizen-Science-Ansatz führt dazu, dass die wissenschaftlichen Erkenntnisse über die Auswirkungen der Erderwärmung nicht einem kleinen Kreis von Wissenschaftlerinnen und Wissenschaftlern

vorbehalten werden. »Wissenschaft wirkt oft elitär: Der renommierte Professor sagt, was wir denken oder tun sollen. Bürgerwissenschaft wirkt demokratisierend, weil jeder mitmachen kann«, sagt Klimaforscher Meysman im Gespräch mit der *Frankfurter Rundschau*. Durch sein Projekt wird auch in den Vorgärten der Stadt über den Kampf gegen die Erderwärmung diskutiert.

77. Die allermeisten verbinden mit der internationalen Speiseeismarke *Ben & Jerry's* vor allem gutes Eis. Der US-Konzern mit Hauptsitz in Vermont hat aber auch den Anspruch, die Welt zu verändern. »Zugegeben ... wir lieben Eis! Vor allem möchten wir aber unseren Hunger auf soziale Gerechtigkeit stillen!«, heißt es aus der Konzernzentrale. Schon 1985 führte *Ben & Jerry's* als erstes Unternehmen der USA einen Mutterschafts- und Vaterschaftsurlaub ein und dehnte diesen auch auf unverheiratete und gleichgeschlechtliche Paare aus. Die Zutaten ihrer Eiscremes stammen aus fairem Handel und die Eishersteller aus Vermont scheuen sich nicht davor, sich klar politisch zu positionieren. Die beiden Geschäftsgründer haben ihren Konzern mittlerweile an Unilever verkauft, ihre Eismarke bleibt aber politisch. *Ben & Jerry* unterstützt in Deutschland *Sea Watch*, eine Organisation, die Flüchtlinge im Mittelmeer vor dem Ertrinken rettet. In Berlin kampagnisierte *Ben & Jerry's* unter dem Titel »Berlin, zeig Deine Menschlichkeit« für die Aufnahmen Geflüchteter aus dem griechischen Elendslager Moria. In Großbritannien unterstützt *Ben & Jerry's* eine Kampagne gegen die Inhaftierung von Migrantinnen und Migranten. Und als in Österreich diskutiert wurde, ob gleichgeschlechtliche Paare endlich heiraten dürfen, meldete sich Mitbegründer Jerry mit einem eigenen Video und betonte, jeder Mensch solle das Recht haben, den Menschen heiraten zu dürfen, den er oder sie liebt. Zuletzt engagierten sich die beiden Gründer Ben und Jerry gegen Polizeigewalt in den USA.

78. Im Jahr 2010 verwüstete ein großes Feuer in Westrussland riesige Waldgebiete. Als Marianna Muntianu, damals 20 Jahre alt,

die Bilder der Verwüstung im Fernsehen sah, beschloss sie, etwas zu tun. Gemeinsam mit Gleichgesinnten begann sie, Bäume zu pflanzen. Mittlerweile wurden so eine Million neue Bäume eingesetzt und Muntianu ist heute Leiterin des 2020 gegründeten *Russian Climate Fund*. Bis zum Jahr 2030 möchte die engagierte Russin eine Milliarde neuer Bäume gepflanzt haben.

79. Die spanische 83 000-Einwohner-Stadt Pontevedra gibt seit dem Jahr 1999 Fußgängerinnen und Fußgänger sowie Menschen im Rollstuhl Vorrang vor allen anderen Verkehrsteilnehmerinnen und Verkehrsteilnehmern. Zuvor hatten täglich 14 000 Autos das Stadtzentrum durchquert. Heute ist die Altstadt frei von Niveauunterschieden, Ampeln und Verkehrsschildern. Für Pkws wurden 15 000 Stellplätze am Stadtrand geschaffen, kostenlose Stadtbusse fahren die Menschen ins Zentrum. Die Anlieferung von Waren zu den Geschäften ist nur vormittags und nachmittags zu bestimmten Zeiten erlaubt. Auch Anrainerinnen und Anrainer dürfen zufahren, es gilt aber Tempo 30 auf allen Straßen. Das Verbannen des Autoverkehrs aus der Stadt ließ die CO_2-Emissionen um 70 Prozent sinken. Weil die Stadtverwaltung keine Baugenehmigungen für große Einkaufszentren erteilte und so viele Menschen zu Fuß unterwegs sind, profitiert auch der Einzelhandel von diesem modernen Verkehrskonzept.

80. Es war eine Initiative von Surferinnen und Surfern im tiefen Norden Europas, die nicht zusehen wollten, wie ihre Strände immer mehr vermüllt werden. Seit 2014 hat die Umweltinitiative *Nordic Ocean Watch* mehr als 2,4 Tonnen Plastik aus dem Meer gefischt. Aus diesem Plastikmüll produziert ein Designstudio *Norwegian Trash*: Tischplatten, Möbel, Küchenfronten, aber auch Frisbees und Essensschalen aus Recycling-Plastik, das zuvor im Meer schwamm.

81. Spanien startet im Herbst 2021 ein Arbeitsmarktexperiment: Etwa 6 000 Mitarbeiterinnen und Mitarbeiter von 200 Unternehmen arbeiten zumindest ein Jahr lang statt fünf nur vier

Tage – bei vollem Lohnausgleich. So sollen in der Krise neue Jobs geschaffen werden. Die teilnehmenden Unternehmen erhalten die zusätzlichen Kosten vom Staat subventioniert.

82. Seit 2019 gärtnern die *GemüseheldInnen* in Frankfurt am Main ökologisch und nachhaltig nach Permakultur-Kriterien. Mittlerweile werden 12 Gemüsegärten in der Stadt jeweils von Teams bewirtschaftet. Nun kooperiert das Urban-Gardening-Projekt mit der Goethe Universität Frankfurt. Auf insgesamt 2 800 Quadratmetern Universitätsgelände entstehen Permakultur-Inseln, auf denen Studierende unter Einbeziehung der lokalen Bevölkerung nachhaltigen Obst- und Gemüseanbau in der Stadt betreiben.

83. Sogenannte »Elterntaxis« zur Schule sind schlecht für Kinder, die in die Schule chauffiert werden, weil sie sich zu wenig bewegen. Und sie sind gefährlich für Kinder, die zu Fuß zur Schule gehen, weil die Unfallgefahr steigt. In zahlreichen Städten und Gemeinde, wie etwa im Südtiroler Meran, sind zahlreiche Schulkinder mit dem *Pedibus* unterwegs. Hier gibt es wie bei einem normalen Bus Einstiegsstellen, wo ehrenamtliche Helfer und Helferinnen zu fixen Zeiten warten, die die Kinder auf ihrem Fußmarsch in die Schule begleiten. So können die Kinder ihren Schulweg aktiv erleben, haben gleich in der Früh eine Bewegungseinheit und das Unfallrisiko vor den Schulen sinkt.

84. Fahrradpumpe, Entsafter, Nudelmaschine, Fonduegeschirr, Eismaschine, Waffeleisen, Bohrmaschine – in jedem Haushalt stehen zahlreiche Geräte herum, die nur selten gebraucht werden. Warum nicht borgen statt kaufen? Die Initiative *Pumpipumpe*, 2012 im Schweizer Bern gestartet, bietet Sticker, die man auf den Briefkasten oder die Wohnungstür kleben kann. Fünfzig verschiedene Icons zeigen den Nachbarinnen und Nachbarn an, was man ihnen gerne borgen kann. Zusätzlich können all jene, die bei *Pumpipumpe* mitmachen, ihre Verleihangebote auch in einer virtuellen Landkarte eintragen und auch online nachsehen, wer in ihrer Nähe etwas zu verborgen hat.

85. Für Menschen mit Fluchterfahrung und Behinderung ist es oft schwieriger, sich in einem neuen Land zu integrieren und Kontakte aufzubauen. Hier setzt das Berliner Patenschaftsprojekt *Integra sei: dabei* an. Hier werden Patenschaften zwischen geflüchteten Menschen mit Behinderung und Berlinerinnen und Berlinern vermittelt. Die Mentorinnen und Mentoren sprechen mit ihren Mentees Deutsch, begleiten sie zu Behörden oder zu Terminen bei Ärztinnen oder Ärzten, unterstützen bei der Suche nach einem Job oder Ausbildungsplatz oder machen gemeinsam Ausflüge.

86. Wenn Unternehmen ihre Spaghetti-Nudeln auf die richtige Länge kürzen, damit sie perfekt in die Verpackung passen, landen normalerweise die Abschnitte im Müll. Das Berliner Start-up *Rettergut* rettet diese Nudelabschnitte und macht daraus Fusili. *Rettergut* produziert auch aus krummem Gemüse, das sonst auf dem Müll gelandet wäre, Aufstriche oder Suppen und hat eine ganz besondere Süßigkeit im Programm: Wird in Fabriken Schokoladen abgefüllt, dann bleibt bei einem Wechsel von einer Schokoladesorte zur nächsten, etwa von Vollmilch- zu Bitterschokolade, ein Rest, der – obwohl völlig in Ordnung – weggeschmissen wird. *Rettergut* rettet diese Schokoreste und bietet sie als »Mixschokolade« an.

87. *Buutzorg* heißt auf Niederländisch »Nachbarschaftspflege« und ist Synonym dafür, wie die Niederlande ihr Pflegekonzept erfolgreich reformierten. 20 Prozent aller mobilen Pflegedienstleistungen werden von dieser Organisation erfüllt, die 2006 mit bewusst flachen Hierarchien gegründet wurde. Hier arbeiten die Pflegerinnen und Pfleger selbstbestimmt in kleinen, selbst organisierten Teams und achten darauf, dass pflegebedürftige Menschen in ihr soziales Umfeld möglichst eingebettet sind. Neben der direkten Pflege kümmern sich die Mitarbeiterinnen und Mitarbeiter darum, dass Menschen, die Pflege brauchen, möglichst viel Unterstützung von der direkten Umgebung, etwa Nachbarinnen und Nachbarn, bekommen. Der Erfolg von *Buutzorg* liegt auch darin, dass seit 2006 darauf ge-

achtet wird, dass die Mitarbeiterinnen und Mitarbeiter in der Gestaltung ihrer Arbeit viel Freiheit und Selbstverantwortung haben und Menschlichkeit vor Bürokratie geht.

88. Auch Campingbusse produzieren CO_2. Damit das Urlaubsvergnügen nicht auf Kosten des Planeten geht, pflanzt der 2019 gegründete gemeinnützige Verein *Wohnmobil für Klimaschutz* Bäume für das Klima. Die engagierten Wohnmobilistinnen und -mobilisten spenden pro gefahrenem Kilometer einen Cent (maximal 100 Euro pro Jahr) für die Aufforstung und sie engagieren sich für ökologische Wohnmobil-Stellplätze.

89. Beim Übergang von der Pflichtschule zu einer weiterbildenden Schule oder Lehrausbildung tun sich viele Teenager schwer. Besonders schwierig ist es für Jugendliche, deren Eltern selbst keinen höheren Bildungsabschluss haben und sich im Schulsystem nicht gut auskennen. In Österreich sind 35 Prozent der Jugendlichen, die nur einen Pflichtschulabschluss haben, arbeitslos. Ein Viertel der Jugendlichen, die in einem Betrieb einen Beruf lernen, bricht die Ausbildung ab. Das österreichische Social Business *Sindbad* setzt genau an diesem Übergang ins Berufsleben oder eine weiterführende Schule an. Und es setzt darauf, dass junge Erwachsene einen besseren Draht zu Jugendlichen haben. So werden Jugendliche zwischen 13 und 15 Jahre, die sogenannte Brennpunktschulen besuchen, von Mentorinnen und Mentoren, die selbst erst frisch ins Berufsleben eingestiegen sind oder noch studieren, unterstützt. In regelmäßigen Treffen helfen die jungen Erwachsenen den Jugendlichen bei der Talentefindung und der beruflichen Orientierung. Bei *Sindbad* erhalten Jugendliche, die es im Bildungssystem schwerer haben, ein Jahr lang eine intensive Betreuung und Begleitung. So wird die Drop-out-Rate gesenkt und Jugendlichen aus schwierigen sozialen Verhältnissen erhalten bessere Bildungschancen.

90. Beim australischen Digitalunternehmen *Versa* bleiben seit 2018 jeden Mittwoch die Türen zu. Das Unternehmen schenkte seinen Mitarbeiterinnen und Mitarbeitern einen zusätzlichen

freien Tag unter der Woche. Die Konsequenz aus der Vier-Tage-Woche: Die Produktivität des Unternehmens, das Apps, Augmented-Reality-Produkte und Webseiten erstellt, ist um 46 Prozent gestiegen, die Profite wurden fast verdreifacht.

91. In der 21 000-Einwohner-Stadt Wipperfürth in Nordrhein-Westfahlen wollte sich die Buchhändlerin mit 69 Jahren in den Ruhestand verabschieden, fand aber keine Nachfolgerin und keinen Nachfolger für ihr Geschäft im Zentrum der Stadt. Die Bewohnerinnen und Bewohner von Wipperfürth wollten wiederum nicht zusehen, wie ihre Buchhandlung zusperrt. Also gründeten sie eine Genossenschaft und hatten binnen drei Wochen genügend Genossenschaftsmitglieder, um die Buchhandlung selbst weiterzuführen. Seit Januar 2021 hat die *Buchhandlung CoLibri* nicht einen, sondern zweihundert Besitzerinnen und Besitzer und der Stadt blieb eine lokale Buchhandlung erhalten.

92. Ein Urlaub ohne Flugreise schont die Umwelt. Aber klimaschonend ohne Flieger zu verreisen, dauert länger. Deshalb gibt das kleine Berliner Unternehmen *WeiberWirtschaft* den Angestellten drei zusätzliche freie Tage im Jahr, wenn diese, ohne das Klima zu verpesten, Urlaub machen.

93. Die Initiative *World Bicycle Relief* macht Mädchen und Frauen in den ärmsten Ländern der Welt mobil. Oft können speziell Mädchen nicht zur Schule gehen, weil die Distanzen zu weit sind oder Frauen können ein Gesundheitszentrum nicht erreichen. Hier setzt die Fahrradinitiative an: Sie stellt Frauen und Mädchen extrem robuste Räder mit Stahlrahmen zur Verfügung, die leicht reparierbar sind, und ermöglicht ihnen so, zur Schule oder zu einem Arbeitsplatz zu kommen. Dadurch, dass die Fahrradmontage vor Ort passiert, werden Arbeitsplätze in diesen Ländern geschaffen. Zusätzlich bildet *World Bicycle Relief* in den Kooperationsgemeinden Mechanikerinnen und Mechaniker aus, die kaputte Räder reparieren und es werden Fahrradshops mit Ersatzteilen gegründet. Jedes Jahr erhalten so zwischen 50 000 und 70 000 Frauen und Mädchen die Möglichkeit, mobil zu sein.

94. Im US-Bundesstaat Florida, zwischen Punta Gorda und Fort Myers, entsteht gerade *Babcock Ranch*, eine Stadt, die komplett auf Solarenergie aufbaut. Die Häuser beziehen ihren Strom aus riesigen Photovoltaik-Anlagen, in jeder Garage gibt es Anschlüsse für E-Autos, auch die Schulbusse fahren elektronisch. Das Verkehrskonzept dieser am Reißbrett geplanten Ökostadt setzt auf »Walkability«, auf ein fußgängerinnen- und fußgängerfreundliches Straßenkonzept, insgesamt sind 80 Kilometer Fuß- und Radwege geplant. In den Gärten sind nur 30 Prozent Rasenfläche, der Rest ist mit einheimischen, weniger durstigen Pflanzen bedeckt. Das Regenwasser versickert nicht in Gullys, sondern wird gesammelt und gemeinsam mit Klärwasser zur Bewässerung eingesetzt. Eigene E-Shuttels sorgen für Mobilität und die Bewohnerinnen und Bewohner können in Gemeinschaftsgärten ihr eigenes Obst und Gemüse anpflanzen und ernten. Im Dezember 2020 waren mehr als tausend Häuser in *Babcock Ranch* verkauft, insgesamt sind Häuser für 50 000 Menschen in dieser Solar-Stadt geplant.

95. 2008 schloss die lokale Grundschule. 2012 sperrte auch die Bäckerei samt angeschlossenem Lebensmittelladen zu. Das war der Moment, an dem Bewohnerinnen und Bewohnern der deutschen Gemeinde Thier klar war, dass es so nicht weitergehen kann. Eine engagierte Gruppe gründete eine Genossenschaft, die gemeinsam einen neuen Dorfladen mit kleinem Café als neuen Nahversorger und Treffpunkt in der Gemeinde ermöglichte. Es gibt zahlreiche Produkte aus der Region und für Menschen, die nicht mehr so mobil sind, einen Lieferservice. Neben fixen Angestellten, darunter eine Person mit Beeinträchtigung, helfen zahlreiche Ehrenamtliche mit, dass die kleine Gemeinde nun seit Jahren wieder einen von Bürgerinnen und Bürgern gestalteten Ort zum Einkaufen, Plaudern und Kennenlernen hat.

96. Die brasilianische Stadt Porto Alegre führte im Jahr 1989 erstmals einen Bürgerinnen- und Bürgerhaushalt ein. Die Stadt stand damals vor dem Bankrott und hatte mit stark verbreiteter

Korruption zu kämpfen. Um die Demokratie zu stärken, durch Transparenz die Korruption zu bekämpfen und die Menschen wieder stärker in die Politik einzubinden, wurde beschlossen, den Bürgerinnen und Bürgern mehr Mitsprache zu ermöglichen. Die Menschen der Stadt können seitdem über die Finanzen der Stadt mitentscheiden, und das dezentral über die Versammlungen aller Bürgerinnen und Bürger in den einzelnen Stadtvierteln. Diese wählen wiederum die Delegierten für die Distrikte und diese den gesamtstädtischen Rat des Bürgerhaushaltes. Mittlerweile sind derartige Bürgerbudgets in zahlreichen Ländern der Welt etabliert.

97. Ein Spital, das keine Grenzen kennt, das steht in der spanischen Grenzstadt Cerdanya. Auf französischer Seite ist das nächste Spital hundert Kilometer entfernt und in dieser bergigen Region nur schwer erreichbar. Also taten sich beide Länder zusammen und eröffneten 2014 Europas erstes grenzüberschreitendes, zweisprachiges Krankenhaus, in dem Ärztinnen und Ärzte sowie Pflegekräfte aus Spanien und aus Frankreich gemeinsam Erkrankten aus beiden Ländern betreuen.

98. In Eskilstuna, etwa eine Stunde von Stockholm entfernt, steht die weltweit erste Recycling-Mall. Auf 5 000 Quadratmetern und zwei Etagen werden hier ausschließlich Gebrauchtwaren wie Kleidung, Möbel, Fahrräder, Elektrogeräte verkauft. Die Kundinnen und Kunden können beim Einkaufen auch gleich ihren eigenen Wertstoffmüll zum Recycling abgeben. So wird Müll vermieden und alten Dingen ein neues Leben geschenkt.

99. 14,4 Prozent der Menschen über 65 Jahre in Deutschland leben unterhalb der Armutsgrenze. Sie müssen beim Einkaufen jeden Cent zweimal umdrehen und können sich gesunde Lebensmittel oft nicht leisten. Der in Köln ansässige Verein *Obstkäppchen* bringt Seniorinnen und Senioren, die nur wenig Geld haben, regelmäßig Obst, Gemüse und andere gesunde Lebensmittel kostenlos nach Hause. Denn auch wer arm ist, habe das Recht auf gesunde Ernährung.

100. In Wiesbaden-Erbenheim eröffnete der Lebensmittelkonzern Rewe seinen ersten *Supermarkt der Zukunft*. Der Holzbau, gebaut vor allem aus regionalem Holz, mit großen Glasflächen, hat auf dem Dach eine große Gärtnerei, in der pro Woche 18 000 Töpfe Basilikum geerntet werden. Als Dünger dient den Pflanzen das Abwasser einer Aquaponik-Fischfarm, in der 20 000 Buntbarsche pro Jahr gezüchtet werden sollen. Im Markt gibt es eine Vielzahl an regionalen Produkten und der Parkplatz davor ist nicht vollständig zubetoniert, sondern von Grünflächen durchzogen.

101. Die *Barber Angels Brotherhood*, eine Initiative von Frisörinnen und Frisören, schneidet seit 2016 Menschen, die obdachlos oder bedürftig sind und sich keinen Frisörbesuch leisten können, kostenlos die Haare. Gegründet wurde der Verein 2016 von Claus Niedermaier, der im oberschwäbischen Biberach an der Riß einen Frisörsalon betreibt. Der kostenlose Haarschnitt soll beitragen, den Menschen Wohlbefinden und ihre Würde wiederzugeben.

102. Die Initiative *Yeşil Çember* (auf Deutsch *Grüner Kreis*) trägt den Umweltschutzgedanken direkt in türkischstämmige Communitys in Deutschland. *Yeşil Çember* ist in zwölf deutschen Städten aktiv, hat zweisprachiges Informationsmaterial zu Themen wie nachhaltiger Konsum oder auch Energiesparen erstellt und bringt so den Umweltschutzgedanken zu Menschen, die von den übrigen Initiativen nicht so leicht erreicht werden. Damit wirklich jede und jeder mitmachen kann, arbeitet die Initiative sehr niederschwellig, um auch Menschen mit niedrigem Bildungsniveau anzusprechen und für den Umweltschutz begeistern zu können.

103. Die »grüne« Internetsuchmaschine *Ecosia* investiert mindestens 80 Prozent der Gewinne in weltweite Aufforstungsprojekte. So konnten seit 2009 mehr als 130 Millionen Bäume finanziert werden. Den Stromverbrauch seiner Server gleicht *Ecosia* mit Solaranlagen aus.

104. Das deutsche Unternehmen *Soulbottles* bietet Glasflaschen als Alternative zu PET-Flaschen. Die Motive auf den Trinkbehäl-

tern aus Glas sind von Designerinnen und Designern aus der ganzen Welt gestaltet, pro Flasche geht ein Euro an Wasser-, Sanitäts- und Hygieneprojekte in verschiedenen Ländern.

105. In der belgischen Stadt Gent können die Bewohnerinnen und Bewohner seit dem Jahr 2013 ihre Straßen in temporäre grüne Wohnzimmer verwandeln. Die *Leeftstrats*, die lebendigen Straßen, können von Anrainerinnen und Anrainern beantragt werden. Dann werden von den Osterferien bis zu den Herbstferien die Autos aus diesen Straßen verbannt, die Bewohnerinnen und Bewohner können Outdoor-Möbel und Blumenkisten aufstellen oder ihre Straßen in Spielstraßen verwandeln, sie müssen sich aber auch selbst um ihre lebendige Straße kümmen.

106. Aus einem werden viele: 2009 begannen Anrainerinnen und Anrainer in Berlin-Kreuzberg, auf einer brachliegenden Fläche im Bezirk viele hundert Kilo Müll und Unrat wegzuräumen und den Platz in einen 6 000 Quadratmeter großen mobilen Gemüsegarten und eine grüne Oase zu verwandeln. Sie pflanzten und pflanzen Gemüse in Bioqualität in Bäckerkisten, Tetrapacks und Reissäcke und verwandelten so den Prinzessinnengarten in eine mobile Bio-Landwirtschaft mitten in der Stadt. Hier gibt es aber nicht nur Gemüse und die Möglichkeit für die Anwohnerinnen und Anwohner, zu gärtnern. Der Prinzessinnengarten hat ein eigenes Café, in dem die selbst angebauten Lebensmittel zu Speisen verwandelt werden, und dazu noch zahlreiche weitere Angebote wie Workshops, Veranstaltungen, einen Kinderspielplatz, Pflanzentauschbörsen und Umweltbildung für Kinder. Weil der erste Garten schon so gut funktionierte, gibt es seit einiger Zeit einen zweiten 7,5 Hektar großen Prinzessinnengarten im Berliner Stadtteil Neukölln. Und ganz viele Baby-Gärten. Die Macherinnen und Macher des *Prinzessinnengartens* gehen nämlich auch in Schulen und helfen mit, graue, betonierte Schulhöfe gemeinsam mit den Kindern in grüne Obst- und Gemüse-Oasen zu verwandeln.

107. Der Schweizer Yvan Bourgnon gilt weltweit als einer der besten

Segler, ist Langstrecken-Rekordmeister und umsegelte komplett ohne Hilfsmittel die Welt. Bis eines Tages sein Segelboot in einem riesigen Haufen Plastikmüll feststeckte, aus dem sich der Segelprofi nur mit viel Anstrengung befreien konnte. Daraufhin gründete Bourgnon 2016 *SeaCleaners*, eine NGO, die mit Spendengeld die Meere von Müll befreit. 270 000 Tonnen Kunststoff schwimmen laut Schätzungen von Forscherinnen und Forschern auf der Oberfläche der Ozeane. Weltweit werden derzeit nur neun Prozent unseres Plastikmülls recycelt. Bourgnon will ab 2024 mit einem 70 Meter langen und 49 Meter breiten Spezial-Segelschiff durch die Weltmeere segeln, das pro Jahr zwischen 5 000 und 10 000 Tonnen Plastikmüll aus dem Meer fischen und in gepresster Form dem Recycling zuführen kann.»Um ungefähr ein Drittel der globalen Plastikverschmutzung auf dem Meer einzusammeln, bräuchte man 400 dieser Katamarane«, rechnete der Segler im Jänner 2021 in einem Gespräch mit dem *Spiegel* vor. Das Schiff wird über Wind in den Segeln, über Windräder und Solarzellen betrieben. Auf seinen Aufräum-Segelturns wird der Extrem-Segler von Wissenschaftlerinnen und Wissenschaftlern begleitet, die Daten über die Verschmutzung der Meere sammeln und diese über Open Data weltweit der Wissenschaft kostenlos zur Verfügung stellen.

108. Mitarbeiterinnen und Mitarbeiter der Straßenzeitung *Asphalt-Magazin* in Hannover besuchen Schulen und berichten Schülerinnen und Schülern offen und ehrlich vom Leben auf der Straße, erklären, wie Obdachlosigkeit entsteht, sprechen über Armut und Sucht und auch über ihre Wünsche und Träume. Diese Gespräche zwischen obdachlosen Menschen und Schülerinnen und Schülern helfen mit, Vorurteile gegen Obdachlose abzubauen. Zusätzlich bieten die Mitarbeiterinnen und Mitarbeiter des *Asphalt-Magazins* auch Stadtrundgänge an, bei denen die Stadt aus einer neuen Perspektive, nämlich als Wohnort von Menschen, die kein eigenes Zuhause haben, erfahren wird.

109. Es begann in den 1980er-Jahren in einer kleinen Mühle im tiefsten Belgien. Damals kaufte sich der Belgier Dirk Vansintjan die alte Mühle, die auch eine Wasserturbine hatte, mit der man Strom erzeugen konnte. Er revitalisierte die Turbine und erzeugte Strom, konnte diesen aber nicht ins Stromnetz speisen. Stattdessen verlangte der Netzbetreiber sogar Geld von ihm, damit er den überschüssigen Strom abnahm. Fünf Jahre lang kämpften er und weitere Bürgerinnen- und Bürgerstrompionierinnen und -pioniere dafür, dass sie ihren Strom ins Netz speisen und eine Vergütung erhalten. Nach diesem erfolgreich geführten Kampf gründete Vansintjan mit acht Mitbürgerinnen und Mitbürgern 1991 in Belgien *Ecopower*, eine Energiegenossenschaft, die mit Windrädern und Photovoltaikanlagen den Ausbau der Bürgerinnen- und Bürgerenergie unterstützt. Mittlerweile hat die Energiegenossenschaft *Ecopower* etwa 60 000 Mitglieder. Vansintjan ist auch Gründungsmitglied von *REScoop.eu*, dem europäischen Verband von Bürgerinnen- und Bürgerenergiegenossenschaften, in dem 1 900 europäische Genossenschaften mit insgesamt mehr als 1,2 Millionen Mitgliedern organisiert sind.

110. Das Berliner Unternehmen *Sneakers Rescue* repariert kaputte Turnschuhe und hilft so mit, den Bekleidungsmüll zu reduzieren. Schließlich landen derzeit alleine in Deutschland 10 000 Tonnen Schuhe pro Jahr im Müll. Bei *Sneakers Rescue* schicken die Kundinnen und Kunden ein Foto ihrer alten Turnschuhe per Mail und erfahren kurz darauf, wie viel eine Generalüberholung der Schuhe kostet.

111. *Traivelling*, ein kleines Reisebüro im österreichischen Wiener Neustadt, zeigt schon jetzt, wie Reisen in der Zukunft funktionieren kann. Bei *Traivelling* gibt es Fernreisen per Zug, und das bis in den fernen Osten. Elias Bohun war 19 Jahre und Klimaaktivist, als er auf eine große Asienreise gehen wollte. Aber nicht mit dem Flieger, sondern klimafreundlich per Bahn. Allerdings war eine Fernreise im Zug damals fast unmöglich. Bohun schaffte es trotzdem und nutzte seine Erfahrungen, um

gemeinsam mit seinem Vater ein Reisebüro für Zugreisen zu gründen. *Traivelling* organisiert zum Beispiel Fernreisen per Zug und Fähre bis Tokio oder Hanoi. Im Gegensatz zum klimaschädlichen Fliegen ist bei diesen Reisen auch der Weg schon das Ziel, denn wer in den Zug nach Hanoi steigt, kann auf der Reise auch Kiew, Moskau, Kasachstans Hauptstadt Almaty und die Wüste Gobi erleben.

Wir könnten diese Liste endlos fortsetzen, so vielfältig und kreativ sind die Ideen und Projekte auf der ganzen Welt, über die bereits in verschiedenen Medien berichtet wurde und die alle trotz ihrer großen Unterschiedlichkeit ein gemeinsames Ziel haben: die Welt ein Stück weit zu einem besseren Ort für alle zu machen. Unsere Aufzählung ist auch kein Ranking der besten Ideen, sondern eine lose Aneinanderreihung, die beim Lesen dazu anregen sollen, die eigene Umgebung und das eigene Leben zu gestalten, die zeigen sollen, dass es für uns alle ein erfülltes Leben abseits des passiven Konsumierens gibt.

Wir haben bewusst nicht nur die großen Würfe angeführt, sondern auch kleine Schritte, weil beide eines gemeinsam haben: den Wunsch nach einem besseren Leben für alle vom Traum in die Realität zu verwandeln.

Kennen Sie Initiativen und Projekte, die Sie in unserer Liste vermissen? Orte, an denen eine bessere Zukunft schon heute stattfindet? Unternehmen, für die Wirtschaft, Nachhaltigkeit und Gerechtigkeit kein Widerspruch ist? Schreiben Sie uns doch! Wir freuen uns über jede Nachricht, die die Welt ein Stück besser macht.

7 Nachwort

Wenn wir die Augen schließen und dreißig oder gar fünfzig Jahre in die Zukunft blicken, was sehen wir da? So sieht unsere Utopie, unser positives Zukunftsbild aus:

Wir sehen große Erleichterung. Die Menschheit hat den Turnaround geschafft. Mit vereinten Kräften ist es gelungen, die Klimakatastrophe abzuwenden. Wir bauen Häuser, die nachhaltig sind, und Plätze zum Wohlfühlen. Wir leben in Städten, die ruhig und sauber sind, in denen unsere Enkelkinder (oder auch schon Ur-Enkelkinder) mit dem Fahrrad zur Schule fahren, ohne sich fürchten zu müssen, und sich auf dem Weg noch an urbanen Gartenoasen ihre gesunde Pausenmahlzeit pflücken. Wir leben in kleinen Gemeinden, die mit ihrer Umgebung vernetzt sind und in denen die Ortskerne wieder lebendige Treffpunkte sind und niemand vereinsamt.

Wir leben in einer Welt, in der Wohlstand gerecht verteilt ist. Die großen Banken sind in kleinere Einheiten aufgeteilt, das Schattenbankensystem unter Kontrolle gebracht und die Steueroasen sind trockengelegt. Jeder Mensch hat das Recht auf ein sicheres, gutes Leben. Nicht nur wir im global gesehen reichen Norden gehen auf Reisen (natürlich klimaneutral), um die Welt kennenzulernen und unseren Horizont zu erweitern. Auch Menschen aus anderen Kontinenten besuchen uns – nicht weil Krieg, Hunger und Vertreibung sie zur Flucht zwingen, sondern weil es ihnen Vergnügen bereitet, den Eiffelturm in Paris und den Petersdom in Rom zu bewundern und das Münchner Oktoberfest oder den Opernball in Wien zu erleben.

Wir nutzen die Vorteile, die uns die Digitalisierung bietet. Die großen IT-Konzerne sind zerlegt und die persönlichen Datenrechte gesichert. Wir arbeiten weniger, weil wir die nötige Arbeitszeit gerechter verteilen. Die neu gewonnene Freizeit nutzen wir, um uns für die Gemeinschaft zu engagieren. Wir konsumieren weniger und tauschen mehr; das, was wir kaufen, wird von Menschen in anderen Ländern zu fairen Bedingungen erzeugt, während auch deren Kinder die Chance haben, eine Schule zu besuchen und das Potenzial, das in ihnen steckt, zu entfalten. Manche Wörter sind aus unserer Welt verschwunden. Unsere Enkelkinder und Ur-Enkel verstehen uns gar nicht, wenn wir von Müllbergen sprechen. Sie kennen das nicht. Sie sind in einer Welt aufgewachsen, in der die Meere und Wälder, die Natur und die Atemluft sauber sind und geschützt werden.

Wir sind Teil einer lebendigen Demokratie, in der Bürgerinnen und Bürger nicht nur alle paar Jahre eine Partei auf einem Wahlzettel ankreuzen, sondern sich auf verschiedenen Ebenen einbringen. Demokratie beginnt in unserer neuen Welt schon im Kindergarten, wo Kinder lernen, mitzubestimmen, aber auch, den anderen mit Respekt zu begegnen und Rücksicht zu nehmen. In dieser Welt schließt Demokratie niemanden aus.

Aus der Welt von heute gesprochen klingt das weit, weit weg. Aber es klingt auch nach einem Ort, an den wir lieber heute als morgen gelangen wollen. Warum sind wir so zuversichtlich?

Weil wir wissen, dass wir dieses Bild einer besseren Zukunft mit Millionen Menschen teilen. Weil die Menschheit seit ihrer Existenz immer wieder gezeigt hat, welche Kraft zur Veränderung – im Guten wie im Schlechten – in ihr steckt. Die positive Energie, die schon jetzt vorhanden ist, gilt es zu bündeln und zu institutionalisieren.

Viel zu lange wurden all diese Initiativen, Kampagnen, Projekte auf der ganzen Welt, von denen wir nur einen kleinen Bruchteil in diesem Buch beschreiben, als Einzelinitiativen oder vielleicht noch als Teile kleinerer oder größerer Netzwerke gesehen. Doch in Wirklichkeit ist es wie ein riesengroßes Fischernetz mit einer beinahe unendlichen Anzahl an Maschen, das sich über die gesamte Welt spannt. Sie alle vereint ihre große Sorge um die Zukunft. Stellen Sie sich die Erdkugel in der Nacht vor. Und drücken Sie in Gedanken jeder kleinen oder großen Idee, jeder Einzelkämpferin und jedem Einzelkämpfer, jeder großen oder auch ganz kleinen Initiative, die Umwelt schützt, Chancen eröffnet, für faire Arbeitsbedingungen sorgt, eine starke Taschenlampe in die Hand. Sie werden überrascht sein, wie hell die Erde in dieser Nacht plötzlich leuchtet.

Es mag auf den ersten Blick paradox klingen, aber auch die Tatsache, dass die Zukunft der Menschheit tatsächlich auf der Kippe steht, dass die Kipppunkte im Weltklima, die eine nicht mehr aufhaltbare Klimakatastrophe auslösen, schon so nahe sind, kann auch Hoffnung geben: Jetzt bleibt uns als Menschheit nichts anderes übrig, als rasch und gemeinsam zu handeln. Wenn wir unsere eigene Lebensgrundlage auf diesem Planeten retten wollen, müssen wir Bündnisse schmieden: mit Menschen, die vielleicht aus anderen weltanschaulichen Richtungen kommen, die unterschiedliche Werte hochhalten, von denen sich manche radikal positionieren, anderen hingegen ein reformistischer Weg näher ist, die aber trotz aller Differenzen eines verbindet: die Sorge um unseren Planeten und der Respekt vor der Würde und der Einzigartigkeit aller Menschen. Die verstehen, dass ein gutes Leben für möglichst viele auf der Welt das Ziel ist. Sie sind unsere Partnerinnen und Partner in dem großen Projekt, das sich Weltrettung nennt.

Unser Buch ist aus der Intention geschrieben, eine solche Kooperation gedanklich vorzubereiten. Denn dazu fehlen noch viele Voraussetzungen. Einige davon bringen wir in diesem Buch zur Sprache. Vieles muss noch diskutiert und noch rascher verändert werden. Es geht darum, jene Kräfte in der Politik zu unterstützen, die den Ernst der Lage erkannt haben und es geht auch um den Aufbau neuer politischer Bewegungen. Dazu ist ein langer Atem nötig. Es erfordert auch neue Institutionen. Die aktuellen Institutionen sind zu schwach, um die großen Fragen, wie Klima- oder Umverteilungskrise, lösen zu können.

Doch das gemeinsame Ziel verbindet über traditionelle Grenzen hinweg. Sich bildlich vorzustellen, dass die vielen tausenden positiven Ideen und Projekte auf der ganzen Welt wie in einem bunten Garten blühen, gibt Kraft und hilft, mit den Horrorbildern einer drohenden Zukunft besser umgehen zu können und auch aus dieser Kraft zu schöpfen: Nein, in diese dystopische Zukunft wollen wir nicht. Noch ist nicht die Zeit, die Hoffnung zu verlieren. Aber es ist definitiv die Zeit, uns zusammenzutun und gemeinsam zu handeln. Die Klimawende ist – noch – zu schaffen.

Können wir mit Sicherheit sagen, dass der Menschheit dieses Experiment gelingen wird? Nein. Die Zukunft ist immer ungewiss. Aber wir wissen, dass wir noch eine Chance haben und dass uns nur eine Option bleibt: Die ökologische Krise und die soziale Krise zwingen zum Handeln. Oder, um es am Schluss mit Margaret Thatcher zu sagen: *There is no alternative*. Diesmal haben wir wirklich keine Alternative.

Danksagungen

Nina Horaczek: Vielen, vielen Dank an Daniela Aschauer, Walter Baier, Hilde Dalik und Alice Uhl für ihre kritischen Kommentare und nützlichen Vorschläge für dieses Buch, an Andreas Babler für seine Führungen durch Traiskirchen, an Ahmet »Biko« Barakat für seine Hilfe mit den Kindern in der Buch-Schreibphase, an die vielen, vielen Menschen, deren Ideen und Projekte in diesem Buch beschrieben werden und die hoffentlich vielen anderen Lust und Mut geben, selbst aktiv zu werden, sowie an Walter Ötsch für das gedankliche Ping-Pong-Spielen und die vielen Zoom-Gespräche und Spaziergänge in Pandemiezeiten, die letztendlich zu diesem Buch geführt haben. Unsere gemeinsame Arbeit hat mich selten verzweifeln lassen und sehr oft großes Vergnügen bereitet. Ein ganz besonders großer Dank an Traude Horaczek und an Fanny, Zora, Jasper und Peter dafür, dass sie immer für mich da sind und ich mich in jeder Situation auf sie verlassen kann.

Walter Ötsch: Die Gedanken aus diesem Buch sind aus vielen Jahren Unterricht, aus vielen Vorträgen und aus vielen Diskussionen gereift. Stellvertretend für viele andere bedanke ich mich bei den Anregungen, die mir Karl-Heinz Brodbeck, Lucas Derks, Fritz Hinterberger, Johannes Lehner, Otto Mölk, Walter Pachler, Birger Priddat, Sebastian Thieme, Wolfgang Walker und Ruth Wodak vermittelt haben. Bei Christoph Hofinger bedanke ich mich für die Anregungen, die in die Einleitung eingeflossen sind. Die Diskussionen mit Stephan Pühringer und Jakob Kapeller begleiten mich seit langem und bereichern mein Leben. Seit einigen Jahren ist für mich die *Cusanus Hochschule für Gesellschaftsgestaltung*, die jetzt nach Koblenz übersiedeln wird, meine intellektuelle Heimat geworden. Ich habe viel in den Diskussionen mit den Studierenden dort gelernt. Besonders wertvoll war für mich der Austausch mit Silja Graupe, die mein Denken in den letzten Jahren entscheidend beeinflusst hat. Ich bedanke mich bei den vielen Anregungen, die mir meine Kollegen Stephan Panther und Lars Hochmann vermittelt haben. Es war für mich sehr bereichernd, in Annette Hilt eine neue Kollegin kennenzulernen, an deren profundem Wissen ich teilhaben durfte. Theresa Steffestun und Lukas Bäuerle haben eine frühere Version der Arbeit gelesen. Ihre wertvollen Anmerkungen haben uns veranlasst, Teile des Buches neu zu konzipieren und umzuschreiben. Liebe Doris, vielen Dank für Deine liebevolle Unterstützung in Phasen intensiven Arbeitens.

Anmerkungen

Einleitung: Warum die Zeit reif ist für eine bessere Zukunft für alle

1 Regionales Informationszentrum der Vereinten Nationen: UN75: Die Zukunft, die wir wollen, die Vereinten Nationen, die wir brauchen, Pressemitteilung vom 21.9.2020, https://unric.org/de/21092020-un75/, abgerufen am 08.06.2021.

2 Rahmsdorf, Inga: Das macht uns krank, Süddeutsche Zeitung vom 10.04.2021.

3 Zitiert nach Reitan, Claus: Was lehrt die Corona-Erfahrung für die Klima-Krise? »Es gibt keine Ausreden mehr. No more excuses«, klimafakten.de, 15.09.2020, www.klimafakten.de/meldung/was-lehrt-die-corona-erfahrung-fuer-die-klima-krise-es-gibt-keine-ausreden-mehr-no-more, abgerufen am 08.06.2021.

4 Pressemitteilung 31/2021 des Bundesverfassungsgerichts vom 29.04.32021 zum Beschluss vom 24.03.2021, www.bundesverfassungsgericht.de/SharedDocs/Pressemitteilungen/DE/2021/bvg21-031.html, abgerufen am 09.06.2021.

1 Wie es zur Krise der politischen Phantasie kam

1 Edelman Trust Barometer 2021, www.edelman.com/sites/g/files/aatuss191/files/2021-03/2021%20Edelman%20Trust%20Barometer.pdf, abgerufen am 08.06.2021.

2 Winke, Richard u.a.: Many in U.S., Western Europe say their political system needs major reform, Pew Research Center, 31.03.2021, www.pewresearch.org/global/2021/03/31/many-in-us-western-europe-say-their-political-system-needs-major-reform, abgerufen am 08.06.2021.

3 In Ötsch und Horaczek 2017 haben wir diese Inszenierungen im Detail für 15 führende populistische Politikerinnen und Politiker beschrieben – von Donald Trump bis Recep Erdogan.

4 Snyder 2017, 69, eigene Übersetzung.

5 Heilbroner, Robert: The Triumph of Capitalism, The New Yorker, 15.01.1989, www.newyorker.com/magazine/1989/01/23/the-triumph-of-capitalism, abgerufen am 08.06.2021; hier zitiert in der Übersetzung von Ther 2014, 55.

6 Online zu sehen unter www.youtube.com/watch?v=KFqJoY8GwWI, abgerufen am 08.06.2021, vgl. Ther 2015, 55.

7 Noch ein Wort zum Ordoliberalismus und seinem populären Konzept der sozialen Marktwirtschaft. Beide sind schillernd und vielseitig. Organisatorisch waren die führenden deutschen Ordoliberalen von Anfang an eng in das neoliberale Netzwerk eingebunden. Inhaltlich gab es viele Differenzen, aber auch den Einklang in der Verwendung zentraler Begiffe, wie »des Marktes«, der in Kapitel 2 erklärt wird. Ob und wie der Ordoliberalismus, der selbst wiederum in drei Strömungen zerfällt, in das Lager des Neoliberalismus passt (bzw. wo es passt und wo nicht), was die Differenzen sowohl zur Österreichischen als auch zu der Chicagoer-Schule ausmachen und warum sie dennoch einander kräftig förderten – vor allem in der Verdrängung des Keynesianismus, ist ein eigenes Thema, das hier nicht abgehandelt werden kann. Details finden sich in Ötsch u. a. 2017, auch zur anhaltenden Wirkungsgeschichte dieser Richtung, zum Letzteren auch Pühringer und Ötsch 2019. Vgl. auch Quaas 2000 und Ptak 2004.

8 Slobodian 2019.

9 Vgl. Mirowski 2014.

10 Vgl. Steil 2013.

11 U. S. Department of State, Proceedings and Documents of the United Nations Monetary and Financial Conference, Bretton Woods, New Hampshire, July 1–22, 1944, vol. ii, Washington 1948, 1227, zit. nach Gardner 1969, 76; hier in der deutschen Übersetzung von Schmelzer 2010, 46.

12 Vgl. Schmelzer 2010, 48 f.

13 Colloque Walter Lippmann: Compturendu des séances du Colloque Walter Lippmann (26.–30 August 1938), Bd. I der Reihe *Travaux du centre international d'études pour la renovation du libéralisme*, Paris 1938, 59; zitiert nach Slobodian 2019, 130.

14 Nach Slobodian 2019, 181 ff.

15 Ebenda, 190 f.

16 Die Geschichte der *Mont Pèlerin Society* ist in vielen Facetten erforscht. Standardwerke sind Cockett 1995, Hartwell 1995, Dixon 2000, Walpen 2004, Ptak 2004, Nordmann 2005, Plehwe u. a. 2006, Plickert 2008, Mirowski und Plehwe 2009 und Schmelzer 2010.

17 Hayek 1976, 142 f.

18 Schmelzer 2010, 7.

19 Friedman, Milton: The Case for Flexible Exchange Rates. In: Friedman 1953, 157, hier zitiert in der Übersetzung von Schmelzer, 2010, 78 f.

20 Vgl. Schmelzer 2010, 129 ff. und Ötsch u. a. 2017, 198 ff.

21 Vgl. Schmelzer 2010, 50 ff.

22 Vgl. Dickens 2005.

23 Vgl. dazu die Erklärungen bei Pistor 2019, zum Verweis auf den Staat New York: 132 ff.

24 Der Ökonom Antonio Martino, der von 1988 bis 1990 Präsident der Mont Pèlerin Gesellschaft (und auch Mitbegründer der *Forza Italia* und Außen- und Verteidigungsminister unter Silvio Berlusconi) war, beschreibt die Think-Tanks um die MPS so: »[Diese] Institute sind im Propaganda-Geschäft tätig, ihr Ziel ist Interessenvertretung [*advocacy*], die Unterstützung politischer Maßnahmen, die den liberalen Ideen eines freien Marktes nützen.« *Mont Pèlerin Society Newsletter* 2, 1991, 3; zitiert nach Walpen 2004, 247, eigene Übersetzung. Dieses Geschäft wird von den Betreibern ausdrücklich als »Krieg der Ideen« verstanden, vgl. Blundell 2003.

25 Vgl. Lütjen 2016, 37 ff.

26 Ebenda, 82.

27 Nach Lütjen 2016, 64, mit Verweis auf das Zitat von Nixon bei: Gould, Lewis: *The Republicans. A History of the Grand Old Party*, Oxford 2014, 265.

28 Vgl. Lütjen 2016, 69 f.

29 Reagan, Ronald: Inaugurationsrede vom 20.01.1981, vgl. www.presidency. ucsb.edu/documents/inaugural-address-11, abgerufen am 09.06.2021.

30 Vgl. Prasad 2019.

31 Vgl. Williamson 2009 und die Gegenüberstellung der Instrumente des Washington Consensus mit dem System von Bretton Woods bei Skidelsky 2010, 176 ff.

32 Vgl. Cockett 1995, 237.

33 Vgl. Dixon 2000, 77 f.

34 Dettling und Geske 2002, 228 ff.

35 Vgl. Ötsch u. a. 2017, 229 ff. und 235 ff.

36 Vgl. Ötsch u. a. 2017, 236 ff. und die dort zitierte Literatur.

37 Nachtwey 2009, 224.

38 Ebenda.

39 Rede von Gerhard Schröder auf dem Weltwirtschaftsforum, www.gewerk schaft-von-unten.de/Rede_Davos.pdf, abgerufen am 08.06.2021.

40 Vgl. www.diw.de/de/diw_01.c.433582.de/presse/glossar/niedriglohn.html, abgerufen am 08.06.2021.

41 Feld 2013, 3.

42 Schröder, Gerhard und Blair, Tony: Der Weg nach vorne für Europas Sozialdemokraten, 08.06.1999, www.glasnost.de/pol/schroederblair.html, abgerufen am 08.06.2021.

43 Egle u. a. 2003, 77.

44 Schröder, Gerhard: Regierungserklärung vom 14.03.2003, www.document-archiv.de/brd/2003/rede_schroeder_03-14.html, abgerufen am 06.06.2021.

45 Snyder 2017, 66, eigene Übersetzung.

2 Warum die politische Phantasie versiegen musste

1 The Collected Writings of John Maynard Keynes, vol. IX, Essays in Persuasion, Cambridge 1972, 324. Hier zitiert nach Skidelsky 2010, 229.

2 Zu den ethischen Positionen von Keynes vgl. Skidelsky 2010, 199 ff. Keynes bezog sich dabei in hohem Maße auf den britischen Philosophen George Edward Moore (1873–1958), mit dem er befreundet war; zu den Gerechtigkeitsvorstellungen von Keynes vgl. Skidelsky 2010, 217 ff. Das Zitat über den Wucher stammt aus einem Brief, den Skidelsky 2010, 220, ohne nähere Angabe zitiert.

3 Thatcher, Margaret: Interview for Woman's Own vom 23.09.1987, www.margaretthatcher.org/document/106689, abgerufen am 12.06.2012.

4 Vgl. die empirischen Befunde in Hirte 2013 und Ötsch u. a. 2017 sowie die vielen Literaturangaben in Ötsch 2019.

5 Das Folgende nach Ötsch u. a. 2017, 97 ff. und Ötsch 2019, 39 ff.

6 Sachs 1994.

7 Hayek in: ORF 1983, 51.

8 Ebenda.

9 Vgl. Pühringer 2015.

10 Eine exakte Definition dieses Begriffes wurde in Ötsch 2019, 22 ff. unternommen, und zwar anhand von 50 Basissätzen, die aus den Schriften von Mises abgeleitet wurden. Diese Sätze gelten auch für Hayek oder für die Chicagoer-Schule.

11 Vgl. Hayek 1971, 194. Thomasberger (2009, 65) spricht von einer »Planung für den Markt«.

12 Hayek 1978b und 1998, Band 3, 149 ff.

13 Martin Bartenstein, Profil 19/05, 9.5.2005, 39. Bartenstein ist ein Unternehmer und war von Februar 2000 bis Dezember 2008 für die konservative Österreichische Volkspartei als Bundesminister für Wirtschaft und Arbeit tätig.

14 Mises 1922.

15 Mises 1922, 1 f.

16 Mises 1929, 24.

17 Mises 1929, 1 ff.

18 Die Abbildung stammt aus Ötsch 2019, 31.

19 Mises 1929, 6.

20 Interview mit Peter Altmaier, Kieler Nachrichten 14.6.2018, www.kn-on-line.de/Nachrichten/Politik/Mehr-Markt-und-weniger-Staat, abgerufen am 15.6.2021.
21 Hayek 1971, 137.
22 Hayek 1996, 52 f.
23 Vgl. Ötsch 2016.
24 Ausführlich z. B. in Hayek 1996, 124 ff.
25 Hayek 1979.
26 Hayek 1937 und 1945.
27 Hayek 1996, 76, Hervorhebungen im Original.
28 Hayek 1967, 61, eigene Übersetzung.
29 Hayek 1996, 76, zur Gottähnlichkeit »des Marktes« vgl. Ötsch 2019, 90 ff.
30 Hayek 1952.
31 Hayek 1998, Bd. 1, 39 ff.
32 Hayek 1990, 88.
33 Hayek 1992, 73.
34 Hayek 1998, Band 1, 15 .
35 Hayek 1960.
36 Hayek 1971, 139.
37 Die Abbildung stammt aus Ötsch 2019, 139.
38 Hayek 1976, 142 f.
39 Hayek 1992a, 42 f.
40 Hayek 1960, 371
41 Hayek 1971, 138.
42 Vgl. Ötsch 2016.
43 Zur neoliberalen Positionierung der AfD vgl. Beyer u. a. 2021.
44 Vgl. Quaas 2000, S. 200 f.
45 Ptak 2004, 42, hier Röpke 1962,123 f. zitierend.
46 Hayek 1978, 96 f., hier zitiert nach Andrae 2012, 69 ff.
47 Hayek 1978b, 30.
48 Vgl. Valdés 1995.
49 OECD 1966, 46.
50 So die Worte von Peter Gaethgens, (Gaethgens 2003, 8). Gaethgens war von 2003 bis 2005 Präsident der Hochschulrektorenkonferenz, die über 250 Hochschulen in Deutschland vertritt.
51 Wetzel 2013, 82 f.
52 Vgl. Bäuerle 2020.

3 Bilderflut ohne Phantasie?

1 Klein, Ralf: Demokratie im Standortwettbewerb, Makroskop, 24.03.2021, https://makroskop.eu/12-2021/demokratie-im-standortwettbewerb/, abgerufen am 02.06.2021.

2 Vgl. Crouch 2021.

3 The National Diet of Japan: The official report of The Fukushima Nuclear Accident Independent Investigation Commission 2012, 20, eigene Übersetzung. Online zugänglich unter: https://reliefweb.int/sites/reliefweb.int/files/resources/NAIIC_report_lo_res2.pdf, abgerufen am 10.06.2021.

4 Deutscher Bundestag: Beschlussempfehlung und Bericht des 3. Untersuchungsausschusses der 19. Wahlperiode gemäß Artikel 44 des Grundgesetzes, Drucksache 19/30900 vom 22.06.2021, 1660, 1658 und 1645. Online unter: https://dip21.bundestag.de/dip21/btd/19/309/1930900.pdf, abgerufen am 01.07.2021.

5 Crouch 2008, 38.

6 Rappaport 1999, 6.

7 Eine gute Einführung in diese Zusammenhänge liefert Kowall 2013.

8 Vgl. Jahresabschluss der Siemens AG zum 29.09.2020, online unter: https://assets.new.siemens.com/siemens/ assets/api/uuid:f869ecb2-bc2b-46ab-9fcc-87e2fdd646a3/siemens-sag2020-D.pdf, abgerufen am 05.05.2021.

9 Laville, Sandra: Top oil firms spending millions lobbying to block climate change policies, says report, The Guardian 22.03.2019, www.theguardian.com/business/2019/mar/22/top-oil-firms-spending-millions-obbying-to-block-climate-change-policies-says-reportl, abgerufen am 02.06.2021.

10 Big Tech and Climate Policy, An InfluenceMap Report, January 2021, https://influencemap.org/report/Big-Tech-and-Climate-Policy-afb476c56f217ea0ab351d79096df04a, abgerufen am 02.06.2021.

11 Statistiken über die Lebenserwartung nach de.statista.com.

12 Zuboff 2018, 222.

13 Vgl. Oliver Nachtwey im Gespräch mit Philip Banse bei Re:Publica im Mai 2019: www.dctp.tv/filme/republica-2019-oliver-nachtway?thema=republica-2019, abgerufen am 02.06.2021. Im Hintergrund stehen verschiedene Versionen des Turing-Problems, vgl. Alfonseca u. a. 2021.

4 Wir sind imaginative Wesen

1 Hayek 1996, 163.

2 Scheidler 2021, 61 f.

3 Vgl. Pistor 2019.

4 Verhaeghe, Paul: Der neoliberale Charakter, Der Freitag 43/2014, www.freitag.de/autoren/the-guardian/der-neoliberale-charakter, abgerufen am 16.06.2021.

5 Bröckling 2013, 53.

6 Ebenda, 61.

7 Bröckling 2013, 101.

8 Von Borries 2019, 103.

9 Ebenda, 72.

10 Groys, Boris: Die Pflicht zum Selbstdesign, In: ders.: Die Kunst des Denkens, Hamburg 7–24; zitiert nach von Borries 2019, 104.

11 Von Borries 2019, 11.

12 Ebenda, 14 f.

13 Merleau-Ponty 2003, 282 und 94 f.

14 Vgl. Hilt 2020.

15 Coccia 2020, 147.

16 Zu diesem Freiraum vgl. Hilt 2011.

17 Vgl. Ötsch und Graupe 2018.

18 »The concept of global warming was created by and for the Chinese in order to make U. S. manufacturing non-competitive«, Twitter, 6. 11. 2012, @real-DonaldTrump.

19 Vgl. Priddat, Birger P.: Wissen, Nichtwissen, Ökonomie. Ein Essay. In: Ötsch, und Steffestun 2021, 37–56.

20 Ebenda, 47.

21 Misik 2007, 7 f.

22 Beckert 2018, 23 f.

23 Zu den imaginativen Aspekten des Kapitalismus vgl. Langenohl 2007, Esposito 2014 und die Aufsätze in Ötsch und Graupe 2020.

24 Vgl. Brien, Jörn: Ellon Musk: Nutzer-Frust wegen Teslas Bitcoin-Abkehr entlädt sich auf Twitter, T:n digital pioneers, 19.05.2021, https://t3n.de/news/musk-frust-bitcoin-abkehr-twitter-1379688/?utm_source=rss&utm_medium= feed&utm_campaign=news.

25 Skidelsky 2010, 109.

26 Vgl. dazu die zehnteilige Serie von Wolfgang Koschnick »Wie Werbung wirklich wirkt«, Telepolis. Teil 1 finden Sie hier: www.heise.de/tp/features/Der-groesste-Feind-der-Werbung-ist-sie-selbst-4058546.html, abgerufen am 08.06.2021.

27 Bottici 2014, 3, eigene Übersetzung.

28 »As Thomas Meyer has observed, politicians behave as if the images transmitted by the media were reality itself, independently of their actual impact on peoples' minds. No policy is undertaken, nor is any decision made by contemporary politicians, without first (and foremost) considering how this will affect their image in the media (Meyer 2002), a phenomenon that Meyer has referred to as the ›theatricality of contemporary politics.‹ Politics has become theater because politicians behave according to an expected imaginal appeal on the audience, independently of whether and how this

will actually turn out to be.« Bottici 2014, 17, mit Rekurs auf Meyer, Thomas: *Media Democracy: How the Media Colonize Politics*, Oxford 2002.

29 Borelle, Stephanie B.: Recycling isn't enough – the world's plastic pollution crisis is only getting worse, The Conversation, 17.9.2020, https://theconver sation.com/recycling-isnt-enough-the-worlds-plastic-pollution-crisis-is-only-getting-worse-144175, abgerufen am 08.06.2021.

30 Von Borries 2019, 25.

31 Brand, Ulrich: 2019 – eine Epochenwende?, Der Standard vom 29.12.2029, www.derstandard.at/story/2000112706899/2019-eine-epochenwende, abgerufen am 20.06.2021.

32 Appiah 2011.

33 Ebenda, 190.

34 Ebenda, 194.

35 Vgl. Whitrow 1992 und Dux 1992.

36 Glaubrecht 2019.

37 https://www.kulturzeitschrift.at/kritiken/aktuell/tage-der-utopie-2021-matthias-glaubrecht-das-ende-vom-ende-der-artenvielfalt-dienstag-27-april-17-00-uhr-online-per-live-stream-und-kulturbuehne-ambach-goetzis-und-mittwoch-28-april-9-15-bis-12.00.

38 https://www.kulturzeitschrift.at/kritiken/aktuell/tage-der-utopie-2021-ilija-trojanow-die-essenz-des-utopischen-denkens-kulturbuehne-ambach-goetzis-donnerstag-29-4-17-00-uhr-und-arbogast-workshop-freitag-30-4.

39 Untangeld Podcast: Angst vorm Auftauen, www.untangled.at/, abgerufen am 10.06.2021.

40 Vgl. Fischetti, Mark: We are living in a Climate Emergency, and we're going to say so, *Scientific American*, 12.04.2021, https://www.scientificamerican.com/article/we-are-living-in-a-climate-emergency-and-were-going-to-say-so/, abgerufen am 12.06.2021. Und: Ripple, William J. u. a.: World Scientists' Warning of a Climate Emergency, *BioScience*, 70 (1), January 2020, 8–12 https://academic.oup.com/bioscience/article/70/1/8/5610806, abgerufen am 12.06.2021.

41 Lertzman, Renée: How to turn climate anxiety into action, TEDWomen 2019, Dezember 2019, https://www.ted.com/talks/renee_lertzman_how_to_turn_climate_anxiety_into_action/transcript#t-26592, abgerufen am 12.06.2021.

42 Science Based Targets: No Major stock index aligned with Paris climate goals, 09.06.2021, https://sciencebasedtargets.org/news/g7-stock-indexes-science-based-targets, abgerufen am 29.06.2021.

43 Vgl. Lobe, Adrian: Wie soll die Stadt der Zukunft klingen?, der Standard, 11.10.2020, www.derstandard.at/story/2000120573929/wie-soll-die-stadt-der-zukunft-klingen, abgerufen am 20.05.2021.

44 Hine, Don und Driver, Aaron: The Great Barrier Reef and the subtle power of »psychological distance«, The Guardian, 10.06.2016, www.theguardian. com/commentisfree/2016/jun/10/the-great-barrier-reef-and-the-subtle-power-of-psychological-distance, abgerufen am 20.05.2021.

45 Markham, Adam u. a.: Revealed: report for UNESCO on the Great Barrier Reef that Australia didn't want world to see, The Guardian, 27.05.2016, www.theguardian.com/environment/2016/may/27/revealed-the-report-on-the-great-barrier-reef-that-australia-didnt-want-the-world-to-see, abgerufen am 20.05.2021.

5   Zurück zu einer solidarischen Zukunft in Bildern

1 Martin Luther King jr.: Ich habe einen Traum. Rede vom 28.08.1963, https:// usa.usembassy.de/etexts/soc/traum.htm, abgerufen am 10.07.2021.

2 Vgl. Bregman 2020. Ein Interview mit dem Autor findet sich im Deutschlandfunk vom 10.03.2020: www.deutschlandfunkkultur.de/die-evolution-nach-rutger-bregman-warum-der-mensch-von.1008.de.html?dram:article_id=472117, abgerufen am 09.06.2021.

3 Eine Einführung in den Stand der Forschung gibt: Sterelny, Kim: How Equality slipped away, Aeon, 10.6.2021, https://aeon.co/essays/for-97-of-human-history-equality-was-the-norm-what-happened?, abgerufen am 08.06.2021.

4 Frangenberg, Helmut: »Virenjeist« gegen die Krisenfolgen, Kölner Stadt-Anzeiger, 03.04.2020, www.ksta.de/koeln/innenstadt/-virenjeist—gegen-die-krisenfolgen-gaeste-sollen-mit-schnaps-die-koelner-wirte-retten-36511758, abgerufen am 03.06.2021.

5 Vgl. www.europarl.europa.eu/news/de/headlines/society/20200402STO 76415/solidaritat-in-corona-zeiten-so-helfen-die-eu-lander-einander, abgerufen am 01.06.2021.

6 Vgl. die Meldung am 30.04.2021 auf: https://digideutsche.com/nachrichten/amazon-hat-2020-mehr-gewinn-erzielt-als-in-den-letzten-drei-jahren-zusammen/, abgerufen am 01.06.2021.

7 Vgl. www.heise.de/news/US-Handelsbeauftragte-zu-Corona-Impfstoffen-Nicht-die-Aids-Tragoedie-wiederholen-6016591.html, abgerufen am 01.06.2021.

8 Vgl. www.vaticannews.va/de/papst/news/2021-04/papst-franziskus-urbi-et-orbi-ostersegen-ansprache-2021.html, abgerufen am 01.06.2021.

9 Thome, Matthias: Solidarität in der Krise: Warum die Suche nach Sündenböcken so schädlich ist, GEO, www.geo.de/wissen/gesundheit/22772-rtkl-corona-pandemie-solidaritaet-der-krise-warum-die-suche-nach, abgerufen am 13.06.2021.

10 Peter Unfried: »Hauptsache, wir kommen jetzt in die Pötte!« In: taz vom 31.10.2020.

11 Kindt 2016.

12 https://sharethemeal.org.

13 Im Frühjahr 2022 finden in Frankreich wieder Präsidentschaftswahlen statt. Ob es auch dann zu einem Bündnis wie 2002 kommen wird, ist zum derzeitigen Zeitpunkt nicht voraussagbar.

14 Sherwin; Adam: Theatre thrill »synchronises heart beats of audience complete strangers«, 16.11.2017, https://inews.co.uk/essentials/theatre-thrills-synchronises-heart-beats-audience-complete-strangers-103880, eigene Übersetzung, abgerufen am 13.06.2021.

15 Brand, Ulrich: Freiheit statt Egoismus: Die Klimabewegung nach Corona, Blätter für deutsche und internationale Politik, Oktober 2020, www.blaet ter.de/ausgabe/2020/oktober/freiheit-statt-egoismus-die-klimabewegung-nach-corona, abgerufen am 20.05.2021. Vgl. auch Acosta und Brand 2018.

16 Horaczek, Nina: Exodus der Blauhemden, Falter 16/02 vom 17.04.2002.

Literatur

Acosta, Alberto, Brand, Ulrich: *Radikale Alternativen. Warum man den Kapitalismus nur mit vereinten Kräften überwinden kann*, München 2018.

Alfonseca, Manuel, u. a.: Superintelligence Cannot be Contained: Lessons from Computability Theory, *Journal of Artifical Intelligence Research* 70, 2021, 65–71.

Andrae, Jannis: Ideengeschichtliche Aspekte von unabhängigen Institutionen, *Diskussionspapier der Helmut-Schmidt-Universität*, Fächergruppe, Nr. 128, 2012 (http://hdl.handle.net/10419/71105).

Appiah, Kwame Anthony: *Eine Frage der Ehre. Oder: Wie es zu moralischen Revolutionen kommt*, München 2011.

Bäuerle, Lukas: Reproduction, Deconstruction, Imagination. On Three Possible Modi Operandi of Economic Education, *Journal of Social Science Education* 19 (3) 2020, 21–36. Online zugänglich unter https://doi.org/10.4119/JSSE-3378.

Beckert, Jens: *Imaginierte Zukunft. Fiktionale Erwartungen und die Dynamik des Kapitalismus*, Berlin 2018.

Beyer, Karl; Kronberger, Dominik, Pühringer, Stephan: »Linke« Rhetorik auf »rechter« sozioökonomischer Basis: Eine Analyse am Beispiel der AfD, erscheint als *Arbeitsheft der Otto Brenner Stiftung* 2021.

Blundell, John: *Waging the War of Ideas*, 2. Aufl., London 2003.

Boehm, Gottfried (Hg.), *Was ist ein Bild?*, München 1995.

Bottici, Chiara: *Imaginal politics. Images beyond imagination and the imaginary*, New York 2014.

Bregman, Rutger: *Im Grunde gut. Eine neue Geschichte der Menschheit*, Hamburg 2020.

Bröckling, Ulrich: *Das unternehmerische Selbst. Soziologie einer Subjektivierungsform*, 5. Aufl., Frankfurt am Main 2013.

Coccia, Emanuele: *Sinnenleben. Eine Philosophie*, München 2020.

Cockett, Richard: *Thinking the Unthinkable. Think-Tanks and the Economic Counter-Revolution 1931–1983*, London 1995.

Crouch, Colin: *Postdemokratie*, Frankfurt am Main 2008.

Couch, Colin: Postdemokratischer Kapitalismus. Zum Zusammenhang von Korruption und Ungleichheit, *Blätter für deutsche und internationale Politik* 2021, 4, 76–86.

Dettling, Benedikt, Geske, Michael: Helmut Kohl: Krise und Erneuerung. In: Korte, Karl-Rudolf (Hg.): »*Das Wort hat der Herr Bundeskanzler*«. *Eine Analyse der großen Regierungserklärungen von Adenauer bis Schröder*, Wiesbaden 2002, 217–247.

Dickens, Edwin: The Eurodollar Market and the New Era of Global Financialization. In: Epstein, Gerald A. (Hg.): *Financialization and the World Economy*, Cheltenham, UK 2005, 210–219.

Dixon, Keith: *Die Evangelisten des Marktes. Die britischen Intellektuellen und der Thatcherismus*, Konstanz 2000.

Dux, Günter: *Zeit in der Geschichte. Ihre Entwicklungslogik vom Mythos zur Weltzeit*, Frankfurt am Main 1992.

Egle, Christoph, Ostheim, Tobias, Zohlnhöfer, Reimut: *Das rot-grüne Projekt. Eine Bilanz der Regierung Schröder 1998–2002*, Wiesbaden 2003.

Esposito, Elena: *Die Fiktion der wahrscheinlichen Realität*, 3. Aufl., Frankfurt am Main 2014.

Feld, Lars P.: Zur Bedeutung des Manifests der Marktwirtschaft oder: Das Lambsdorff-Papier im 31. Jahr, *Freiburger Diskussionspapiere zur Ordnungsökonomik* 13(9), 2013.

Friedman, Milton: *Essays in Positive Economics*, Chicago 1953.

Gardner, Richard N.: *Sterling-Dollar Diplomacy. The Origins and the Prospects of Our International Economic Order*, new, expanded edition, New York u. a. 1969.

Glaubrecht, Matthias: *Das Ende der Evolution: Der Mensch und die Vernichtung der Arten,* München 2019.

Graupe, Silja: Die verborgenen Quellen des Marktgehorsams – und wie wir sie verändern lernen, *Vierteljahresschrift zur wissenschaftlichen Pädagogik,* Heft 4, 2012, 1–20.

Graupe, Silja: »Gefangene der Bilder in unseren Köpfen«. Die Macht abstrakten ökonomischen Denkens. *Allgemeine Zeitschrift für Philosophie* 41/3, 2016, 341–364.

Graupe, Silja und Steffestun, Theresa: »The market deals out profits and losses« – How Standard Economic Texbooks Promote Uncritical Thinking in Metaphors, *Journal of Social Science Education* 17 (3), 2018, 5–18.

Hartwell, Ronald M.: *A History of the Mont Pèlerin Society*, Indianapolis 1995.

Hayek, Friedrich A.: Economics and Knowledge, *Economica* 1937, 4, 33–54.

Hayek, Friedrich A.: Use of Knowledge in Society, *American Economic Review*, 1945, 35(4), 519–530.

Hayek, Friedrich A.: *The Sensory Order. An Inquiry into the Foundations of Theoretical Psychology*, Chicago 1952.

Hayek, Friedrich A.: The Intellectuals and Socialism. In: Huszar, George B. de (Hg.): *The Intellectuals: A Controversial Portrait*, Glencoe, Illinois 1960, 371–384.

Hayek, Friedrich A.: *Studies in Philosophy, Politics and Economics*, London 1967.

Hayek, Friedrich A.: *Die Verfassung der Freiheit*, Tübingen 1971.

Hayek, Friedrich A.: *New Studies in Philosophy, Politics, Economics and the History of Ideas*, London und Henley 1978.

Hayek, Friedrich A.: »Die Entthronung der Politik«. In: Frei, Daniel (Hg.): *Überforderte Demokratie?* Zürich 1978, 17–30 (1978b).

Hayek, Friedrich A.: *Mißbrauch und Verfall der Vernunft. Ein Fragment*, 2. Aufl., Salzburg 1979.

Hayek, Friedrich A.: Über den »Sinn« sozialer Institutionen, *Schweizer Monatshefte. Zeitschrift für Politik, Wirtschaft, Kultur* 1992, 72, 71–83.

Hayek, Friedrich A.: *Die verhängnisvolle Anmaßung: Die Irrtümer des Sozialismus*, Tübingen 1996.

Hayek, Friedrich A.: (1998): *Law, Legislation and Liberty*, Vol. 1: Rules and Order (ursprünglich erschienen 1973), Vol. 2: The Mirage of Social Justice (ursprünglich erschienen 1976), Vol. 3: The Political Order of a Free People (ursprünglich erschienen 1979), London.

Hilt, Anette: Mimetische Ereignisse – Bildlichkeit und der Spielraum der Unwirklichkeit zwischen Sein, Mensch und Welt. In: Fabris, Adriano, Lossi, Annamaria, Perone, Ugo (Hg.): *Bild als Prozess: Neue Perspektiven einer Phänomenologie des Sehens*. Würzburg 2011, 50–70.

Hilt, Annette: Zwischen Element und Medien – Perspektiven auf Aristoteles' Aisthesiologie. In: König, Peter und Lindén, Jan-Ovar (Hg.): *Die Aristotelische Philosophie im antiken Kontext,* Heidelberg 2020, 248–278.

Hirte, Katrin: *ÖkonomInnen in der Finanzkrise. Diskurse, Netzwerke, Initiativen*, Marburg 2013.

Jonas, Hans: Homo Pictor: Von der Freiheit des Bildens. In: Boehm, Gottfried (Hg.): *Was ist ein Bild?*, München 1995, 105–124.

Horaczek, Nina, Wiese, Sebastian: *Wehrt euch!*, Wien 2019.

I. L. A. Kollektiv (Hg.): *Das gute Leben für alle. Wege in eine solidarische Lebensweise*, München 2019.

Kindt, Tom (Hg.): *Bertold Brecht: Was ist ein Einbruch in eine Bank gegen die Gründung einer Bank? Das Brecht-Brevier zur Wirtschaftskrise*, Berlin 2016.

Kowall, Nikolaus: *Das neoliberale Modell. Genese, Politiken, Bilanz. Eine polit- und makroökonomische Bestandsaufnahme*, Materialien zu Wirtschaft und Gesellschaft 124. Herausgegeben von der Abteilung Wirtschaftswissenschaft und Statistik der Kammer für Arbeiter und Angestellte für Wien, Dezember 2013.

Langenohl, Andreas: *Finanzmarkt und Temporalität. Imaginäre Zeit und die kulturelle Repräsentation der Gesellschaft*, Stuttgart 2007.

Lütjen, Torben: *Partei der Extreme: Die Republikaner. Über die Implosion des amerikanischen Konservatismus*, Bielefeld 2016.

Lütjen, Torben: *Amerika im Kalten Bürgerkrieg. Wie ein Land seine Mitte verliert*, Darmstadt 2020.

Merleau-Ponty, Maurice: *Das Auge und der Geist. Philosophische Essays*, Hamburg 2003.

Mirowski, Philip: The Political Movement that Dared not Speak its own Name: The Neoliberal Thought Collective Under Erasure, *Institute for New Economic Thinking Working Papers* 23, September 2014.

Mirowski, Philip und Plehwe, Dieter (Hg.): *The Road from Mont Pèlerin. The Making of the Neoliberal Thought Collective*, Cambridge, Massachusetts, and London, England 2009.

Mises, Ludwig: *Die Gemeinwirtschaft. Untersuchungen über den Sozialismus*, Jena 1922.

Mises, Ludwig: *Kritik des Interventionismus. Untersuchungen zur Wirtschaftspolitik und Wirtschaftsideologie der Gegenwart*, Jena 1929.

Misik, Robert: *Das Kult-Buch. Glanz und Elend der Kommerzkultur*, Berlin 2007.

Nachtwey, Oliver: *Marktsozialdemokratie. Die Transformation von SPD und Labour Party*, Wiesbaden 2009.

OECD: *Wirtschaftswachstum und Bildungsaufwand*, Wien 1966.

ORF (Hg.): *Franz Kreuzer im Gespräch mit Friedrich von Hayek und Ralf Dahrendorf*, Wien 1983.

Ötsch, Walter Otto: Die neoliberale Utopie als Ende aller Utopien. In: Pittl, Sebastian, Prüller-Jagenteufel, Gunther (Hg.): *Unterwegs zu einer neuen Zivilisation geteilter Genügsamkeit'. Perspektiven utopischen Denkens 25 Jahre nach dem Tod Ignacio Ellacurías*, Wien 2016, 105–119.

Ötsch, Walter Otto: *Mythos Markt. Mythos Neoklassik. Das Elend des Marktfundamentalismus*, Marburg 2019.

Ötsch, Walter Otto, Graupe, Silja (Hg.): *Walter Lippmann: Die öffentliche Meinung. Wie sie entsteht und manipuliert wird*, Frankfurt am Main: Westend 2018.

Ötsch, Walter Otto, Graupe, Silja (Hg.): *Imagination und Bildlichkeit der Wirtschaft. Zur Geschichte und Aktualität imaginativer Fähigkeiten in der Ökonomie*, Wiesbaden 2020.

Ötsch, Walter Otto, Pühringer, Stephan, Hirte, Katrin: *Netzwerke des Marktes. Ordoliberalismus als Politische Ökonomie*, Wiesbaden 2017.

Ötsch, Walter Otto, Horaczek, Nina: *Populismus für Anfänger. Anleitung zur Volksverführung*, 3. Aufl., Frankfurt am Main 2017.

Ötsch, Walter Otto, Steffestun, Theresa (Hg.): *Wissen und Nichtwissen der ökonomisierten Gesellschaft. Aufgaben einer neuen Politischen Ökonomie*, Marburg 2021.

Plehwe, Dieter, Walpen, Bernhard, Neuhöffer, Gisela (Hg.): *Neoliberal Hegemony. A Global Critique*, London und New York 2006.

Pistor, Katharina: *The Code of Capital. How the Law Creates Wealth and Inequality*, New Jersey 2019.

Plickert, Philip: *Wandlungen des Neoliberalismus. Eine Studie zu Entwicklung und Ausstrahlung der »Mont Pèlerin Society«*, Stuttgart 2008.

Ptak, Ralf: *Vom Ordoliberalismus zur Sozialen Marktwirtschaft. Stationen des Neoliberalismus in Deutschland*, Opladen 2004.

Prasad, Monica: *Starving the Beast: Ronald Reagan and the Tax Cut Revolution*, New York 2019.

Pühringer Stephan: Marktmetaphoriken in Krisennarrativen von Angela Merkel. In: Ötsch, Walter, Hirte, Katrin, Pühringer, Stephan, Bräutigam, Lars: *Markt! Welcher Markt? Der interdisziplinäre Diskurs um Märkte und Marktwirtschaft*, Marburg, 2015, 229–252.

Pühringer, Stephan, Ötsch, Walter Otto: Die Wirkmacht der »Liebe zum Markt«. Zum anhaltenden Einfluss ordoliberaler ÖkonomInnen-Netzwerke in Politik und Gesellschaft, *Working Paper Serie der Institute für Ökonomie und für Philosophie* 45, Cusanus Hochschule, 2019, www.cusanus-hochschule.de/wp-content/uploads/ 2020/02/45_Liebe_z_Markt.pdf.

Quaas, Friedrun: *Soziale Marktwirtschaft: Wirklichkeit und Verfremdung eines Konzepts*, Bern 2000.

Rappaport, Alfred: *Creating Shareholder Value. A Guide for Managers and Investors*, New York 1999.

Röpke, Wilhelm: Epochenwende. In: (ders.): *Wirrnis und Wahrheit. Ausgewählte Aufsätze*. Erlenbach und Stuttgart 1962, 105–124.

Sachs, Jeffrey: *Understanding »Shock Therapy«*, London 1994.

Scheidler, Fabian: Die große Trennung. Die Geburt der technokratischen Weltsicht und die planetarische Krise, *Blätter für deutsche und internationale Politik*, April 2021, 51–62.

Schilk, Jochen: *Die Wiederbegrünung der Welt*, Klein Jasedow 2020.

Schmelzer, Matthias: *Freiheit für Wechselkurse und Kapital. Die Ursprünge neoliberaler Währungspolitik und die Mont Pèlerin Society*, Marburg 2010.

Skidelsky, Robert: *Die Rückkehr des Meisters. Keynes für das 21. Jahrhundert*, München 2010.

Slobodian, Quinn: *Globalisten. Das Ende der Imperien und die Geburt des Neoliberalismus*, Berlin 2019.

Snyder, Timothy: *On Tyranny. Twenty lessons from the twentieth Century*, New York 2017.

Steil, Benn: *The Battle of Bretton Woods. John Maynard Keynes, Harry Dexter White, and the Making of a New World Order*, Princeton and Oxford: Princeton University Press 2013.

Thomasberger, Claus: »Planung für den Markt« versus ›Planung für die Freiheit‹. Zu den stillschweigenden Voraussetzungen des Neoliberalismus. In: Ötsch,

Walter Otto und Thomasberger, Claus (Hg.): *Der neoliberale Markt – Diskurs. Ursprünge, Geschichte, Wirkungen*, Marburg 2009, 63–96.

Ther, Philipp: *Die neue Ordnung auf dem alten Kontinent. Eine Geschichte des neoliberalen Europa*, Berlin 2014.

Valdés, Juan Gabriel: *Pinochet's Economics: The Chicago School in Chile*, Cambridge1995.

von Borries, Friedrich: *Weltentwerfen. Eine politische Designtheorie*, 4. Aufl., Berlin 2019.

Walpen, Bernhard: *Die offenen Feinde und ihre Gesellschaft. Eine hegemonietheoretische Studie zur Mont Pèlerin Society*, Hamburg 2004.

Wetzel, Dietmar, J.: *Soziologie des Wettbewerbs. Eine kultur- und wirtschaftssoziologische Analyse der Marktgesellschaft*, Wiesbaden 2013.

Whitrow, Gerald J.: *Die Erfindung der Zeit*, Hamburg 1991.

Williamson, John: A Short History of the Washington Consensus, *Law and Business Review of the Americas* 15(1), 2009, 7–23.

Zuboff, Shoshana: *Das Zeitalter des Überwachungskapitalismus*, Frankfurt und New York 2018.